康熙大帝

全传

语娴 著

华中科技大学出版社
http://www.hustp.com
中国·武汉

图书在版编目(CIP)数据

康熙大帝全传 / 语娴著. —— 武汉：华中科技大学出版社，2018.9（2020.9重印）
ISBN 978-7-5680-4533-9

Ⅰ.①康…　Ⅱ.①语…　Ⅲ.①康熙帝(1654-1722)-传记　Ⅳ.①K827=49

中国版本图书馆 CIP 数据核字(2018)第 195076 号

康熙大帝全传
Kangxi Dadi Quanzhuan

语　娴　著

策划编辑：亢博剑
责任编辑：康　艳
封面设计：刘红刚
责任校对：杜梦雅
责任监印：朱　玢

出版发行：华中科技大学出版社（中国·武汉）　　电话：(027) 81321913
　　　　　武汉市东湖新技术开发区华工科技园　　邮编：430223

印　　刷：天津中印联印务有限公司
开　　本：710mm×1000mm　1/16
印　　张：18.75
字　　数：347 千字
版　　次：2018 年 9 月第 1 版第 1 次印刷　　2020 年 9 月第 1 版第 5 次印刷
定　　价：39.80 元

本书若有印装质量问题，请向出版社营销中心调换
全国免费服务热线：400-6679-118　竭诚为您服务
版权所有　侵权必究

【序言】

在中国两千多年漫长的封建历史中，出现过诸多有雄才大略的专制帝王，清朝的康熙皇帝便是其中璀璨夺目的一位。他睿智、善谋、果敢、无畏，在位期间建树颇多，对当时我国社会经济文化的恢复和发展，对我国统一的多民族国家的形成和巩固，作出了卓越的贡献，是中国古代帝王中屈指可数的一代英主。

康熙，即爱新觉罗·玄烨，生于顺治十一年（1654），是顺治皇帝第三子，驾崩于康熙六十一年（1722），他是清朝定都北京后的第二位皇帝。他8岁即皇帝位，14岁亲政，在位六十一年，是中国封建王朝中在位时间最长的帝王。

常言道，时势造英雄。康熙之所以成为千古一帝，正是时代使然，当时西方世界正如火如荼地进行着资产阶级革命，部分列强已经完成了资产阶级革命并开始对外进行侵略和扩张，并不约而同地将目光投向了中国这片广袤富饶的土地。而清朝刚刚建立，面对与汉、蒙古、藏各族间的冲突，尖锐的社会矛盾，以及外国侵略者的垂涎，内外环境都极其险恶。加上明末清初的大规模战争和屠杀，使中国的经济近乎崩溃，人口锐减，百业凋敝。这样一个动荡不安、暗流涌动的社会，亟须一个雄才大略的英主来治理。这时康熙应时而出，勇敢地承担了时代赋予的历史使命，为大清帝国奠定了一个盛世王朝的基础，开创了中国封建历史的一个黄金时代。

康熙登基时因为年纪尚小，朝政大权掌握在顺治皇帝驾崩前任命的鳌拜、索尼等四位辅政大臣手中。辅臣们在辅佐康熙治理国政的同时结党营私，擅权专政，蔑视皇权；加上外国侵略者的虎视眈眈，康熙可谓内忧外困，空有一颗图强治国之心，却无法施展抱负，只能隐忍不发，以退为进，慢慢积蓄自己的力量，待时而动。康熙六年（1667），14岁的康熙在祖母孝庄太皇太后的指导下铲除了鳌拜，扫除了障碍，开始亲理朝政。

亲政之后，康熙大展拳脚，施展才华，带领大清走向发展的新时代。在军事上他平"三藩"，收台湾，扩大了清王朝的统治疆域；他三次亲征噶尔丹，戡平西北边境；他派遣将士击退沙俄军队，签订了中俄《尼布楚条约》，划清了两国的国界，维护了国家主权和领土完整，使大清成为当时世界上的军事强国。

在政治上，康熙进行了一系列的改革，强化了中央集权：派兵入藏，施恩蒙古，大修驿站，巩固了边防，为民族的融合创造了条件；在民族政策上，他重用汉族官吏，宣扬汉文化，提倡满汉一体，缓和了满族入关后一度尖锐的民族矛盾；在经济上，他重农恤商，采取轻徭薄赋的政策，出现灾害时减免赋税赈灾，多次减免天下钱粮，这些措施减轻了百姓的负担，缓和了阶级矛盾；在文化上，他尊儒重教，致力于文化知识的普及，对我国文化事业的发展起了重要作用。此外，康熙本人也是历代封建帝王中最为博学的一位，他熟读儒家经典和古典名著，精通琴棋书画，掌握满、蒙古、藏、汉等民族语言及一些西方语言；在天文、历法、医学领域颇有造诣，晚年甚至精通几何算术。

康熙还是一位仁君，他待臣以宽，爱民如子，并要求大臣廉洁爱民；他崇尚节俭，厉行节约。得民心者得天下，虽然康熙不允许大臣们为他做寿，但他66岁那年，人们自发在街头巷尾为他做寿庆贺，传为千古佳话。

康熙一生勤奋治国，政绩卓越。伟大的政治家毛泽东曾对康熙的贡献做出如下总结：康熙皇帝头一个伟大贡献是打下了今天我们国家所拥有的这块领土，我们今天继承的这大块版图基本上是康熙皇帝时牢固地确定了的；第二个伟大贡献是他的统一战线政策，促进了民族的融合；而他第三个了不起的地方是奖罚分明的用人制度，即使贵为皇子，打了败仗也不能进德胜门，而要在城外听候处置。这一评价充分概括了康熙的丰功伟绩。

当然，康熙毕竟不是圣人，他一生的所作所为也有很多值得商榷。他多妻、多子、多孙，子孙绕膝本是世间最幸福的事情，而这份幸福却往往会成为一个帝王的烦恼。康熙末年，因储位之争导致了骨肉相残的乱局，这不仅带给康熙极大的痛苦，还成了他为政多年的一大败笔。直到雍正时期，昔日延续下来的皇家兄弟之间围绕皇权的矛盾和斗争仍然十分突出，而且变得更为激烈、更为残酷。另外，康熙也有着保守、落后的一面。他一度实行开矿政策，推动了社会经济的恢复和发展，但后来又因为担心矿工聚众闹事、滋生动乱而再度禁矿；统一台湾后，他曾开海展界，随即因担心米谷出境而明令禁止南洋贸易。这种闭关锁国的保守政策，直接导致了经济的停滞与倒退，使中国逐渐落伍于西方列强。

瑕不掩瑜，尽管康熙统治期间也有许多过失，但他的历史功绩仍广为后世赞颂。

目　录
Contents

第一章　少天子初登大宝 ……………………………… 1

　　一、顺治遗命 ………………………………………… 1
　　二、幸与不幸 ………………………………………… 4
　　三、四大辅臣 ………………………………………… 9

第二章　罢权臣安定朝纲 ……………………………… 13

　　一、辅臣擅政 ………………………………………… 13
　　二、政治联姻 ………………………………………… 19
　　三、御门听政 ………………………………………… 24
　　四、智擒鳌拜 ………………………………………… 30
　　五、调和满汉 ………………………………………… 37

第三章　除隐患平定"三藩" ………………………… 48

　　一、"三藩"缘起 …………………………………… 48

二、决意撤藩 54
三、吴藩叛乱 58
四、京城之变 65
五、闽广从乱 70
六、陕甘兵变 73
七、各个击破 81
八、平叛功成 86

第四章　收台湾剿抚并用 92

一、郑氏台湾 92
二、以抚为主 96
三、择将复逐 100
四、施琅征台 104
五、设台湾府 109
六、解除海禁 111

第五章　抗沙俄戡定东北 116

一、东北之患 116
二、和平交涉 121
三、战争准备 124
四、收复失地 130
五、缔结条约 134

第六章　征朔漠平定北疆 ········· 140

　　一、漠北枭雄 ················· 140
　　二、首征漠北 ················· 146
　　三、二次亲征 ················· 152
　　四、漠北统一 ················· 156
　　五、怀柔政策 ················· 160

第七章　兴黄教整治西藏 ········· 167

　　一、西藏形势 ················· 167
　　二、真假达赖 ················· 171
　　三、发兵援藏 ················· 175
　　四、安藏举措 ················· 178

第八章　察吏治奖廉惩贪 ········· 181

　　一、亲察官吏 ················· 181
　　二、密折制度 ················· 185
　　三、奖励清官 ················· 189
　　四、严惩贪官 ················· 195

第九章　重经济抚农恤商 ········· 201

　　一、重农轻赋 ················· 201

二、利商恤商 …………………………………… 206
三、治理河务 …………………………………… 209
四、开矿禁矿 …………………………………… 215

第十章 兴文教尊重科学 …………………………… 219

一、尊孔倡儒 …………………………………… 219
二、兴办学校 …………………………………… 225
三、整顿科场 …………………………………… 230
四、注重修史 …………………………………… 235
五、编修典籍 …………………………………… 240
六、重视科学 …………………………………… 246

第十一章 仁皇帝晚年留憾 …………………………… 252

一、宽仁重孝 …………………………………… 252
二、闭关锁国 …………………………………… 258
三、因言治罪 …………………………………… 263
四、一废太子 …………………………………… 268
五、再废太子 …………………………………… 272
六、风波再起 …………………………………… 278
七、雍正即位 …………………………………… 282

后 记 ………………………………………………… 288

第一章　少天子初登大宝

一、顺治遗命

顺治十八年（1661）正月初七，清朝定都北京后的第一位皇帝、年仅24岁的爱新觉罗·福临，因患天花逝世于养心殿。他6岁登基，15岁剪除多尔衮①党羽，扫平南明，击败郑成功，而后开科取士，搜求天下人才，可谓年少有为的贤君。为何天妒英才，早早病逝？这还要从顺治十七年（1660）说起。

顺治十七年，似乎是顺治皇帝最不吉利的一年。在上半年，直隶、山东、陕西许多地方旱得寸草不生。悲天悯人的顺治认为这是自己的责任，于是在五月下了罪己诏，六月又步行到南郊斋宿，在圜丘举行祭天大典。或许是他的虔诚感动了上天，之后接连下了几天大雨，解了燃眉之急。不料到了八月，他最宠爱的皇贵妃董鄂氏因病去世，这对他无异于致命的打击。

顺治的第一位皇后博尔济吉特氏，是蒙古科尔沁卓礼克图亲王吴克善的女儿、孝庄文皇后②的侄女。顺治八年（1651），博尔济吉特氏被

---

① 多尔衮：清太祖努尔哈赤第十四子，皇太极之弟，崇德元年（1636）封和硕睿亲王。皇太极死后，与和硕郑亲王济尔哈朗以辅政王身份辅佐皇太极第九子福临即帝位。顺治元年（1644）率领清军入关，先后受封叔父摄政王、皇叔父摄政王、皇父摄政王。

② 孝庄文皇后：博尔济吉特氏，名布木布泰，13岁嫁给皇太极，崇德元年封为永福宫庄妃。崇德三年生皇九子福临，而后福临即位，是为顺治，被尊加皇太后。再后，其孙玄烨即位，是为康熙，被尊加太皇太后。一般也称之为孝庄。

册封为皇后。博尔济吉特氏容貌秀丽，又极巧慧，但她生活极其奢侈，而且嫉妒心极重。据史籍说，她看到长得漂亮的女子就心生憎恶，想除之而后快。而且，她对顺治的所有举动都存猜疑之心，引起了顺治的嫌怨，最后两人分居，不再相见。后来，顺治以秉承孝庄文皇后的"慈命"为借口，毅然废了皇后，降其为静妃，改居侧室。顺治十一年（1654），顺治又娶孝庄文皇后的侄孙女、科尔沁部镇国公绰尔济之女博尔济吉特氏为第二位皇后。这位皇后虽然"秉性淳朴"，但"又乏长才"，但当时顺治眼里只有董鄂妃一人，因此对她也甚为疏远。

董鄂妃是清廷内大臣鄂硕的女儿。据说她原来是顺治异母弟、皇太极第十一子襄亲王博穆博果尔的嫡福晋，本可以平平安安、养尊处优地度过一生，然而上天却给她安排了另一条路：皇帝爱上了她。襄亲王为此羞愤而死。顺治十三年（1656），董鄂氏服丧刚满二十七天，顺治便将她召入皇宫，立为贤妃。仅仅几个月后，她又被破格晋封为皇贵妃，同时，顺治还下令大赦天下。之后，顺治还想再废掉皇后，立董鄂妃为后，但是最终没能实现。不过，董鄂妃虽然不是皇后，在宫中却执掌皇后的职责，凡宫中庶务都由她来管理。

可惜红颜薄命，董鄂妃在顺治十七年（1660）八月不幸死于病魔之手。顺治痛不欲生，辍朝五日，追封董鄂妃为皇后，并以超常的礼仪安葬董鄂妃，他破例以蓝墨批本长达四个月（只有皇帝在服丧期间，才用蓝笔批改文件），又亲自主持四十九天的景山大道场，从建水陆道场到"起棺""举火""收灵骨""迎神主"……一直到"断七"，他事必躬亲。

按说到十月初八过了"断七"，丧事也就结束了，但余哀未尽的顺治在十月十六日及二十七日又在景山两次建"陟天道场"，十一月初八还在西苑、广济寺同时举办"仙驭道场"。

过度的悲伤以及主持葬礼的疲惫，都伤害了顺治本来就多病的身体。他的体质一向不是很好，亲政后因刻苦攻读竟累得吐血，用现在的医学来看是得了肺结核，而按照当时的说法就是得了"痨病"，得了痨病的人是不可能长寿的。董鄂妃的离世可以说是顺治驾崩的导火线，成为压垮顺治病弱之躯的最后一根稻草。

这时，天花病毒乘虚而入。在古代，出天花是极其恐怖的事情，尤其是成年人出天花，可以说是不治之症，所以每年冬春之交，顺治都要去南苑行宫"避痘"，但顺治十七年的冬季却是个例外，他不仅没有去避痘，反而因董鄂妃的葬礼而疲惫不堪。不久，身体虚弱的顺治染上了天花，他知道自己时日无多，必须尽快确立继承人，于是赶紧请来母亲孝庄皇太后商议此事。当时他的六位皇子都尚且年幼，最大的9岁，最小的仅2岁，无法担当国家大任。顺治自己幼年即位，对摄政王多尔衮专权、朝廷大权旁落的被动处境有着深切的感受。为了不让悲剧重演，他想在本家宗室兄弟中找一位继承者。

然而，孝庄皇太后对此极力反对，力主子继父位，认定皇位的继承人要出自努尔哈赤、皇太极、福临的直系血统，如果顺治的兄弟继承皇位，那么顺治的儿子最多只能做到亲王、郡王，且要递降爵位，子孙很难再有机会成为皇帝。而且顺治的兄弟都不是孝庄皇太后所生，如果他们中的一位做了皇帝，其生母就会成为皇太后，孝庄皇太后无法掌控朝纲，处境将相当艰难，因此，孝庄极力劝说顺治从皇子中选择继承人，并且取得了爱新觉罗宗室中亲王、郡王、贝勒、贝子们的支持。为了选出理想的继承人，顺治特地派人去征询平时很受自己尊敬和信赖的钦天监①监正、德国传教士汤若望②的意见。汤若望认为诸皇子中玄烨比皇二子福全略小，但已经出过天花，有了免疫能力，而福全没有出过天花，很有可能发生类似顺治的悲剧。鉴于此，顺治认同了汤若望的说法，随后与孝庄皇太后达成一致意见，决定选择幺

---

① 钦天监：官署名，明清时期负责观察天象、编制历书的机构。
② 汤若望：德国人，天主教耶稣会修士、神父、学者。在中国生活四十七年，历经明、清两个朝代。先后被清廷授予太仆寺卿、太常寺卿、通政使等职务，雍正朝追封为"光禄大夫"，官至一品。

烨继承皇位。

二、幸与不幸

毫无疑问，玄烨是幸运的，因为他一不是嫡长子，二不受顺治喜欢，竟然能成为皇位继承人，在封建时代是极其难得的。那么，他究竟凭借什么得以继承皇位呢？

顺治十一年（1654）三月十八日，玄烨生于京城紫禁城景仁宫，是顺治的第三个儿子。他的生母佟佳氏是少保①、固山额真②佟图赖的女儿。佟佳氏祖上原居佟佳（今辽宁新宾境内），世代经商，并因此多次搬迁，最后定居抚顺。天命年间，佟佳氏的叔祖父佟养性因暗通后金，被逮捕入狱。越狱后，佟养性投奔后金，受到努尔哈赤的重用。努尔哈赤将宗女嫁给他，称为"施吾理额驸"。随后，引导佟佳氏的祖父佟养真偕全族男女老幼归附后金。

天聪年间，皇太极创设汉军，号称"乌真超哈"，提拔佟养性充任昂邦章京（即总兵，子爵），总理汉人军民诸政，命所有汉官一律受佟养性节制。同时，佟佳氏的祖父佟养真也因攻占辽阳有功，被授予世职游击③。后来，佟养真在镇守镇江（今辽宁丹东东北）时遇害，佟佳氏的父亲佟图赖承袭世职游击。

崇德年间，皇太极分汉军为八旗，佟图赖升任正蓝旗固山额真。顺治年间，佟图赖督师南征，战绩卓著，后被调充镶黄旗固山额真，晋爵至三等精奇尼哈番（即三等昂邦章京）。顺治十三年（1656），清廷又

---

① 少保：官名，与少师、少傅并称"三少"或"三孤"，位居其末。明清时为从一品，是太保的副官。

② 固山额真：满语官名，又作固山厄真，意为旗主。清太祖努尔哈赤于明万历二十九年（1601）建立旗制，四十三年扩编为八旗，称八固山，每固山设固山额真一人统领。清顺治十七年（1660），定固山额真为固山昂邦。秩从一品。

③ 游击：官名。1. 清入关前八旗军世职。2. 清朝绿营军将领，即"营"之统兵官。位于参将之下。统领一营军务，分属总督巡抚、提督、总兵管辖。

加封佟图赖为太子太保。佟佳氏的祖、父两代在爱新觉罗氏政权中特殊的政治地位,给她提供了应选入宫为妃的机会。佟佳氏于顺治十年(1653)入宫,次年生下玄烨,当时年仅15岁。

玄烨出生后,因为母亲不受顺治宠爱,所以并不被父皇重视。当时顺治正恋着董鄂氏。玄烨4岁时,董鄂妃生下了一个儿子,立即被顺治视为"第一子",预示着这位小皇子将来是皇位继承人。不幸的是,这位小皇子命短,仅三个多月就夭折了。顺治追封其为荣亲王。爱子的死令顺治和董鄂妃悲痛欲绝。董鄂妃去世后,顺治更是悲伤得寻死觅活,先是要自杀,被孝庄派人昼夜看护,后要剃发出家,不久又罹患重病。可以说,在玄烨成长的前六年里,顺治根本无心也无暇顾及他,根本没有给予他多少关爱和教育。

年幼的玄烨不仅不受父皇宠爱,甚至也不曾享受到母爱,因为按照清朝的规矩,皇家子弟不论嫡庶,一生下来就得交由乳母抚养。玄烨出生后长期与生母分离,隔上数日才能见上一面。见面时,生母不得任意逗孩子欢笑,待孩子稍大后开始学说话时,母子见面同样不许多谈。

当时儿童往往因感染天花而夭折。为了避免天花感染,幼年的玄烨曾由乳母带离紫禁城,久居在皇宫西墙外的一座寺庙中。在这里,玄烨度过了与父母长期分离的孤独时光。后来,玄烨回忆与生母的关系时十分感慨地说:"朕幼年时,未经出痘,令保姆护视于紫禁城外,父母膝下,未得一日承欢,此朕六十年来抱歉之处。"

正因为此,在玄烨幼小的心灵中,乳母是他最亲密,也是最早的启蒙老师。清朝规定,乳母是由大太监指令内务府包衣①旗人的头子和监督人,从包衣旗人的妻子中筛选出来的。乳母对皇家子弟既要尽心照料,又要悉心教导。清朝承袭明代遗制,皇子一旦即位,以前抚养他的乳母往往受封。世祖顺治的乳母朴氏去世时,玄烨曾照明熹宗之例,封

---

① 包衣:满语,"家奴"的意思,满语称奴隶为"阿哈",家奴为"包衣阿哈",简称"包衣"。

为奉圣夫人，顶戴服饰全照公夫人样色。玄烨还曾褒扬乳母说："保育先皇，恭勤素著，护朕冲幼，淑惠弥昭，提抱之殷，靡间于夙夜，恩勤之笃，久历夫岁时。"与玄烨相处时间最长的乳母是正白旗汉军包衣曹玺之妻孙氏。玄烨即位后，特授曹玺为江宁织造，封孙氏为一品诰命夫人，之后，又让孙氏的长子曹寅接替父职。玄烨南巡时，居住在江宁织造府内。有一天，他和乳母孙氏见面，十分熟悉而亲热地指着孙氏说："此吾家老人也！"随即给孙氏丰厚的赏赐。当时庭中萱花盛开，玄烨兴致勃勃地挥笔御书"萱瑞堂"三字赐给曹家。玄烨离开乳母之后，又增加了多名内监服侍，内监教他饮食、言语、行步和礼节，并陪他一起戏耍。

按理来说，皇位根本轮不到玄烨来继承，幸运的是，他一出生就得到了祖母孝庄的疼爱。孝庄13岁就嫁给皇太极，后被封为永福宫庄妃。皇太极去世后，她以皇太后的身份辅佐6岁的儿子福临治理国政，在朝廷中很有威望。据说玄烨出生之前，有一次，佟妃到慈宁宫给孝庄请安，孝庄知道她怀有身孕，就对近侍说："我早先身怀福临时，左右之人曾看见我衣服大襟有龙盘旋，赤光灿烂，后来果然诞生圣子，统一寰区。如今佟妃也有这种祥征，异日生子，必膺大福。"

这个说法很快便在宫里传开了，据说玄烨出生时，整个皇宫上空都飘着异香，久久不见散去，又有五色光气充溢宫中，就像太阳光一样明亮。宫人和内侍看到之后，都称此乃奇瑞之兆。

玄烨出生后，孝庄十分关注这个孙儿的成长，在他学会走路、说话后，就按照帝王的标准严格要求他，凡"饮食、动履、言语，皆有矩度。虽平居独处，亦教以罔敢越轶，少不然，即加督过"。玄烨不到5岁，孝庄就派侍女苏麻喇姑①专门教他学习满语。苏麻喇姑敏慧灵巧、知书达理，颇有学识，总是手把手尽心地教玄烨，一丝不苟。玄烨8岁

---

① 苏麻喇姑：蒙古族人，初名苏茉儿，后改称满名苏麻喇，她病逝后，宫中上下都尊称她为苏麻喇姑。她作为贴身侍女随孝庄陪嫁进入后金宫廷，身历天命、天聪、崇德、顺治、康熙五朝。

即位后，孝庄又以太皇太后的身份呕心沥血地辅佐和培育他。不久，生母佟佳氏去世，孝庄将他收养在慈宁宫，从此朝夕教诲。玄烨后来回忆说，"念朕甫8岁，世祖章皇帝即宾天，11岁慈和皇太后又崩逝……仰赖圣祖母太皇太后鞠养教诲以至成立""设无祖母太皇太后，断不能致今日成立"，由此可见祖孙二人的感情特别深厚。

玄烨从5岁开始进上书房（原名尚书房，清代皇子读书之处）读书。清朝前期的几代皇帝家法很严，因为他们深知把皇子们培养成深通学问、明达治理的英才，直接关系到社稷的兴亡。所以，皇子们还小时，皇帝就开始严格要求他们刻苦读书，练习武事。皇子们5岁后都要进上书房读书。宫中聘请的老师都是很有名望、学识渊博的饱学之士，他们本着"严有益，而宽多误"的要旨，殚精竭虑，谆谆教导皇子。

每当钦天监择日开学之后，皇子们必须按时到上书房读书。每到五更天，皇子们就得到上书房。这时天还没有亮，宫内一片寂静，在太监的卫护下，皇子们进入上书房，按照规定课程诵读、写字、熟背诗文。至午时，侍卫给皇子们进午膳。膳后，他们没有休息，继续攻读。到了未时，约下午3时，侍卫端进点心，他们吃完后由侍卫教习骑射等武事。他们练习武艺，锻炼身体，以保持满族剽悍尚武的风格。

玄烨无论读书、骑射都十分认真，又十分敏慧。他"日所读书，必使字字成诵，从来不肯自欺"，而且"凡事留意，纤悉无遗"。如有不明白的地方，他就询问身边的人，并且"反复探索，必心与理会，不使纤毫扞格，实觉义理悦心"，方肯罢休。他对中国传统文化典籍几乎都有涉猎，对于诗书史籍更是融会贯通。他终身保持着读书不倦的习惯，从而成为中国历史上文化素质最高的帝王之一。

孝庄还经常给玄烨讲述祖先创业的历史，使年幼的他很早就树立了成为一个治国安民的明君的远大志向。玄烨6岁那年，有一天，他和哥哥福全、弟弟常宁去给顺治请安。顺治把他们搂在怀里，问他们长大以后愿意做一个什么样的人。福全说："愿意做一个贤王。"玄烨则说："待长而效法皇父，黾勉尽力。"他小小年纪便能说出这样的话，使顺治十分惊异。这也许是顺治在弥留之际遗命玄烨继位的一个原因。

总之，玄烨能继承皇位，是满族君主的传统继位制与汉族嫡长子世袭制相结合的结果，是清朝以皇权为核心的封建专制政体进一步强化的结果，也是顺治对满族继位制历史发展的总结；同时，这也与玄烨得到祖母孝庄的全力支持及自身的优势与机遇是分不开的。

顺治十八年（1661）正月初六夜半，顺治预感自己时日不多，急命太监传唤原任学士麻勒吉与学士王熙二人赶赴养心殿。他对王熙说："朕出痘，势将不起，尔可详听朕言，速撰诏书。"随即口授遗嘱，王熙跪伏榻前，泣不成声，只是呆呆地握着笔杆发抖，久久不能下笔。顺治安慰他说："事已至此，一切皆是定数，君臣遇合，缘尽即离，你不必如此悲痛。不可迁延从事，致误大事。"王熙强忍悲痛，在御前草拟好，奉交顺治。顺治支撑着病体，阅后就瘫在床上动弹不得了。麻勒吉与王熙立即奔到乾清宫西朝房，遵照顺治的意旨连夜起草了遗诏，然后由侍卫贾卜嘉迅速送到养心殿，交顺治过目。不久，顺治死于养心殿。初八，顺治帝的遗诏颁布，明确指定玄烨为继位人。据《清圣祖实录》记载，遗诏中说：

太祖、太宗创垂基业，所关至重，元良储嗣，不可久虚，朕子玄烨，佟氏妃所生，年八岁，岐嶷颖慧，克承宗祧，兹立为皇太子，即遵典制，持服二十七日，释服，即皇帝位。

正月初九，8岁的玄烨在祖母孝庄的亲自主持下即皇帝位。他穿上孝服，到顺治灵前敬读告文，接受诏命，然后换上礼服，到皇太后宫中行礼，亲御太和殿，升上宝座，接受百官朝贺，正式登基。之后，玄烨颁诏大赦，定顺治谥号为"章皇帝"，庙号世祖，改第二年为康熙元年。

"康熙"是安定太平的意思，这个年号体现了清朝统治者希望巩固统治的意愿，也反映了各族民众渴望和平富足的心声。事实证明，玄烨的统治无愧于这两个字，他开启了中国封建社会的最后一个盛世——康乾盛世。

三、四大辅臣

玄烨刚即位时，因为年纪尚小，无法亲理朝政。在中国历史上，少年天子背后的权力运作一般有五种形式：一是外戚弄权，如汉朝；二是宦官干政，如明朝；三是太后临朝，如辽国；四是宰相辅政，如明朝；五是亲王辅政，如清顺治朝。这五种形式各有利弊。顺治和孝庄汲取历史教训，扬长避短，采用大臣辅政，同时又鉴于明万历朝张居正一人专权之害，不让一人辅政，而是四人联合，互展所长，彼此牵制。所以，顺治在遗诏中命内大臣索尼、苏克萨哈、遏必隆、鳌拜四位异姓"勋旧重臣"为辅佐，以"保翊冲主，佐理政务"。

索尼是正黄旗人，属名门赫舍里氏，为清朝开国功臣。早在努尔哈赤时，索尼因通晓满、蒙古、汉文字，被安置在文馆内理事，赐号"巴克什"，而后又被授予一等侍卫，"出入扈从，随军征讨"。天聪五年（1631），索尼任吏部启心郎；崇德八年（1643），索尼因功提升三等甲喇章京①。据传皇太极临死前，曾将幼子福临（顺治）托付给他。皇太极死后，索尼坚定拥立福临即位。顺治五年（1648），摄政王多尔衮以索尼曾谋立肃亲王豪格之罪，将他处以免死赎身，革职为民，徙置昭陵。顺治亲政后，索尼才被召还，恢复世职，后加授一等公，与前授一等伯并世袭，擢内大臣兼议政大臣，总管内务府。因索尼为四朝元老，又是两朝顾命之臣，所以在四辅臣中居于首位。

苏克萨哈是正白旗人，纳喇氏。他的父亲苏纳早年追随努尔哈赤，深受宠信，被招为额驸。苏克萨哈凭借驸马之子的贵戚身份及自身的才干，仕途一帆风顺。他初授牛录额真②，崇德六年（1641）因功授牛录

---

① 甲喇章京：满语官名，又作札兰章京、扎兰章京。原称甲喇额真。后金天聪八年（1634）改称甲喇章京。清顺治八年（1651）定汉名为"参领"。秩正三品。
② 牛录额真：满语官名。意为箭主。清太祖努尔哈赤于明万历二十九年（1601）将每300人编为一牛录，设牛录额真统之，始为正式官名。后金天聪八年（1634）改称牛录章京。清顺治十七年（1660），定汉名为佐领。掌管所属的户口、田宅、兵籍、诉讼等。

章京①世职，晋升三等甲喇章京，顺治七年（1650）升为三等阿思哈尼哈番（官爵名，即梅勒章京，为副都统，从二品），并"以材辩"得到多尔衮的赏识，不久授议政大臣，进一等，加拖沙喇哈番（爵名，一等公）。多尔衮去世后，苏克萨哈因告发多尔衮"阴谋篡逆"的罪行而得到顺治重用。后因围剿农民起义军屡立战功，又被晋升为领侍卫内大臣、加太子太保。尽管遏必隆、鳌拜都以公爵先于苏克萨哈被列为内大臣，但是苏克萨哈以驸马之子入侍禁廷，与清皇室有着更密切的裙带关系，因此，他的班行列于遏必隆、鳌拜之前，仅次于索尼。

遏必隆是镶黄旗人，钮祜禄氏。他是清朝开国勋臣额亦都②第十六子，生母为和硕公主。天聪六年（1632），遏必隆以军功得优赉，天聪八年（1634），又袭一等昂邦章京（一等总兵，子爵），授侍卫，管牛录事。顺治五年（1648）四月，因亲侄诬告他在皇太极死时有"变乱"之举，被革除官爵、籍没一半家产。顺治亲政后，遏必隆得以平反，官复原职，并袭其兄图尔格的二等公爵，提升为一等公。不久，遏必隆进授议政大臣，擢领侍卫内大臣，累加太傅兼太子太傅，在四辅臣中名列第三。

鳌拜是镶黄旗人，瓜尔佳氏，是清朝开国五大臣之一费英东③（费英东"尚主④"，也是额驸）之侄。初以巴牙喇壮达⑤从征，屡立战功；天聪八年（1634）授牛录章京世职，任甲喇额真（参将）；崇德二年（1637）授三等梅勒章京（即三等副将），赐号"巴图鲁"（意为勇士）；崇德六年（1641），封一等梅勒章京，提升护军统领，位列大臣；崇德八年（1643），封三等昂邦章京；顺治初年，随大军攻灭农民起义军，晋封一等昂邦章京；顺治五年（1648），被以其之前曾谋立肃亲王

---

① 牛录章京：满语官名，原称牛录额真。
② 额亦都：满洲镶黄旗人，钮祜禄氏。世居长白山，清朝（后金）开国五大臣之一。随努尔哈赤统一女真各部，赐号巴图鲁。官至额山固真。
③ 费英东：满洲镶黄旗人，瓜尔佳氏，苏完部族长索尔果之子。归顺努尔哈赤后，与额亦都、扈尔汉、安费扬古、何和礼同为理政五大臣。顺治、康熙、雍正、乾隆四朝屡加封爵，至一等公。
④ 尚主：娶公主为妻。
⑤ 巴牙喇壮达：满语官名，武职。汉译为护军校。

豪格之罪，夺取世职，免死赎身。顺治亲政后，鳌拜才得以重用，授议政大臣，累进二等公，予世袭，擢领侍卫内大臣，累加太傅兼太子太傅。

四大辅臣在开创清王朝的基业中都立下了汗马功劳，其中，索尼、遏必隆、鳌拜三人都属于黄旗，在皇太极去世时因拥立其他皇子即位，曾遭到多尔衮的惩罚；苏克萨哈属于正白旗，在多尔衮死后反戈一击，告他图谋不轨，多尔衮被追黜。

在接到辅佐幼主的遗命后，四辅臣首先跪告诸王、贝勒、贝子等说："如今大行皇帝遗诏，命我们四人辅佐冲主，一直以来，国家政务都是由宗室协理，我们作为异姓臣子，有什么本事承担这一重任呢，今宜与诸王贝勒等共任之。"以此探试宗室诸王贝勒的态度。诸王贝勒等说："大行皇帝深知你们四位大臣忠心耿耿，所以才会委以国家重务，诏旨甚明，谁敢干预，四大臣不必推辞。"索尼等人这才稍减忧虑，忙将诸王贝勒拥护遗诏的态度奏知孝庄。

而后，四辅臣与王以下文武大臣先后分别在顺治帝灵前和大光殿各立誓言。四辅臣宣誓说："索尼等誓协忠诚，共生死，辅佐政务，不私亲戚，不计怨仇，不听旁人及兄弟子侄教唆之言，不求无义之富贵，不私往来诸王、贝勒等府，受其馈遗，不结党羽，不受贿赂，唯以忠心仰报先帝大恩。若复各为身谋，有违斯誓，上天殛罚，夺其凶诛。"王以下文武大臣也发誓说："冲主践祚，臣等若不竭忠效力，萌起逆心，妄作非为，互相结党，及乱政之人，知而不举，私自隐匿，挟仇诬陷，徇庇亲族者，皇天明鉴，夺算加诛。"誓言着重强调了四辅臣、诸王贝勒和文武大臣不得利用各种关系，互结党羽，以致出现"乱政"现象，尤其四辅臣应共同执政，不受诸王贝勒干预，不得单独与诸王贝勒等府私相往来，以维护和稳定幼主的统治地位。

事实上，四辅臣在一定程度上代行皇帝职权。凡一切军政命令，均以"辅臣称旨"名义谕诸王、贝勒、大臣遵行，但真正把持朝政的是孝庄。顺治即位时因为年幼，孝庄曾扶持他度过辅政时期，在朝廷中有一定的威望。玄烨即位后，她以太皇太后的身份扶植皇孙辅政。其实从顺治逝世到玄烨即位的一切措施和安排，诸如遗诏草成即谕令奏知皇太后，经太皇太后改定，并与四辅臣商定后宣诏；诸王贝勒对遗诏指定四大臣辅政表示拥护的明确态度，四辅臣当即向太皇太后上奏；随后，孝庄召诸王贝勒和文武大臣，谕令他们务必与四大臣"同心协力，以辅幼主"等等，无疑都是出自孝庄的授意和决定。但是，孝庄坚决不"垂帘听政"，她甘愿辅助孙儿，让玄烨在实践中提高治理国家的才能。

康熙即位不久，孝庄问他有什么愿望，他答道："唯愿天下思安，生民乐业，共享太平之福而已。"孝庄则亲笔书写条幅告诫康熙："古称为君难，苍生至众，天子以一生临其上，生养抚育，莫不引领，必深思得国得众之道，使四海咸登康阜，绵历数于地疆，唯休。"

康熙的初愿与孝庄的为君"必深思得国得众之道"的教诲，成为康熙后来治国理政的出发点和归宿。至于军国大事，他总要向孝庄禀报，直至他亲政后，孝庄仍继续过问国事。如笔帖式出身的图海①，在顺治时曾获罪免死削职，"三藩"叛乱时，蒙古察哈尔部布尔尼②乘机作乱，孝庄向康熙推荐说："图海才能出众，为何不让他担当重任呢？"康熙立召图海"授以将印"，领兵前去平定布尔尼叛乱。

就这样，康熙以8岁幼龄登上皇帝的宝座，在孝庄的全力支持与培育下，在索尼等四位内大臣的辅佐下，逐步了解和熟悉国家的政务活动以及群臣之间的矛盾斗争，从中增长了知识和才干，为自己亲政创造了条件，为日后创造"康乾盛世"打下了基础。

---

① 图海：马佳氏，字麟洲，满洲正黄旗人。顺治朝时自笔帖式（掌翻译满、汉奏章文字的官员）历任国史院侍读、内秘书院学士、弘文院大学士、议政大臣、太子太保、刑部尚书，后因事夺官。康熙朝时重新起用，参与平定察哈尔叛乱，降服陕西提督王辅臣，平定"三藩"等。

② 布尔尼：蒙古族，漠南蒙古林丹汗之孙，清朝初期察哈尔亲王，蒙古族布尔尼氏得姓始祖之一。康熙十四年（1675）举事反清。

第二章 罢权臣安定朝纲

一、辅臣擅政

康熙初期，索尼、苏克萨哈、遏必隆、鳌拜四位辅政大臣确实在践行着他们在顺治灵前的誓言，通力协作，辅佐政务，不结党羽，和衷共济，维持大清正统。然而，大臣辅政也使得满族贵族的保守势力重新抬头。他们大大偏离了顺治以来加强中央集权、加快汉化的基本路线，改变了许多汉化措施，强硬地打压汉人，并制造了一系列冤狱，大大激化了民族矛盾。

清朝政权开创之初，依靠八旗制度统治全国。八旗分为上三旗和下五旗。入关后，镶黄、正黄、正白三旗由皇帝亲自统领，称为上三旗；正红、镶白、镶红、正蓝、镶蓝五旗分别由宗室旗主掌握，称为下五旗。上三旗一直相当保守，其在顺治时期就对不断强化的皇权以及顺治为达到这一目的而采取的一系列汉化措施进行顽固的抵抗。索尼、苏克萨哈、遏必隆、鳌拜四人都属于上三旗，出身高贵、地位显赫，是上三旗旧贵族的政治代表。掌握朝政大权后，他们与皇权对抗的势头便日益显露出来。而且他们作为长期驰骋沙场、战功赫赫的武将，缺乏锐利的政治眼光和处理国家事务的经验，他们从内心排斥中原高度发达的农业、商业、手工业经济，既不了解也不理解博大精深的汉族文化，只是一味地维护贵族的利益，维护和恢复祖制。因此，康熙即位之初，他们并没有将这个年幼的小皇帝放在眼中。有一天康熙出行，让鳌拜奏明孝庄，鳌拜不但违命不去，反而无礼地要求康熙自己去上奏。康熙习武时因弓软要求加硬，苏克萨哈就嘲讽皇帝"寡嘴琐碎""自作知识"。同时，为了加强满族贵族的统治，他们还采取了一系列"率祖制、复旧章"的措施，以修正顺治入关后的朝政大纲及汉化路线，这就使康熙初年的政治出现了明显的倒退迹象。

顺治亲政后，一改清初旧制，于顺治十一年（1654）裁内务府，改设八监、三司、二局，统称"十三衙门①"，兼用满人近臣与宦官。顺治十八年（1661），四大辅臣刚上任就向全国发布命令，称十三衙门任意把持事务，广兴营造，靡冒钱粮，以致万民告匮；而且败坏本朝淳朴之风俗，变祖宗久定之典章，于是将十三衙门尽行革去，"凡事皆遵太祖、太宗时定制行，内官俱永不用"；并以"变易旧制"的罪名将首倡者吴良辅处斩。同时，为了处理宫中事务，四大辅臣又重新恢复内务府，改御用监为广储司、尚膳监为采捕衙门、惜薪司为工部、御马监为阿敦衙门②、兵仗局为武备院。十三衙门的废除在一定程度上消减了宦官干政、奸人侵权的弊病，但是四大辅臣的主要目的是维持满族"淳朴之风俗"，恢复"祖宗久定之典章"，用以抵制汉族的政治制度和宫廷传统，所以事实上并没有真正革除宦官之弊。

四大辅臣辅政后，还罢内阁，复设"内三院"。顺治十五年（1658），顺治为加强皇权，采用明朝中枢机构的体制，裁去通称为"内三院"的秘书、弘文、国史三院，改为内阁，以内阁大学士主持；同时设翰林院，并对国家机构进行了重要调整。顺治十八年（1661）

---

① 十三衙门：即内十三衙门，又称内十三道。清初宦官衙门之统称。顺治十年（1653）六月，以内务府事繁，依明内监二十四衙门例加以精简设立，即乾清宫执事官、司礼监、御用监、内官监（后改宣徽院）、司设监、尚膳监、尚衣监、尚宝监（后改尚宝司）、御马监、惜薪司、钟鼓司（后改礼仪监、礼仪院）、直殿局、兵仗局。十一年，复设尚方司（后改尚方院）。同年，裁内务府，以十三衙门代行其事，掌皇家之衣、食、住、行。十八年，圣祖即位，以防宦官专权，革去十三衙门，恢复内务府，遂为定制。

② 阿敦衙门：官署名。清初内务府所辖机构，"阿敦"为满语音译，意为"马群""牧群"，初名御马监，是内务府下面管理御马的机构。顺治十八年（1661）改阿敦衙门，隶内务府。康熙十六年（1677）改称上驷院。

六月,四大辅臣推翻顺治的改革方案,下令恢复旧制,并规定内三院应设满、汉大学士、学士等官。不久,内三院重新开设,各设满族大学士一员、汉学士一员,并规定一旦出现满族学士缺员,应马上推补,汉学士则不必如此。而后,翰林院并入内三院,其侍讲学士、侍讲也因此一并裁去。

顺治曾经采取严加控制与收买重用并行的办法任用汉族官吏,明令明朝原各衙门官吏"俱照旧录用",并设法动员归隐山林的官员复出参政,甚至收买个别投降的农民起义军首领。然而,四大辅臣辅政后,以考满①、京察②、大计③等各种办法对朝中及地方汉族官吏进行严格的"甄别""更定",根据考满结果来确定留用、降级或革职。这在很大程度上制约、压制了地位较低的汉族官吏,同时也助长了官场的腐败之风。

四大辅臣在极力压制汉族官吏的同时,还对广大汉族民众进行残酷迫害和镇压,制造了许多震惊全国的大案,比较著名的有康熙继位初期的"哭庙""奏销""明史"等案。

顺治十八年(1661)初,顺治去世,哀诏到日,各省巡抚按例率部属设位哭灵。当时江苏吴县知县任维初贪贿浮征,滥用非刑,百姓怨声载道。诸生④金圣叹⑤、倪用宾等听说世祖哀诏要传到江苏,并在文

---

① 考满:明清两代考核外官的制度,针对官员进行的考核,主要考核官员的从政资历和政绩。办法是三年一考,三考为满,考满之日由有关部门量其功过,分成上、中、下三等,以此决定其升降去留。

② 京察:考核京官的一种制度,清代为三年一考,在京的为"京察",在外地的称"大计"。

③ 大计:考核官员政绩的制度。周朝每三年进行一次。明孝宗弘治(1488-1505)中定大计之法督考官吏,地方官三年一朝。大计淘汰者,不复叙用。清顺治二年(1645)沿用此制。康熙元年(1662)罢之,专行考满。四年罢考满,复行大计,遂为定制。亦三年举行一次,由州、县至府、道、司,层层考查,其属员事绩,造册申报督府。

④ 诸生:古代经考试录取而进入中央、府、州、县各级学校,包括太学学习的生员。生员有增生、附生、廪生、例生等,统称诸生。

⑤ 金圣叹:名采,字若采。明亡后改名人瑞,字圣叹,自称泐庵法师,江苏吴县(今属江苏苏州)人,著名文学家、文学批评家。

庙举行哭灵大典，于是商定由金圣叹写状纸，代表吴县百姓状告知县任维初。哭灵当天，金圣叹等18人率当地士绅上千人到文庙向巡抚朱国治呈递状纸，状告县令贪暴吞款。然而，自古以来都是官官相护，朱国治根本不站在百姓的立场上，反而将此事密奏于上，诬称当地士绅触犯顺治灵位，犯下大不敬之罪，立即将带头的十几人关进大牢。消息传到京城后，四大辅臣立即派人前去审讯，为首的18人被处死，家人、财产全被籍没。

"哭庙案"在全国特别是江南地区引起了强烈震动。明末清初，江南名士多为讲学、论学而相互结社，形成一股风潮，清廷早就想进行裁制，只是一直没有找到恰当的借口，这次终于找到了理由，于是立即以"大不敬"之罪滥加诛戮。讲学、结社之风因此受到影响，几乎断绝。

"哭庙案"的影响还没消退，江南很快又发生了一起更大规模的案子——"奏销案"。江南赋役素来繁重，士绅、农民痛苦不已，于是清理拖欠便成为当地官员最棘手的问题。顺治十八年（1661），四大辅臣颁布各省巡抚以下、州县以上征催钱粮未完处分条例，规定各地官员凡本地有拖欠钱粮的均停止升转；限期未完的将受革职、降级处分。这条规定把追缴钱粮作为官吏升黜的标准，不仅改变了顺治以来任用官吏、考查政绩的基本标准，而且因为以无情追缴为唯一目的而极不得人心。不仅如此，四大辅臣还以财政紧张为由，下令赋税十年并征。于是，各地拖欠更是有增无减。按照规定，绅欠300两以上、缙欠200两以上都要处分。一时间，无论上下官吏，还是新老士绅，其命运都与钱粮紧紧联系在了一起。

新令颁发后，一向以暴政闻名的江南巡抚朱国治立即采取行动，将矛头直接指向汉族地主和知识分子。为了邀功，他催征急迫，士绅们凡有拖欠，不论多少，都被以抗粮为由报部题参，被造名册题参的绅士达1.3万多人。四大辅臣立即下令将名册所列士绅尽数除名，并解送刑部从重惩处。昆山探花叶方蔼只不过欠了1文钱，也被列入抗粮名册，遭到降职罢免，以至于江南流传"探花不值一文钱"的民谣。

安徽、浙江等地也效法江南，利用新例威胁当地士绅，以邀功请赏。各地冤狱四起，凤阳等地被解士绅达数百人，以至于各狱中诸生竟无立足之地，许多人为之倾家荡产。直到第二年五月，新任巡抚韩世琦将各户完清者陆续报上，朝廷才下令释放被押士绅。一年之后，以江南为中心，进而波及全国的奏销大狱才渐渐平息。这一大案使广大江南士绅创痛至深，难以忘怀。本来就对清廷极为不满的文人、缙绅们产生了更为强烈的抵触情绪，一度趋于缓和的满汉矛盾又尖锐起来。

而在当时发生的各起案件中，影响最大的要数康熙初年的庄廷鑨"明史案"。

这事还要追溯到明朝天启年间，当时，明朝内阁首辅、大学士朱国桢①告老还乡后在家闲居，撰写了一部《明史》，并将部分内容刊刻行世，剩余的诸臣传略部分仅留有稿本。明朝灭亡后，朱氏家道中落，朱国桢的后人便将书稿卖给同里富豪庄廷鑨。庄廷鑨因病眼盲，想效仿历史上同为盲人的左丘明②著写一部史书，但他素无才德，又无子嗣，便以金钱招揽当地知名文人10余人，对朱氏书稿加以删润论断，并补充天启、崇祯年间史事，题为《明史辑略》，作为自己的著作，并请弘光朝礼部侍郎李令皙作序，还将参校者姓名列于书首，刊印发行。因为原书稿是明末撰写的，修订时并没有进行大的删减，所以文字中仍有多处指斥降清官员为叛逆的语句。没想到，这些文字在日后竟成祸端，引发了一场轰动全国的惊天大案。

康熙即位初，因涉贪腐案被罢的归安知县吴之荣得知庄氏家资丰裕，便想借此敲诈一笔，结果遭到庄氏的拒绝。吴之荣怀恨在心，决定借告发庄氏之书东山再起，于是拿着《明史辑略》跑到杭州将军松魁处告发。松魁不想扩大事态，就将案件移交巡抚朱昌祚。朱昌祚又派督学

---

① 朱国桢：字文宁，号平涵。明万历首辅大臣，在任期间体恤民情，为浙江赋役不平，提出平均法，计亩定役，使贫者不至重负。一生著述甚丰，主要有《明史概》《大政记》《涌幢小品》《皇明纪传》等。

② 左丘明：春秋时期著名史学家、文学家与思想家，著有《春秋左氏传》等。

胡尚衡处理此案。此时庄家已经获知消息，立即花重金上下打点，最终使案情平息下来，而吴之荣因诬告和侵吞反被逐出吴江。事后，庄家连忙删除书中的犯禁之语，重新刊印。

吴之荣偷鸡不成反蚀把米，心中的恨意更浓，决定大肆报复，又携带初刻旧版原书上报刑部。同年冬，朝廷急派人到南浔（今湖州境内）调查。于是数百名清兵在钦差的带领下开进湖州，四处缉拿要犯，由此拉开了一场震惊海内的杀戮序幕。

最先遭害的是庄家，庄氏一族100多人被捕，庄廷鑨的父亲庄允城被押至京城，后死于狱中；已故的庄廷鑨被开棺戮尸。最后定案时，庄廷鑨的弟弟一家10多人连坐，皆遭处死，家产没收。

其余参与修订此书、为书作序、制版售卖、购买此书的人，以及在吴之荣告发后因收受贿赂而没有处理此案的官员，都成为朝廷缉拿和惩处的对象。其中，李令皙因为该书作序，一家百余口人受到牵连，他本人与子、侄被杀。《明史辑略》中列名的修订者多为江南名士，其中一些人只是在书首列了名，并没有参与实际工作，但也大难临头。明代著名文学家茅坤①的后人茅元铭，平日闭门读书，只因庄廷鑨仰慕他的大名将其列于参评，因而获罪被投入狱中。他在狱中与吴炎等人每天赋诗为事，见到清廷官员就破口大骂，最终一家七口被判为死罪。吴炎等人乃晚明诸生，精通历史，纵贯古今，曾立志仿司马迁《史记》私修明史，并撰成史稿。庄廷鑨之父知道后，以为他们与庄廷鑨志同道合，便将吴炎等人也列入参评。吴炎等人因此获罪入狱，在狱中受尽酷刑，后都身罹极刑。江南名士只要姓名列于书中的，均难逃一死，只有查继佐、陆圻和范骧三人得以幸免。

涉案官员中，杭州将军松魁与幕僚程维藩一起被押到京城，松魁以满人不识汉字为由免于一死，被削官返旗；程维藩则被戮于市。提督梁

---

① 茅坤：字顺甫，号鹿门，明代散文家、藏书家，湖州归安（今浙江湖州境内）人，他评选的《唐宋八大家文钞》影响很大。

化凤因功勋卓著,数经辩解,方免一死;其幕僚徐秩三成为替罪羊,死于非命。湖州知府陈永命收受庄氏贿赂,并将刻板劈毁,案发后自知难逃罪责,于是自缢身亡,后又遭磔尸,其弟陈永赖连坐被诛。

另外,因为吴之荣的挟嫌诬陷,一些与此案无关的无辜者也受到惩治。比如南浔富人朱佑明,一向与吴之荣不合,吴之荣便借朱佑明曾出资印发庄氏史书之名进行敲诈勒索,朱佑明严词驳斥,拒绝纳贿,结果被吴之荣诬陷,朱佑明终因申辩不成而被满门抄斩。

康熙二年(1663)五月,杭州弼教坊①大开杀戒,罹难者70多人,书首列名18人遭凌迟处死,刻工、印工、买书、藏书、售书者无一幸免。只有告发者吴之荣大受朝廷奖赏,不但官复原职,还得到了庄、朱两家的部分产业,最后荣升为右佥都御史。

就这样,明史案以赃官得势、无辜遭难而告终,从而将康熙初年以四大辅臣为首的满族贵族奉行的民族压迫和思想专制推向了极端,使汉族百姓,特别是知识分子与清朝统治阶级的矛盾日益加深,直到鳌拜集团被铲除后,经过康熙诸多工作,这些矛盾才逐渐得以缓和。

二、政治联姻

四大辅臣在辅政初期,基本上能够做到协商一致,尽心尽力地辅佐幼帝。然而好景不长,四位辅臣逐渐不和,并开始内斗,而这主要是由于鳌拜居功自傲、骄横跋扈、擅权专政。

在四大辅臣中,正黄旗的索尼资格最老、威信最高,因此他居于四辅臣之首,但年纪老迈。正白旗苏克萨哈才干超群,位列第二。遏必隆是开国五大臣额亦都之后,屡立战功,同时与鳌拜交好,同为镶黄旗。鳌拜名列第四,但为人最为强悍,他见苏克萨哈爵禄虽低,班次却居第

---

① 弼教坊:明代坊名,在今杭州市。明朝时此地是按察使署所在,署前广阔,设两块牌坊,一为"明刑",一为"弼教",故得名。

二，一旦索尼去世，苏克萨哈有可能依次递补，代替索尼总揽启奏和批红大权，便耿耿于怀，经常与苏克萨哈因事争吵，积怨成仇。苏克萨哈本是一个刚愎自用的草莽武将，平日里傲慢狂妄，朝中大臣对他多有畏惧。在四大辅臣中，他是唯一出身正白旗的，两黄旗的三位大臣对他十分藐视，在他们看来，苏克萨哈不过是一个得到太皇太后宠爱的粗人。后来，鳌拜决定利用黄白旗之间的矛盾，在三旗内部挑起争端，借此打击苏克萨哈。

长期以来，黄白旗之间一直存在着较深的矛盾，这个矛盾可以追溯到数十年前皇太极进行的一次改旗活动。以前，努尔哈赤亲自掌控正黄旗、镶黄旗，由皇太极掌控正白旗，杜度掌控镶白旗，代善掌控正红旗，代善长子岳托掌控镶红旗，莽古尔泰掌控正蓝旗，阿敏掌控镶蓝旗。皇太极即位后，为了巩固自己的地位，重新调整了各旗的地位，将多铎①、阿济格②掌控的正黄、镶黄两旗改色为正白旗与镶白旗，将自己亲领的原正白旗改为正黄旗，夺取杜度的镶白旗主之位，交长子豪格担任，改为镶黄旗。

这样一来，原来的两白旗由普通旗上升为皇上旗，尽管当时还比较弱小，但为后来的发展奠定了基础。原来地位较高的两黄旗却因努尔哈赤去世而改为两白旗，实力和地位都被削弱，不仅在政治上丧失了原来的优势，在物资分配上也受到了限制。所以自天聪年间，两白旗，特别是努尔哈赤遗部的正白旗，便与皇太极属下的两黄旗结下了怨恨。

崇德八年（1643），皇太极去世，黄白两旗又开始了新一轮的夺权斗争，并且发生了两黄旗大臣于大清门会盟、誓立帝子的事件。多尔衮摄政期间，两白旗的政治地位再次上升。顺治七年（1650），多尔衮去世，为了壮大皇室力量，消弭长期以来的黄白旗矛盾，顺治将正白旗列

---

① 多铎：清太祖努尔哈赤第十五子，摄政王多尔衮同母弟。天命五年（1620）为和硕额真。旋为贝勒，统正白旗。崇德元年（1636）封和硕豫亲王。顺治元年（1644），授定国大将军，后晋和硕德豫亲王、辅政叔德豫亲王。

② 阿济格：清太祖努尔哈赤第十二子，历封贝勒、武英郡王、英亲王，顺治年间先后为靖远大将军、平西大将军，率军追击李自成农民军，南至九江。

入上三旗，正白旗在八旗中的优越地位再次得到确认。

这一次，鳌拜首先翻起旧账，重新挑起多年前圈占京城附近田地，多尔衮利用权势造成的黄白旗之间的矛盾，要求重新圈换土地。这一提议得到了多尔衮时期受到压迫的两黄旗大臣的支持，就连索尼和遏必隆也随声附和。鳌拜见有机可乘，便唆使两黄旗的人向户部呈文，要求把遵化等地的正白旗屯庄改拨镶黄旗。

大学士、户部尚书苏纳海①认为，圈地已经过了二十多年，而且朝廷已经下令禁止圈地，于是奏请朝廷，驳回鳌拜等人的换地之议。

苏纳海本身就是正白旗人，他的奏疏引起了鳌拜的愤怒。他发动党羽，采取各种办法诬陷苏纳海和直隶总督朱昌祚、直隶巡抚王登联等反对换地的官员，将他们逮捕治罪。但年仅13岁的康熙没有应允，鳌拜竟然假传圣旨，捏造苏纳海三人"迁延藐旨""妄行具奏"等罪名，将他们处以绞刑。

鳌拜掀起的换地运动以镶黄旗全面胜利、三大臣丧命而告终，而这也使鳌拜的势力得到了前所未有的扩张。他不仅屡屡矫旨，无视皇帝和孝庄，还将议政王大臣会议和吏部、户部、刑部紧紧抓在自己手中，成为他谋取权力、打击异己的工具。

随着鳌拜的日益骄横、专权独大，四大辅臣联盟不断瓦解，辅政体制的弊端也日渐显露出来。此时康熙年龄尚小，国家的大政方针虽然最后由孝庄决断，但辅臣有权直接处理一切政务，有权在题奏本章上面标写处理意见，甚至代替皇帝写朱批。对此清廷又没有一定的监督机制进行约束，所以辅臣们的所作所为，尤其是鳌拜的专权行径，逐渐成为皇权的潜在威胁。

为了遏制鳌拜并将权力夺回，孝庄认为最好的方法就是皇帝亲政并笼络其他辅政大臣。而要亲政，皇帝必须成年，而成年的标志就是成

---

① 苏纳海：他塔喇氏，满洲正白旗人。顺治三年（1646）由王府侍卫授弘文院学士，累迁工部尚书。康熙初年拜国史院大学士，兼管户部。

婚。成婚对当时的少年天子康熙来说意义重大，一方面表明他已经成年，另一方面表明他可以决策国家大事，辅政大臣应该把权力移交给皇帝。

康熙四年（1665），康熙年满12岁，孝庄决定把皇帝的大婚提上议程。消息传出后，朝野上下议论纷纷，大家都知道，作为母仪天下的皇后，负责主持后宫，是个很重要的角色，谁当上了皇后，就意味着取得了除皇帝以外的最高权力和地位。因此，有条件的权臣亲贵们无不望眼欲穿，为自家女儿谋取这一荣誉而奔走。

其实，孝庄对皇后的人选已经心中有数。当时礼部送上来的秀女名册中居前的三个人是：瓜尔佳氏，镶黄旗人，辅政大臣、二等公鳌拜之女；钮祜禄氏，镶黄旗人，辅政大臣、一等公遏必隆之女；赫舍里氏，正黄旗人，首辅大臣、一等伯索尼的孙女，侍卫内大臣噶布喇①之女。经过一番权衡，孝庄和康熙一致把目光锁定了索尼的孙女赫舍里氏。

虽然确定了皇后人选，但过场形式还是要走的。这一天，紫禁城神武门②周围一下子变得热闹非凡，大清国三年一度的"选秀"活动就要在此开始了。

这一年的"选秀"与过去相比大有不同。这是康熙登基后的第一次"选秀"。孝庄及四位辅政大臣一早就公告天下：当今皇上要在此次选中的"秀女"中，钦封皇后、皇贵妃、贵妃及妃、嫔若干人。此次被选中的"秀女"可谓前途一片光明，故而许多有权有势的人都千方百计地把自家的适龄女子亲自送往礼部。礼部"筛选"结束后，也还剩下千余名少女。这千余名少女在这一天清早，由礼部官员领着，集合在紫禁城的神武门内外，等待皇帝的亲自挑选。

清代"选秀"的程序大致为：礼部把待选的少女集中在神武门内外，到正式"选秀"的时候，再把少女们按照一定的顺序编成五人一

---

① 噶布喇：索尼长子，康熙十三年（1674）册为一等承恩公，官至领侍卫内大臣。
② 神武门：紫禁城的北门，初名玄武门，康熙登基后，因避康熙玄烨名讳，改称神武门。

组，然后由当值太监以"组"为单位，依次将少女们引进皇宫内的一座宫殿里，殿内设有一张几案，几案上放有五块绿色的木牌，几案旁站着一位执事太监，几案后悬挂一张珠帘，皇上和皇后端坐于珠帘之后。待选的少女五人一排站在那张几案之前，如果皇上和皇后认为哪个少女可以入选，执事太监便将几案上相应的绿木牌翻过来，反之则不动。被选中的少女由一名当值太监领入宫中指定地点休息，未被选中的少女则由当值太监送出皇宫。

因为康熙尚未结婚，也就没有皇后，所以这次"选秀"时，珠帘之后端坐的是康熙和孝庄。

经过一番挑选，康熙和孝庄从千余人中选出了10余人，其中包括索尼的孙女赫舍里氏和遏必隆的女儿钮祜禄氏，却没有鳌拜的女儿。得知这样的结果，鳌拜气急败坏，但也毫无办法，总不能跑到康熙面前胁迫他选自己的女儿吧。

"选秀"结束后的第二天下午，四位辅政大臣来到慈宁宫，与孝庄商议康熙选后及婚期等相关事宜。

孝庄的意见是，三天之后，待选中的秀女对宫中的情况和礼节比较熟悉了，由康熙亲自从那些秀女中挑选出大清国的皇后、皇贵妃、贵妃及妃、嫔等。遏必隆、索尼和苏克萨哈都表示同意，鳌拜虽然心里窝火，但也同意了。而后大家又一致同意将小皇帝的婚期定在当年秋天。

三天之后，康熙按照之前的计划，郑重其事地挑选索尼的孙女赫舍里氏做他的皇后，并封钮祜禄氏为妃。这一方面可以防止代表镶黄旗的鳌拜集团的势力进一步扩大，另一方面也可以拉拢正黄旗老臣索尼及其家族，分化两黄旗，达到加强皇权的目的。

就这样，索尼在这次后位竞争中成了最大的赢家。不过，赫舍里氏入宫的过程并不顺利。原来，鳌拜因为在这次选秀中没有占到半点便宜，怀恨在心，于是以赫舍里氏的父亲噶布喇庶出为由，多次上奏"下人之女"不可立为皇后。遏必隆也随声附和，因为扳倒赫舍里氏，他的女儿就能成为皇后了。此事闹得朝野上下议论纷纷，一时间满城风雨，就连索尼家的大院里也有人在喊喊喳喳地议论。但孝庄和康熙不为所动，坚持要立赫舍里氏为后。

康熙四年（1665）九月初八，遵照祖母慈旨，康熙与赫舍里氏在紫禁城的坤宁宫内举行了大婚典礼。坤宁宫是清代皇帝举行大婚典礼的地方，顺治的大婚典礼也是在这里举行的。

大婚前夕，礼部官员做了周密的安排。对于举行合卺礼①的地点，他们奏报孝庄说，坤宁宫七间，"北坐向南，本年均吉。即隔首间、次间，于五间之中间合卺吉"。孝庄阅后下达懿旨："中间合卺，因与神幔甚近，首间、次间虽然间隔，尚是中宫之正间内北炕，吉。两旁间既非正间，均不可用。"于是，康熙和皇后在祖母精心选定的房间里举行了合卺礼。

大婚意味着康熙已经长大成人，再也不是一个没有发言权的少年，而是一位即将亲政、总揽朝纲的皇帝。

三、御门听政

中国历朝历代，皇权时常面临各种挑战，宰相擅权、母后专政、外戚篡权、宦官横行、大臣结党等威胁皇权的事情屡见不鲜。不过这样的事情在清朝极少发生，这与皇帝亲政、勤政，不轻易假手于人有着莫大的关系。

清朝初建时，满洲宗室贵族在一些国家大事上有很大的决策权。皇太极、顺治两位帝王一直致力于加强皇权统治，从而使"四大贝勒体制"和"议政王大臣会议体制"受到了一定程度的制约。到康熙初年，顺治遗诏令四大异姓大臣辅佐年幼的康熙治理国政，随着年龄的增长，康熙逐渐感受到"四辅臣体制"严重地束缚了自己的手脚，使他难以

---

① 合卺礼：指成婚。古代婚礼中的一个重要仪式，始于周代，相当于民间的"喝交杯酒"。

自由裁决国家大事。

同时，首辅索尼目睹鳌拜权势日盛，而自己年老多病，心中十分忧虑。康熙六年（1667），他策动三辅臣跟他一起奏请康熙亲政。康熙自思"年尚幼冲，天下事务殷繁，未能料理"，要求四大臣继续辅政四年。但索尼等人仍屡行陈奏，康熙只将奏疏"留中未发"。同年六月，索尼病逝，一个月后，康熙才把索尼等人多次呈请皇上亲政的奏疏向臣下宣布，并上奏孝庄。

经孝庄允诺"择吉亲政"之后，七月初七，14岁的康熙登临太和殿，昭告天下开始亲政。同时令鳌拜等人仍以辅政大臣的身份处理朝中事务。《清史稿》记载说："是日，始御乾清门听政。"也就是说，康熙在太和殿举行亲政大典仪式之后，开始到乾清门御门听政。

所谓御门听政，即皇帝亲自到宫中的一定场所，听取各部院大臣奏报本部院的要政，提出垂询和裁决意见，与大学士、学士们一起讨论，批阅折本，发布谕旨，对重要国事做出决策等。

康熙最初听政的地点是离他住处最近的乾清门，因此才被称为"御门听政"。每月除了"常朝"在太和殿外，其余时间都在乾清门。后来根据具体情况和季节变化，也经常在乾清宫东暖阁、懋勤殿、瀛台勤政殿、畅春园澹宁居、南苑东宫前殿等地进行听政。御门听政时间一般安排在早晨，因此又称为"早朝"。

勤勉为政的康熙，无论盛暑严寒都坚持亲临听政，几乎是几十年如一日，从不中辍。他听政不是图形式走过场，其认真程度出乎大臣们的预料。对于各部送上来的奏章，他总是亲自御览。

刚开始，许多官员认为皇帝肯定不会看得太仔细，所以书写时并不是很认真，时有出错。结果，康熙批阅时连错字都能发现，而且还加以改正，看到不通顺的地方也会亲自加以删改，令大臣们无比汗颜。

一般来说，每天的奏章有四五十件，遇有紧急事件时可能达三四百件，但是不管有多少，康熙都要亲自批览。他认为只有亲自动手，才能洞察其中的弊端，随时加以纠正，这对于扭转一些不良风气起到了很大的作用。

通过御门听政，康熙抵制了鳌拜等权臣专断朝政的图谋，为铲除鳌拜创造了条件。为了扩大自己的权力，鳌拜垄断了朝廷政务的处理，甚至将奏疏带回家中任意更改，而且结党营私，阻塞皇帝和臣下沟通的渠道。但康熙通过亲自听政，突破了鳌拜的封锁，与大臣们广泛接触，共商国是，及时发现和制止了鳌拜等人擅权自专的行为。

有一次，鳌拜擅自更改已经发抄的红本①，遭到大学士冯溥②弹劾，康熙毫不留情地当众批评了他，鳌拜虽然心有不甘，但在朝堂之上也不敢公然对抗皇帝，而康熙通过这些行动逐渐树立起了自己的权威。两年以后，康熙不动声色地除去了这个经营多年的庞大集团，正式亲自掌管国家大权，他没有因为鳌拜的覆亡而掉以轻心，放松听政，反而更加勤勉。

"三藩之乱"时，国事繁多而重大，军情紧急，康熙不敢有丝毫放松，每天天还没亮就起床，天刚蒙蒙亮就开始听政，用他自己的话说，"恐有怠政务，孜孜不倦"。

同时，康熙对各部官员也提出了严格的要求，他下诏："令部院官员分班启奏，偷情安逸，甚属不合。以后满汉大小官员，除有事故外，凡遇启奏事宜，都要一同启奏，朕可以鉴其贤否；没有事情启奏的各衙门官员，也要每日黎明齐集午门前，等别人启奏之后同时散去。都察院堂官及科道官员，没有启奏事宜，也必须每日黎明齐集午门，查满汉部员、官员有怠情规避者，即行上本参奏。"

为了避免耽误早朝，官员们往往凌晨三四点就得起床，点着灯笼上朝，并在皇帝的带动下养成习惯，整个朝廷呈现出勤勉高效的氛围。

平定"三藩"之后，紧急事务相对减少，但是康熙仍然坚持御门听政，只是对时间作了调整。即使外出巡幸，他也坚持处理政务，因此

---

① 红本：清制，凡内外进呈的本章，经皇帝裁定后由内阁用朱笔批发，称红本。
② 冯溥：字孔博，号易斋。清初大臣，经顺治、康熙二朝，历任吏部侍郎、刑部尚书、文华殿大学士、太子太傅。居翰林10余年，勤勉供职，被顺治称为"真翰林"。

热河（今承德）避暑山庄和各处行宫也成了他召见臣下处理政务的场所。每次他离开京城，各部院便将奏章集中送至内阁，由内阁派人专程转送。康熙如果住在南苑，就一天汇送一次或隔日汇送一次；如果远行外地，则每三日送一次。每天清晨，各部院尚书、侍郎就要赶到听政的地方，将本部的日常事务上奏。有些问题康熙当时就做出决定，要求有关部门贯彻执行。遇到重要问题，他会当面询问详情，征求各方意见，然后仔细调查再做决定。

从亲政之日起，康熙除了生病、三大节、重要祭祀之日以及宫中遭遇丧葬等变故，不得不暂停御门听政外，几乎没有一天不坚持听政。

康熙通过御门听政解决了大量的实际问题，极大地提高了国家的行政管理质量和行政效率。康熙四十五年（1706）春，大学士和户部一起上奏，说："钱价太贱，需要平抑。"康熙当即批示：和籴收买，严厉惩处贩钱抬价之人。

同年十月，刑部侍郎鲁瑚和九门提督陶和因为拿获贩卖大钱人犯之事而争论不休，于是在康熙听政时一起上奏。康熙听取二人各自的阐述后，认为刑部的观点是错误的，给予严厉批评，同时下令交给都察院处理。许多重要、机密的事情，各部还要具本奏上，面奏完毕，由大学士商量处理。

在听政过程中，康熙并不独断专行，总是让大臣们畅所欲言，甚至鼓励他们互相争论，尽可能地发挥大家的积极性。经过争论，有时康熙发现自己的意见并不完全正确，就虚心接受，采纳臣下的意见。

有一次，九卿会议提出请皇上亲临河上指授方略的要求，康熙开始断然拒绝道："朕屡次巡察途经河道，对治河工程非常了解，有些地方虽然没有去过，但通过地图也早已十分熟悉，随时可以定夺。朕几次南巡，发现走小路十分扰民，所以没有必要亲自前往。"但是九卿一再坚持，申明利弊，说如果皇帝不亲临指示，就不敢动工，工程也不能圆满完成。康熙经过通盘考虑，终于同意前往检视。

这场争论整整进行了一年。九卿有的面奏，有的递折，直陈己见，大大提高了中枢决策的准确率,取得了良好的效果。

对于朝中的许多大事,康熙都亲自过问。大学士请旨的,康熙每一件都要亲自定夺,甚至一些看起来并不重要的事情,他也十分关注。

有一次,大学士明珠①捧折面奏,请示户部奏销前一年湖南钱粮。康熙问道:"所奏钱粮数目是不是确切?"

明珠回答说:"我核对过,是相符的。"

康熙仍不放心:"户部钱粮浩繁,很容易蒙混,经常在销算过程中出问题,你们传朕的话,要户部务必严加清查,排除弊病隐患。如果不改,一定要严加查办!"在康熙的安排落实下,许多问题得到了解决。

康熙二十五年(1686)七月的一天,康熙处理翰林官外转的奏章,询问大学士的意见。明珠奏报说,可以依吏部所议。

康熙听了十分不满,批评道:"这是你们顾及情面,现在的翰林官,很多不善书法,不能写文章,不能读断史书,只知饮酒下棋,此等庸人一旦受到重用、宠幸,怎么去教育后人?一定要降谪一两个人来警诫他们。"

随后,康熙指示大学士、学士带着谕旨到翰林院、吏部去质询。当天晚上,大学士们就回来汇报了吏部与翰林院的疏误之处,并加以改正。

通过这些做法,康熙不但解决了很多实际问题,而且掌握了各地、各部门的薄弱之处,对加强皇权、防止权臣擅政起到了一定的作用。御门听政时,康熙不只是处理日常事务,而且还借机考查官员,整顿吏治,并通过这种方式增进自己与官员们的关系。

康熙首先将官员是否认真按时启奏视为勤勉、贤良与否的重要标准。因此,朝奏时他经常对偷情安逸的官吏严加训斥,对启奏诸臣也时时要求他们注意民生疾苦。他曾多次告诫身边的官员,作为一方大吏,

---

① 明珠:字端范,满洲正黄旗人,康熙朝重臣,历任内务府总管、刑部尚书、兵部尚书、都察院左都御史、武英殿大学士、太子太傅等要职。

所奏必须与国计民生相关。

康熙二十二年（1683）二月初六，江西布政使石琳上奏本省要政时，多举琐碎事情。康熙听了严厉批评道："你身为地方大吏，应举有关民生利弊以及应该革除的人事奏告，怎能用这种琐事来搪塞呢？"

对于官员的升转任命，康熙很注意听取大学士们的意见。每次吏部或九卿推荐官吏，他总是让大学士们充分发表意见，以决定取舍。有时一时无法议定，他便下令有关部院或九卿再作商议。

有一年，户部侍郎、贵州按察使、浙江按察使、山东布政使等都出现缺员，吏部报上拟升转名单，康熙并未指点，而是下令："着以开列人员问九卿，各举所知。"

对于吏部所开山东等九省学政名单，康熙对学士们说："直隶地区，朕已点过；江南等地学臣紧要，这本折子里开列的人员朕不大认识，请向九卿问询。"但是，对各部部议及大学士们票签的错误，他却丝毫不加迁就。

康熙曾经问大学士马齐①："前代君王不接见诸臣，所以诸臣也见不到君王，那么，君臣之间怎样沟通呢？"

马齐回答说："明代皇帝向来没有接见诸臣之例，即使接见，也不许说话。"

康熙慨叹道："为人君者若不面见诸臣，怎么能处理政务呢？"

为了增进君臣之间的关系，康熙对各级官员处处表示关心。他认为君臣应经常在一起商讨国家大事，才能上通下达，共同筹划，避免明朝君臣相隔、依赖宦官以致亡国的悲剧。

康熙经常通过询问官员的家境来联络感情。出于对他的感戴之情，不少大臣对工作尽职尽责，甚至敢于与他争论。他对这种大臣总是十分赞许，并且说："你们都是议政大臣，应该各抒己见，直言不

---

① 马齐：富察氏，户部尚书米思翰之子，历任工部员外郎、郎中、内阁侍读学士、山西巡抚、左都御史、兵部尚书、户部尚书、武英殿大学士、保和殿大学士、太子太保等职。雍正朝时任总理事务王大臣，参与了中俄《布连斯奇条约》的交涉工作。

讳，即使发生小差错，朕难道还会因议政而加罪于你们吗？"因此，康熙在位期间，君臣关系一直非常融洽，各级官员普遍任劳任怨，对他十分爱戴。

康熙生病时往往暂停御门听政，但是各部院官员仍然全部赶到左门请安，这使他十分感动，动情地说："君臣谊均一体，分势虽悬，而情意不隔。"

通过御门听政，康熙的"感情投资"得到了回报，大大增强了官员们的向心力，使自己的统治得到了空前的巩固。

御门听政作为康熙长期坚持的处理政务的主要方式，对于当时政局的健康发展发挥了至关重要的作用。康熙充分利用御门听政，使朝廷上下协调一致，战胜了一个又一个对手。

四、智擒鳌拜

按理说，康熙亲政后，鳌拜应该收敛一下自己的嚣张气势，但他一向自恃功高，加上首辅索尼已经去世，无人能控制他，他根本不把14岁的皇帝放在眼中，妄图攫取启奏权和批理奏疏权，成为真正的宰相。

这个时候，经过换地之争，苏克萨哈的势力被大大削弱。康熙亲政后，苏克萨哈深知自己无力与鳌拜抗争，但他又不愿向鳌拜妥协，于是便想退出权力中心。就在康熙亲政的第六天，他以身有重病为由，上书要求去守先帝的陵寝。

苏克萨哈此举有两个目的：一是表明由于鳌拜的专横，自己不得不隐退；二是试图以隐退的举动迫使鳌拜、遏必隆也一并辞职交权。然而，苏克萨哈在这个时候想退出显然是不明智的，因为康熙刚刚亲政，羽翼未丰，所以康熙对苏克萨哈的做法完全无法理解，同时朝野上下也是一片责备之声，形势因此变得更加糟糕。

早就想对苏克萨哈下手的鳌拜从中找到了一个大好机会，他抓住苏克萨哈在要求去盛京守先帝陵寝的上疏中有"如线余生得以生全"之语，大做文章，乘机发难：我们受先帝遗诏，辅政七年，现在皇帝正要我们出力，苏克萨哈却奏请守陵，以度余生，不知有何逼迫之处？在这里又有何无法生存的问题？之后，鳌拜操纵议政王大臣会议，给苏克萨哈罗织24条大罪，且议定之后向康熙奏报，称苏克萨哈存蓄异心，论如大逆，应与其长子内大臣查克旦皆磔死；其余子孙，无论年纪大小，一律斩决籍没；另有苏克萨哈的亲信白尔黑图等三人也拟革职，斩立决。

康熙年纪虽小，但对时势却看得非常清楚，他知道鳌拜与苏克萨哈积怨日久，鳌拜给苏克萨哈所列罪状，无一不是借机罗织罪名，欲置苏克萨哈于死地。所以，康熙以"核议未定"为由，没有批准议政王会议的奏请。

鳌拜急于将这一眼中钉拔除，于是连日上奏，不断向康熙施加压力。他在皇宫院子里肆无忌惮地挥臂喊叫，迫使年轻的皇帝同意他的请求。最后康熙只得屈服，牺牲苏克萨哈，只是把对苏克萨哈分尸的酷刑改为绞刑，其他均按议政王会议的原议行刑。苏克萨哈及其子孙尽遭杀戮，家中妇女、幼儿被贬为奴。

苏克萨哈的死，表明清朝统治阶级上层存在着一股与皇权相抗争的势力在极力控制刚刚亲政的康熙，迫使这位年轻的帝王下最大的决心将其剪除；同时也表明满族贵族内部的分裂日益表面化，辅政大臣内部的矛盾日益尖锐。至此，由顺治和孝庄精心筹划的辅臣政治，终于因其自身无法调和的矛盾而瓦解。

铲除苏克萨哈后，鳌拜愈发嚣张，开始肆无忌惮地网罗亲信、广植党羽，并把自己的儿子和亲信安插在内大臣、大学士、六部尚书等重要位置上，在朝中纠集成一股欺藐皇帝、操纵六部的势力。

辅国公班布尔善①死心塌地地依附鳌拜，结党营私，利用权力擅改

---

① 班布尔善：清太祖努尔哈赤之孙，辅国公塔拜第四子。历任奉国将军、镇国将军、领侍卫内大臣、秘书院大学士，封辅国公。

票签，决定拟罪、免罪，处心积虑地配合鳌拜杀害苏克萨哈。由于帮助鳌拜排除异己有功，他被鳌拜提升为领侍卫内大臣、秘书院大学士。

正白旗副都统马迩赛曾跟随鳌拜的弟弟穆里玛平定李自成农民起义军余部李来亨，在朝中经常与班布尔善一起谄媚鳌拜，深得鳌拜信任，被提拔为工部尚书。户部尚书苏纳海被冤杀后，鳌拜企图让自己的党羽进入户部，控制中央财政，于是不顾户部已奉旨补入尚书的事实，援顺治年间曾设满族尚书二员的旧例，迫使康熙同意将马迩赛补为户部尚书，同时兼任正白旗蒙古都统。马迩赛经常与另一位户部尚书王弘祚发生冲突，不能独断专行，心中不满，班布尔善就借户部的一次过失将王弘祚革职，清除出户部，为马迩赛泄私愤。康熙八年（1669）正月，马迩赛病死，鳌拜又逼迫康熙予以封谥，康熙没有同意，鳌拜便擅自将他谥为"忠敏"。

鳌拜的亲友更是个个手握重权。他的弟弟穆里玛担任都统，康熙二年（1663）被授为靖西将军，因为镇压大顺李来亨部有功，升为阿思罕尼哈番（轻车都尉）。他的另一个弟弟巴哈，顺治时任议政大臣、领侍卫内大臣，其子讷尔都娶顺治之女为妻，被封和硕额驸。鳌拜的儿子纳穆福担任领侍卫内大臣，后袭封二等公，加太子少师衔。可以说，鳌拜满门显贵。

经过长期的勾结、经营，鳌拜将自己的心腹纷纷安插在内三院和政府各部，一时间"文武各部，尽出其门下"，朝廷中形成了以鳌拜为核心，以穆里玛、班布尔善、马迩赛、阿思哈、噶褚哈为骨干的朋党集团。他们互相勾结，操纵朝政，凡事在家与亲信议定后才奏报施行，甚至经康熙批准的奏稿也要带回家去另议，再作处理，根本就是目无朝廷。

对于部臣，鳌拜一向以对方是否追随自己来决定亲疏去取，追随他的，他就提拔；对他不谄媚的，他就想法陷害。若有人敢拂逆他的意思，肯定会遭到加害报复。内大臣费扬古一向与鳌拜不合，他的儿子倭赫及西住、折克图、觉罗塞尔弼四名侍卫一同在御前值勤，对鳌拜未表示敬畏之意，鳌拜因此怀恨在心，一直想加害他们。康熙三年（1664）四月，倭赫等人在景山、瀛台值勤时曾私骑御马，又用御弓射鹿。鳌拜知道后，立即以此降罪他们，倭赫因此惹来了杀身之祸。但鳌拜仍不罢休，又诬陷费扬古"守陵怨恨"，将他及其儿子尼侃、萨哈连一同处以绞刑，只有幼子色黑以"不知情"免死，被流放到宁古塔。鳌拜还下令籍没费扬古的家产给他的兄弟穆里玛。

为了独揽朝政，鳌拜甚至控制议政王会议。康熙六年（1667）议苏克萨哈罪时，鳌拜唯恐大学士巴泰提出相反意见，根本不让他知道这件事。工部尚书喇哈达、刑部侍郎宜理布在议政时与鳌拜意见经常不一致，鳌拜便下令不允许他们再参与议政。

康熙六年（1667），内弘文院侍读熊赐履应诏上万言书，亟陈康熙初年以来朝政得失。在奏疏中，熊赐履分析了康熙登基以来的政治、经济、社会生活等形势，指出全国百姓已相当贫困，以致逃难不止；还论述了整顿朝纲的意义与见解、措施，分析了辅臣擅政以来国家政治的利弊和前途。

熊赐履的奏疏引起了朝野上下尤其是康熙的高度重视，但是鳌拜却以熊赐履的奏疏皆有所指而心生厌恶，向康熙提出要治熊赐履的罪。康熙不准其请，批评了鳌拜一顿，不久又提拔熊赐履为内秘书院侍读学士。后来，熊赐履又多次上疏进谏，建议康熙召见儒臣，讲求治道。鳌拜对熊赐履极为不满，下令传旨责令熊赐履说明"积习隐忧""未厌人望"的事实所在，同时严饬熊赐履不能实在指陈，妄行冒奏，以博虚名，并以"所陈无据"为由，下部议处，降两级调用。鳌拜还要求康熙申禁言官，不得上疏陈奏。此时康熙已日渐成熟，他一面驳斥了鳌拜废禁言官的奏请，一面让熊赐履官复原职，一年后又授予他为秘书院侍读学士。

对于鳌拜的专横跋扈，朝野有目共睹，康熙更是十分反感。熊赐履对朝政直言不讳的批评、要求康熙崇尚汉族礼仪的建议，以及对鳌拜等人进行公开的指责，使年轻的康熙决定摆脱辅臣的纠缠和控制。但他也很明白，自己还年轻，无威无势，在鳌拜眼中不过是个乳臭未干的孩子；而且鳌拜的背后是一个势力庞大的集团，要想彻底铲除这股势力，不宜轻举妄动，只能静等时机，以便一击即中。所以，康熙没有急于争权，而是尽量控制自己，暗中积蓄力量。有时为了迷惑鳌拜，对其故意顺从，表现得软弱无能。这样一来，鳌拜更不把他放在心上，认为他不过是个懦弱的孩子而已。

为了迷惑鳌拜，康熙六年（1667），康熙下令封赏辅臣，授鳌拜为一等公，原二等公爵位由其子纳穆福承袭。后又加封鳌拜为太师，其子纳穆福为太子少师。

据说，有一次，鳌拜大闹金銮殿后谎称自己有病，一直不上朝。康熙明知鳌拜有病是假，但为了稳住鳌拜，还是决定亲自登门去看望他。

在封建社会，皇上亲自到自己家中对大臣来说是非常荣耀的一件事情。鳌拜见康熙不但不怪罪自己，还亲自前来看望，心中也有点不安。但他又想到，康熙年纪不大，心机却不少，他来探访不可不防。

鳌拜一边想着计谋，一边在床上欠了欠身，说："臣重病在身，不能迎接皇上，望皇上恕罪。"

康熙宽言抚慰说："爱卿辅政多年，很费心思，因此积劳成疾，希望爱卿多多保重。"

康熙说了一些安慰的话，准备起身回宫，忽然看见鳌拜一只手伸到枕头下，脸色有了变化。康熙刚要说话，只见一名御前侍卫快步走到鳌拜床前，猛地揭开铺席，一把明晃晃的腰刀呈现在康熙面前。

康熙见状大吃一惊。鳌拜脸色蜡黄，气氛顿时紧张起来。康熙定了定神，笑着说："这有什么可大惊小怪的，刀不离身，身不离刀，是我们满人的习惯嘛。"康熙的话使气氛缓和了下来，但这件事也更加坚定了康熙除掉鳌拜的决心。

康熙以下棋为名，经常召索额图进宫。索额图是正黄旗人，索尼的第三个儿子，从小和康熙一起玩耍，身体强壮，颇有谋略。由于鳌拜专权，侮辱了索尼很多次，索额图早就怀恨在心，经常流露出对鳌拜的不满。康熙打算除掉鳌拜后，第一个就想到了索额图。

这天，索额图又来到皇宫，康熙笑吟吟地迎接他。不一会儿，侍从太监搬来凳子和小案子，案面上摆着一副象棋。他们分上下坐定，跳马飞象，拼杀起来。

棋艺高超的康熙，今天不知为何特别性急，车马炮长驱直入，逼近对方将城。索额图则十分谨慎，步步为营。康熙几次要提车将军，都被索额图的过河卒子解了围，不得不转攻为守，康熙称赞他说："好棋！好棋！"

索额图谦逊地说："奴才棋艺低劣，只好以卒顶车。"

康熙微笑道："过河卒子能吃车马炮，不可小看。"

"奴才正是这个意思。"

康熙眼睛一亮，点头道："与朕的心意一样。"于是，君臣二人放下残局，商量起了对付鳌拜的办法。

第二天，康熙从各王府挑选了几十名年龄与自己差不多的亲王子弟，陪自己玩布库戏①。从此，康熙天天"玩"得不亦乐乎，即便鳌拜上朝奏事，康熙也照常和小侍卫们戏耍，从不回避。

康熙八年（1669）五月十六日，鳌拜进宫奏事，见康熙正在观看少年侍卫练武，只见一千来个人正在捉对演习，康熙在场外指指点点，他心里不由得一阵鄙夷。康熙见鳌拜来了，故意站起身走进场去，笑着夸奖这个勇敢，奚落那个功夫不到家。等到鳌拜走近后，他摆摆手说："今天玩得痛快！有事先不要说，等朕……"

鳌拜连忙说："皇上，外廷有要事奏告。皇上下次再玩吧。"

康熙这才恋恋不舍地和鳌拜进殿去了。后来，鳌拜看见康熙经常玩这个游戏，以为皇帝年少好玩，也就不放在心上，反而暗自高兴，觉得自己更有机会独断专行了。

康熙见鳌拜在自己面前愈发狂傲，知道自己的伪装起了作用，于是

---

① 布库戏：满语，"撩脚"的意思，一种徒手相扑的游戏，满族式摔跤。

和小侍卫们更加勤于训练。一天，康熙把他们召集到一起，问："鳌拜是武将出身，武艺高强。朕和你们都是10多岁的少年，你们是怕朕呢，还是怕鳌拜？"

小侍卫们齐声答道："鳌拜有什么可怕的，我们只怕皇上。皇上让我们干什么，我们就干什么。"

康熙十分高兴，心想此时正是铲除鳌拜的良机。

在采取行动之前，康熙不露声色地以各种名义将鳌拜的亲信派往外地，从而削弱他的力量。一切准备就绪，这天，康熙借一件紧急公务召鳌拜单独进宫。鳌拜毫无防备，骑着马就大摇大摆地进宫来了。

康熙站在殿前，一见鳌拜进来，便用眼神下达了指示，猛然间，小侍卫们一拥而上，扑向鳌拜，有的抱腰，有的扯腿，有的拧胳膊，瞬间扭打成一团。

鳌拜武将出身，力大无比，又有武艺，但是毕竟年纪大了，手脚不太灵便，加上寡不敌众，不一会儿就被众少年掀翻在地，捆缚起来，关进大牢。

康熙立即下令，让众亲王和大臣调查议定鳌拜的罪行。大家见16岁的皇上这么坚决果断，而且不动声色就拔掉了这个天大的祸根，自然不敢怠慢，只用几天工夫便把鳌拜专横乱政的三十条大罪调查清楚，奏请皇上将他处死。

康熙念及鳌拜过去有功，免了他的死罪，将他革职，长期拘禁。

辅政大臣遏必隆不但没有起到辅政的作用，反而处处顺服鳌拜，也被以十二条罪行拿问。议政王大臣会议提出应拟革职立绞，妻子为奴。康熙予以宽大处理，只革去了他的太师和公爵封号。

随后，康熙下令清剿鳌拜一党。考虑到鳌拜党羽众多，如果斩尽杀绝，势必给清王朝的统治带来动荡，因此，康熙没有感情用事，而是从大局出发，仅将核心成员班布尔善、阿思哈、噶褚哈等罪大恶极者处死；其余多数党羽，如苏尔马、巴哈等胁从者，都予以从轻处置，从宽免死；对鳌拜一手造成的一批冤案也给予平反昭雪。

很快，康熙亲自批示：恢复故辅政大臣苏克萨哈原有二等精奇哈番①世职，由他的儿子苏常淑承袭，又返还籍没家产。苏克萨哈的族人、故前锋统领白尔黑图原有一等阿思哈尼哈番世职，由他的儿子白尔肯承袭。原太子太保兼户部尚书苏纳海、直隶总督朱昌祚、直隶巡抚王登联等并无大罪，纯属鳌拜诬陷而被处死，其冤案理应昭雪，特赐苏纳海谥"襄愍"、朱昌祚谥"勤愍"、王登联谥"悫愍"，并按法定礼仪祭葬；又送三大臣的儿子入监读书，分别以通政使司②左右通政、大理寺少卿、督捕左右理事官等缺用。这样既惩戒了奸党，也分化瓦解了鳌拜集团的势力。

在这场最高权力的博弈中，康熙施展出非凡的政治谋略，不但干净利索地清除了鳌拜这个不可一世的权臣，彻底清除了朝中的反对势力，而且稳定了大局，成功跨出缔造宏伟事业的第一步。

五、调和满汉

年轻的康熙粉碎鳌拜集团后，总算实现了大权归一，但如何缓解满汉民族之间的矛盾是他亟待解决的一个重要问题。

清朝建立初期奉行满族本位政策，残酷压迫汉族等其他民族。到顺治统治时期，因为对汉族文化有较深的了解，顺治取消了一些民族歧视政策，稳定了全国的局势。但他去世后，以四大辅臣为代表的满族贵族很快便恢复旧制，认为祖宗之法不可改变，于是在顺治的遗诏中对其加速汉化的做法进行清算。

《顺治遗诏》历数他当政期间的十四条错误，比如第一条和第五条的大致意思如下：

---

① 精奇哈番：清代爵士名，即昂邦章京，顺治四年（1647）议定改世职昂邦章京为精奇哈番。

② 通政使司：官署名，简称通政司。明添管理章奏文书的中央机构。

朕自从亲理政务以来，纪纲法度、用人行政，不能效法太祖太宗，因循苟且，采用汉俗，对淳朴旧制大加改变，以致国本未臻，民生未遂。这是朕的第一个罪过。

满族诸臣，有的几代为国尽忠，有的多年为国出力，朝廷应该信用他们，让他们更好地尽忠出力。但是，朕没有给予足够的信用，使他们空怀抱负，才华无处施展。而且，明朝灭亡很大程度上是因为偏用了汉族文臣。朕不但不以此为诫，反而对汉族官员大加信用，甚至连部院印信也曾令汉官掌管，从而使满族大臣无心任事，精力懈弛。这是朕的第二个罪过。

在十四条中，有些是顺治意思的表达，有些则是辅政大臣的意愿。根据遗诏的精神，辅政大臣在康熙初年陆续取消了许多入关后借鉴汉族统治阶级的制度和政策，恢复了一些满族原有的统治方式。同时，他们对汉族士绅大肆打压，从而使满汉民族之间的矛盾更加激化。

康熙自幼受汉文化影响，深知要想治理好国家，必须争取民心。他知道汉族地主阶级均深受汉族传统文化的熏陶，利用"四书五经"等儒家经典以及精通这些经典的汉族士大夫，可以帮助自己治理国家。

为了缓和尖锐的满汉民族矛盾，康熙八年（1669）六月，康熙下达了永远停止圈地的谕旨，他说："朕继承祖宗传下来的大业，父安天下，抚育众生，对满汉军民一视同仁，务求各得其所，乃惬朕心。近年来，还有把民间房地圈给八旗人等事，以致百姓失业，衣食无着，流离困苦，实在可怜。今后圈占民间房屋、土地之事，要永行停止。今年已经圈占了的，必须全部还给民间。"从此大规模的圈换土地之事得以停止。

康熙在解决旗人圈地问题之后，接下来要做的就是解决"逃人"问题。入关前，满族政权实行的是农奴制生产方式。统治者规定，无地的汉族农民可以投向满族统治者为奴，这就是所谓的投充。入关后，清朝统治者又多次下令，允许丧失土地的汉人投旗（汉人转入旗籍）为奴。于是，随着大规模圈地的展开，大量汉族农民包括一些地主，因为丧失了土地，被迫投旗为奴。另外还有一些汉族地主为了图谋更多的利益，带田投充①。由于投充盛行，兼以通过战争掠夺和市场购买，不少满族贵族拥有了大量奴仆。在满族贵族的残酷剥削、压迫下，农奴不断逃亡。为此，清廷先后多次颁布和修订《逃人法》，对逃人尤其是窝主以及牵连人犯进行严厉制裁。顺治年间，汉人官员纷纷冒死上谏，要求轻处窝家，重惩讹诈，但清廷不但不予考虑，反而对上疏官员加以严厉惩罚。一时间，民族矛盾空前尖锐。

康熙十一年（1672）八月，左都御史任克溥②上疏，要求将逃人案件审理权就近交给各督抚处理。康熙立即予以批准，从而在逃人问题上使满汉矛盾大大缓和下来。满官主张严行《逃人法》，而汉官主张宽行。在满汉官员的争执中，康熙站在了汉人官员这一边，得到了广大汉人的拥护，为在新形势下缓和满汉民族矛盾开创了光明前景。

康熙还采取了许多实际有效的行动来缓和满汉矛盾，促进民族团结。其中，尊孔崇儒既是缓和满汉民族矛盾的措施，也是治理国家的需要。

我国古代自汉武帝"罢黜百家、独尊儒术"之后，历代皇帝都尊崇孔子及其所代表的儒家思想。清代，除努尔哈赤晚年一度执行诛儒政策外，皇太极、顺治均尊孔崇儒。史料记载："世祖等好儒术，手不释卷"，并采纳给事中③张文光的建议，按照明朝嘉靖九年（1530）封号，称孔子为"至圣先师"。康熙大有皇父遗风，从治理国家的实际需要出发，对学习汉族传统文化有着强烈的欲望和浓厚的兴趣。从8岁登基，"即知黾勉学问"，因没有设经筵日讲，他就主动向有学问的太监学习

---

① 投充：清初，汉族自由民投靠满族贵族或八旗官兵为奴仆，以求得庇护，称为"投充"。

② 任克溥：清朝大臣。字海眉，绰号任帽子。清顺治四年（1647）中进士，康熙十二年（1673）任刑部侍郎。他为官清正，机智多谋，才智过人，康熙四十二年（1703），康熙南巡，赐其"松桂堂"匾，并题"绿水本无忧，因风皱面；青山原不老，为雪白头"联以赠，赐尚书衔。

③ 给事中：官名，侍从皇帝左右，供职于宫省之中得名。明朝时主要负责侍从、谏诤、补阙、拾遗、审核、封驳诏旨，驳正百司所上奏章，监察六部诸司，弹劾百官。

读经书、写汉字。这些太监不仅教康熙读书，还能讲述明朝典制和宫廷轶事，使康熙受益匪浅。乳母担心他过分劳累，便把他所读的书藏起来，孝庄也劝他不要过分勤苦，但他不为所动，仍然勤学不辍。

康熙八年（1669）四月，在擒拿鳌拜之前一个多月，康熙采纳汉官的建议，亲自到太学庙祭祀孔子。他以极其虔诚的态度，在棂星门①外下车，步行进大成门，到孔子位前行三跪六叩之礼。祭奠完毕，他又听满汉学者讲《易经》《书经》，并鼓励道："圣人之道，如日中天，讲究服膺，用资治理，尔师生其勉之。"

后来，康熙一直推崇孔子的道治，不断抬高孔子、孟子的地位和作用。康熙二十三年（1684）十一月，他第一次南巡返回经过山东曲阜时，亲自到孔庙瞻仰，行三跪九叩之礼，特书"万世师表"匾额，悬挂在大成殿中，并决定重修孔庙，建立孔子庙碑，亲自撰文书写。他尊孔崇儒的至诚态度，令汉族士大夫备感亲切。

康熙深知儒家思想有利于巩固自己的统治，在剪除鳌拜之后，他立即着手举行经筵日讲②，于康熙九年（1670）七月召国史院学士熊赐履到瀛台试讲。康熙十年（1671）二月，他在太和殿举行经筵大典，四月初十首开日讲。日讲官由尚书、侍郎和翰林院官员中德才兼备、学问优长者担任。一些日讲官兼皇帝的起居注官③，与康熙接触较多，特别受信任，晋升很快。这些人中汉人占绝大多数。从康熙十年（1671）三月到二十三年（1684）九月第一次南巡前，汉人担任此职的共42人，其中江南、浙江、江西、福建和湖广（今湖南、湖北）五省共32人，占总数的75%以上。这说明康熙早在南巡之前就对江南士大夫给予了较多的关注，为日后江南士人参政创造了有利条件。

康熙学习儒家学说也十分认真，始终不渝。每天上朝理事之前，他

---

① 棂星门：文庙中轴线上的牌楼式木质或石质建筑。古代传说棂星为天上文星，以此命名意味着孔子为天上星宿下凡，象征着孔子可与天上施行教化、广育英才的天镇星相比。

② 经筵日讲：指汉唐以来帝王为讲经论史而特设的御前讲席。宋代以每年二月至端午节、八月至冬至为讲期，每逢单日入侍，轮流讲读。

③ 起居注官：负责记录并编撰皇帝言行的专职官员。

五更就起来诵读；晚上处理完政务稍有点闲暇，他就复习日讲内容仔细琢磨。在听讲的过程中，他经常向日讲官咨询时政，有疑必问。即使外出巡视或去南苑围猎，他也从未停止，必让日讲官随从。

康熙还不断改进传统的进讲方式。比如有一天他决定讲官进讲完毕，他要适当进行复讲，以加深理解，巩固记忆。不久，他又从听后复讲改为听前先讲，他试讲后，讲官再针对皇帝的理解程度进讲，这样学得更为深入。有时，他还在听讲之后谈体会。一部书学完之后，他会主动要求讲官抽考，考核学习效果。后来，随着学识的增长，他已能对讲述的内容加以评论，并提出具体要求。

康熙九年（1670）十月，康熙发布著名的《圣谕十六条》，颁布全国，要求各地宣讲，朝廷百官更要切实遵照执行。《清圣祖实录》中对此有详细记载：

朕惟至治之世，不以法令为亟，而以教化为先。盖法令禁于一时，而教化维于可久。若徒恃法令而教化不先，是舍本而务末也。朕今欲法古帝王，尚德缓刑，化民成俗，举凡敦孝弟，以重人伦；笃宗族，以昭雍睦；和乡党，以息争讼；重农桑，以足衣食；尚节俭，以惜财用；隆学校，以端士习；黜异端，以崇正学；讲法律，以儆愚顽；明礼让，以厚风俗；务本业，以定民志；训子弟，以禁非为；息诬告，以全良善；诫窝逃，以免株连；完钱粮，以省催科；联保甲，以弭盗贼；解仇忿，以重身命。以上诸条，作何训迪劝导，及作何责成内外文武该管各官，督率举行，尔部详察典制，定议以闻。

康熙倡导信奉儒家思想，尚德化刑，化民为俗，有利于联络广大汉族官民的感情，有效地缓和了满汉民族之间的矛盾。

为了巩固皇权，限制权臣，尤其是满族贵族，康熙还在内廷设立南书房。

南书房是清朝特有机构，起源于后金时期。努尔哈赤从创业时起就设立了书房,召用一些秀才帮助自己读书,兼管一些文书工作,相当于皇帝的秘书机构。诸王贝勒也大多成立了书房。到皇太极时期,皇太极将自己的书房改名为文馆,命儒臣入值其中,负责翻译介绍汉文典籍,给他讲解"中国之道"。比如,文馆秀才王文奎曾对皇太极说"帝王治平之道,微妙者载在四书,显明者详诸史籍",建议皇太极在听政之暇观览汉文书籍,日积月累,身体力行。秀才宁完我[①]也向皇太极推荐《资治通鉴》等历史典籍,认为这些书"实为最紧要大有益之书,汗与贝勒及国中大人所当习闻、明知"。这些汉人知识分子的建议对皇太极产生了很大影响,推动了满族汉化的进程。天聪十年(1636),文馆改为内三院,即国史院、秘书院、弘文院。

顺治亲政后,为了加强自己的权力,重建内廷书房。顺治十七年(1660)六月,他下令在景运门内建造直房,选翰林院官员分三批入内值宿,以备不时召问。康熙初年,大权集中在四大辅臣手中,他们撤裁了内阁和翰林院,恢复设立内三院。后来鳌拜专权,内三院就成了他结党营私、侵犯皇权的工具。康熙铲除鳌拜后,立即下令废除内三院,重建内阁、翰林院,并在顺治内廷书房的基础上设立了南书房,召儒臣入值其中,作为辅助他学习、决策的秘书机构。

南书房位于紫禁城内乾清宫的斜对面,乾清门之右阶下,偏西向北,因位于懋勤殿(皇帝的书斋,康熙幼年时在此读书)之南,故称南书房,又称南斋。入值南书房的官员多是才华出众的汉人,他们不仅辅导皇帝读书写字、讲求学业、时备顾问,还代拟谕旨、编辑典籍,使南书房在交流民族文化、缓和民族矛盾方面发挥了重要作用。清朝中央机构一般是满汉复职制,唯有南书房基本是汉人。

康熙与入值南书房诸臣吟诗作画,钓鱼赏花,剖析经义,讨论时政,犹如同堂师友,感情极为融洽。他对这些好学能文、才智敏捷的江南汉人学者十分欣赏,以师友之情备加信任,不断提升任用。其中不少

---

① 宁完我:字公甫,隶汉军正红旗。历任内弘文院大学士、议政大臣兼太子太傅。

人提升极快，世代享受荣禄。有的四代五代均为讲官，入值南书房。他们中不少人刚入值南书房时地位并不高，有的甚至很低，入值以后在康熙的扶持下发展为汉族新权贵。

入值南书房的官员如有过失，康熙总是给予庇护。比如大学士熊赐履曾经因为票拟错误诿咎他人而被革职，康熙不忘他的才能及对自己事业的巨大贡献，第一次南巡至江宁（今南京）时亲切召对，亲自御书"经义斋"匾额赐给他，康熙二十七年（1688）又重新起用他为礼部尚书，后调吏部。康熙三十四年（1695），熊赐履的弟弟熊赐瓒因罪下狱，御史借机疏劾熊赐履，请求予以严惩，都察院议定降级调用。康熙不仅不问罪，还赦免了熊赐瓒，于康熙三十八年（1699）授熊赐履为东阁大学士兼吏部尚书，担任《圣训》《实录》《方略》《明史》等书的总裁官。康熙四十二年（1703），因之前熊赐履以年老乞休，康熙准许减少他的事务，仍然享受俸禄，留京备顾问。康熙四十八年（1709），熊赐履去世，康熙命礼部派遣官员慰问，赐赙金千两，赠太子太保，谥"文端"。康熙五十一年（1712），康熙忆起熊赐履的才华和功绩，令吏部重用其子，因其子当时年幼，令"俟年壮录用"。

其余不少入值南书房的汉族士大夫，与一些案件有过牵连，但康熙都极力保全，不肯加罪，使其一直到老，甚至世代享受恩惠。

元明清时期，科举以进士科为主，并专以八股文取士。这种方式适合热衷于功名利禄的年轻士子，但对那些怀念明朝、拒绝与清廷合作的名节之士则不适用。所以，康熙一方面沿袭常规的科举旧制，网罗汉族士子；另一方面通过荐举办法，敦请名节之士出仕任职。

康熙十二年（1673），故明降将、平西王吴三桂起兵反清，多地纷纷响应，明朝遗老重新燃起复辟故国的希望。而康熙十五年（1676）之后，平叛战争的形势发生了巨大转机。陕西、福建、广东、江西等各个战场相继获胜，聚歼吴三桂之势已成。明朝遗老复辟故国的幻想破灭。康熙考虑到这种形势或许对那些"气节之士"有所触动，借机再次招揽他们，故特开博学鸿儒科。博学鸿儒科与唐宋"博学宏词科"

名称相近，目的是借用其名加重此科的地位，但做法比较灵活，基本采用两汉时荐举与考试相结合的办法。而将宏词改成鸿儒也有着一定的深意："鸿儒"是指博学能文的大儒，本身就是一种荣誉尊崇的称谓。

康熙降谕宣称："凡是学行兼优、文辞卓越之人，不论已仕、未仕，令在京三品以上及科道官员，在外督、抚、布、按，各举所知，朕将亲试录用。"各地名流学者、怀才不遇之士皆在被荐之列。

康熙十八年（1679）三月，康熙在体仁阁①亲自考核由内外诸臣荐举的143名（一说154名）博学鸿儒。他出了两道试题，一道是《璇玑玉衡赋》，一道是《省耕诗·五言排律二十韵》。考试完毕，吏部收卷，翰林院总封，进呈皇帝。第二天，康熙到霸州（今河北霸州）亲自阅卷，然后再交阅卷官大学士李霨②、杜立德、冯溥和翰林院掌院学士叶方蔼③公阅，并商议录取人选。

康熙经过精心考虑，对所取之人，即使作诗出了韵，或者用语犯了忌讳，一律给予通融，不作计较。

此时清廷入关仅三十余年，汉族知识分子仍存在严重的满汉对立情绪，在这场考试中，许多人对进入清廷做官并不热衷，抱着可有可无或心不在焉的态度，例如，严绳孙④在考试中只作了一首诗，还有人故意把诗写得言词不通，李泰、施闰章⑤等人的诗作则不合韵律，康熙对此网开一面，予以录用。浙江萧山毛奇龄⑥卷中有"天倾于北，岂炼石之

---

① 体仁阁：位于太和殿前广场内东侧，面西。明初称文楼，嘉靖时改称文昭阁，清初改称体仁阁。

② 李霨：字景霱，号坦园。历任秘书院学士、内弘文院大学士、工部尚书兼东阁大学士、太子太保、保和殿大学士加户部尚书、太子太傅、太子太师等职。

③ 叶方蔼：字子吉，号纫庵。历任翰林院编修、侍讲学士、侍读学士、礼部侍郎、刑部侍郎。著有《读书斋偶存稿》《叶文敏公集》《独赏集》。

④ 严绳孙：字荪友，康熙十八年以布衣举博学鸿儒，历任翰林院检讨、日讲起居注官、山西乡试正考官、右中允兼翰林院编修、承德郎等职。诗词文有《秋水集》传世。

⑤ 施闰章：字尚白，号愚山，顺治年间进士，康熙十八年应博学鸿儒试，授翰林院侍讲。著有《学馀堂文集》《试院冰渊》等。

⑥ 毛奇龄：字大可，号秋晴，康熙十八年应博学鸿儒试，授翰林院检讨。所著《西河合集》分经集、史集、文集、杂著，共400余卷。

可补"等语，康熙并未深究其政治含义，仍予以录用。

对于入选的博学鸿儒，经过反复商量，康熙最后决定从优俱以翰林用，根据其各自的情况分别授以侍读、侍讲、编修、检讨等职，共同纂修《明史》。另外，康熙下旨，在参加考试未中者之中，选年高布衣处士，以及来京后因年老未能参加御试的太原傅山、定兴杜越，"俱着授内阁中书"。

通过特开博学鸿儒科，让大臣荐举，康熙掌握了当时名流学者的基本情况。有些学者虽然因故未能参加御试，但朝廷仍想方设法聘请他们参与纂修《明史》。

比如著名史学家万斯同①应聘至京，但他坚持不入史馆，不挂衔，不受俸禄，而以"布衣"身份参与修史。因为他熟知明朝史事，所以史馆对他极为倚重和信任，请他复审所有书稿，历时近二十年，实际起总裁的作用。

通过博学鸿儒科试及《明史》开局，康熙与汉族士大夫，特别是江南士大夫建立了密切的关系。有些在顺治年间被降职罢免的汉族士大夫，这次又通过博学鸿儒科被重新起用。比如江苏长洲（即苏州）人汪琬②、无锡人秦松龄就是这种情况。考取者不仅参与修史，而且有的还被选任日讲起居注官，如汤斌③、秦松龄、曹禾、朱彝尊④、严绳孙、王顼龄、潘耒⑤等。严绳孙担任日讲起居注官后，一改过去的高傲态度，尽职尽责、兢兢业业，力报康熙的知遇之恩。

康熙与这些鸿儒学者交往密切，即使在他们离任返乡后，仍保持友

---

① 万斯同：字季野，号石园，康熙年间荐博学鸿儒科，不就。精通史学，《明史稿》500卷皆其手定。

② 汪琬：字苕文，号钝翁，顺治十二年进士。历户部主事、刑部郎中。康熙十八年举鸿博，授编修。

③ 汤斌：字孔伯，号荆砚。顺治年间进士。官至工部尚书，被尊为"理学名臣"。

④ 朱彝尊：字锡鬯，号竹垞，康熙十八年应博学鸿儒科试，授翰林院检讨，日讲起注官。博通经史，为"浙西词派"的创始人；精于金石文史，为清初著名藏书家之一。

⑤ 潘耒：字次耕，又字稼堂。康熙十八年应博学鸿儒科试，授翰林院检讨。参与纂修《明史》，主纂《食货志》。

好关系。比如汪琬,因修史时与别人意见不一致,入史馆仅六十多天就告病返乡。尽管时间很短,但康熙并没有忘记他,后来南巡至无锡时,以汪琬在翰林、居乡十分清正,特赐御书一轴,时人引以为荣。尤侗[①]修史三年后告归,康熙南巡到苏州,他主动献诗颂扬皇帝的恩德,康熙帝赐御书"鹤栖堂"匾额,迁侍讲,称之为"老名士"。另外,康熙南巡时,对返乡的朱彝尊、邵远平等均赐御书额幅。

在官员的待遇问题上,康熙也力求使满汉官员的待遇平等一致。入关之初,满官的品级高于汉官数级。康熙剪除鳌拜后,认为"满汉大小官员,职掌相同,品级有异,应行划一"。后来修成《品级考》,将满汉官员品级提升手续俱行划一,以利于争取汉族官员。

品级待遇是敏感的问题,满汉官员品级划一,表明了朝廷对他们一视同仁的态度,对争取汉族官员起到了很大作用。

后来,满汉官员的其他待遇也逐渐趋于平等。康熙十七年(1678)十二月初八,康熙下令:满汉大臣办丧事,均应派大臣前往送茶酒。自此以后,凡遇汉大臣丧事,康熙均派满大臣携茶酒前去赐给。

康熙十二年(1673)六月,康熙得知礼部尚书汉臣龚鼎孳[②]患病,于是让翰林院满族学士传达礼部:"满族大臣患病,皆遣医疗治。现在听说礼部尚书龚鼎孳患病,朕对满汉一视同仁,你和近侍侍卫吴海,率御医如文照,前往龚鼎孳家诊视。"并叮嘱御医"用心调治"。

这些做法极大地鼓舞了汉族官员,消除了他们心中的隔阂。

康熙对清初强制汉人满化的政策也有较大变革,转而尊重汉俗,采取顺其自然的态度,促使相互接近。比如满族妇女向来不裹足,从皇太极开始,一再严禁汉人妇女裹足,以防满族妇女逐渐染上汉俗。裹足不利于妇女的健康,妨碍生产劳动,予以禁止本无可非议,但这个规定与

[①] 尤侗:字展成,号悔庵。康熙十八年应博学鸿儒科试,授翰林院检讨,与修《明史》,三年后辞归。

[②] 龚鼎孳:字孝升,号芝麓,历任左都御史,刑部尚书、兵部尚书、礼部尚书、会试下正考官等职。

汉族士大夫的习俗不合，康熙为表示对汉族士大夫的让步，特别允许。

康熙还特别优礼前代，对明皇陵、王墓一律加以保护。康熙十四年（1675）九月，康熙前往汤泉，路过昌平时，看见明朝诸陵殿宇虽存，门户破损不堪，附近的树木也被摧残殆尽，深为痛惜，下谕礼部："严加申饬守陵人户，令其小心护防；仍责令该地方官不时稽查，勿致仍前怠玩，以副朕优礼前代之意。"康熙二十三年（1684）十一月，康熙第一次南巡返回时驾临江宁，亲自拜谒明太祖孝陵，行三跪九叩之礼，并赏赐守陵内监及守陵户人等。康熙这一举动对广大汉族官民的心理影响极大，"父老从观者数万人皆感泣"，总督王新命刻石记事，认为这是"古今未有之盛举"。

在康熙的影响下，一些满族学者对儒家经典产生了强烈的兴趣，满族大臣也逐渐以较为平等的态度对待汉族大臣。

康熙所采取的一系列措施，使满汉民族矛盾逐渐得到缓和，为平定"三藩"叛乱、统一边疆地区、巩固和发展统一的多民族国家奠定了基础。

第三章 除隐患平定"三藩"

一、"三藩"缘起

收回朝中大权后，年少的康熙渐渐变得成熟起来，俊朗的外表更添了几分英气。为了国家的统一和权力的集中，这位年轻有为的帝王将"三藩"、河务、漕运三件大事，书写成条幅悬于宫中柱上，其中，处理"三藩"被他视为治国安邦的头等大事。

所谓"三藩"，是指清初朝廷分封的三个异姓王：吴三桂、尚可喜（后由其子尚之信承袭）、耿继茂（后由其子耿精忠承袭）。诸藩势力的发展，与清初政治形势密切相关。当时清朝统治者需要以高爵厚禄招降汉族将领，为其统一中原服务。这三位藩王奉命南征，击败南明政权及农民起义军余部，为统一中原做出了贡献。与此同时，他们的权势也随之恶性膨胀，至康熙初年已发展成为割据一方的封建军阀势力，对清朝的统治构成了严重威胁。

尚可喜出生于辽东海州（顺治十年（1653）改为海城，今辽宁海城），他的父亲尚学礼投奔辽东巡抚授千总职，后在与后金作战中阵亡。崇祯初年，尚可喜为明广鹿岛副将，在率兵平定皮岛的兵乱后，因东江总兵沈世魁的猜忌与排挤，于天聪八年（1634）正月率部携带大量军器、辎重，渡海投降后金。皇太极召他到盛京（今辽宁沈阳），亲授总兵，其部号称"天助兵"；崇德元年（1636）四月，加封智顺王；崇德七年（1642）跟随清军攻克锦州，所率部众被编入镶蓝旗。顺治元年

(1644)四月,尚可喜跟随多尔衮入山海关,追剿李自成起义军,经山西、陕西、湖南直至九江,后听说李自成死于九宫山,才班师回京,仍然镇守旧地海城。顺治六年(1649)五月,他因功改封平南王,赐金册金印,随后,尚可喜率部在广东击溃桂王①部队,然后又在广西击败大西王张献忠余部与桂王联军。顺治十七年(1660),清廷命尚可喜专镇广东。康熙十年(1671)十一月,尚可喜因年老多病,奏请入侍在京的长子尚之信回广东代理军事。

耿仲明也是辽东人,起初与孔有德②同为明皮岛总兵毛文龙③的部属。毛文龙被袁崇焕杀死后,耿仲明随孔有德投奔登州巡抚孙元化④,任中军参将。崇祯四年(1631),驻守大凌河的明将祖大寿⑤被清兵围困,孔有德受命率部北上赴援,行至直隶吴桥时因缺乏给养,发生兵变,孔有德被推选为叛军首领,挥师南下,攻打登州。耿仲明率兵前往招抚,结果也加入了叛军行列,他和孔有德在登州、莱州一带肆虐一年多,明朝派大兵镇压,他们招架不住,便率数百舟船载将士、枪炮、辎重,于崇祯六年(1633)五月,渡渤海前往辽东,投奔了皇太极。之后,耿仲明和孔有德一起随军出征,屡败明军,其部队号"天祐兵"。崇德元年(1636),耿仲明封怀顺王;崇德七年(1642)八月,所部编入八旗汉军,隶正黄旗。顺治元年(1644),耿仲明跟随多尔衮入山海关,击败李自成起义军,而后紧跟豫亲王多铎大军由河南征陕西,在潼关击败李自成残部,进取西安,直到李自成败亡才班师回京,仍然镇守

---

① 桂王:永历帝朱由榔,南明末代皇帝。明神宗朱翊钧之孙,桂端王朱常瀛之子。清兵入关后,他袭封桂王,后在广东肇庆称帝,在位15年,被清兵追逼而逃入缅甸,后为吴三桂索回绞杀于昆明,终年40岁。

② 孔有德:字瑞图,明末清初将领。投降后金后,参与镇压了江南各地的抗清斗争,封定南王。后被南明将领李定国打败,被困桂林,自刎而死。

③ 毛文龙:字振南,官至左都督、平辽总兵官,在与后金的战争中颇有战功。后被袁崇焕矫诏所斩。

④ 孙元化:字初阳,号火东,西洋火炮专家。崇祯年间为职方郎中、右佥都御史,巡抚莱州。

⑤ 祖大寿:字复宇,吴三桂的舅父。本是明朝武将,在宁远保卫战、宁锦大捷、京城保卫战中都立下了汗马功劳,后降清。

辽阳。顺治三年（1646），清廷又命耿仲明随孔有德南征，直至长沙，于牛皮滩击败桂王总兵杨国栋，攻克衡州（今湖南衡阳）、祁阳（今湖南祁东）及武冈。顺治六年（1649），清廷赐以金册金印，改封耿仲明为靖南王，并命他带家眷与平南王尚可喜率兵2万征讨广东。后因部属犯隐匿逃人罪，他被削去王爵，耿仲明畏罪自尽。部众在他的儿子耿继茂统领下，与尚可喜协力攻下广州。顺治八年（1651），清廷命耿继茂承袭靖南王爵位。耿继茂和尚可喜继续合作，屡屡击败桂王与大西联军。顺治十七年（1660）七月，耿继茂受命移镇福建。他的儿子耿精忠于顺治十二年（1655）和肃亲王豪格的女儿结为夫妻，封和硕额附。康熙十年（1671）正月，耿继茂因病上奏请求以长子耿精忠代治藩政。五月，耿继茂去世，耿精忠承袭靖南王。

　　吴三桂的祖籍江苏高邮，出生于辽东广宁（今辽宁绥中）。他的父亲吴襄于明天启二年（1622）中武举进士，历任都指挥使、都督同知、总兵等官任总兵时是祖大寿的下属。他的母亲是辽西望族、征辽前锋祖大寿的妹妹。吴三桂也是武举出身，后跟随祖大寿征战，渐渐有了临战经验。由于家世关系及舅父祖大寿等人的提携，他在官场上平步青云，20岁就升为游击，崇祯十二年（1639）被任命为宁远团练总兵，成为一方大将。崇祯十七年（1644）初，明廷感到李自成的威胁日益严重，为了对吴三桂加以笼络，特晋封其为平西伯，并命他率部入卫京城。然而，吴三桂还没到达京城，崇祯便自缢于煤山。吴三桂趁机接受了李自成的招降，然后率领部队继续向京城进发。当他抵达永平滦州时，得知在京城的大批勋戚与文武大臣都被农民起义军抓捕，惨遭拷掠追银，他的父亲吴襄也未能幸免，爱妾陈圆圆则被李自成部将刘宗敏霸占，他顿时暴跳如雷，怒吼道："大丈夫不能保一女子，有何面目见人耶！"当即挥师东向，打败唐道，占据山海关，举起了"复君父之仇"的旗帜，下令三军为崇祯皇帝发丧，并广发檄文，鼓吹"周命未改，汉德可思"，宣称"试看赤县之归心，仍是朱家之正统"，煽动士庶反对李自成政权。同时，他又派副将杨坤、游击郭云龙拿着信去翁后（今辽宁阜新）向清军求助，并许诺"将地以酬"。摄政王多尔衮得信后非常高兴，马上给吴三桂回信说："伯若率众来归，必封以故土，晋爵藩王。"同年四月，清、吴联军在山海关外大败李自成，而后长驱直入，进占京城。多尔衮下令关内军民一律剃发，并封吴三桂为平西王。清军进入京城后，吴三桂随清军紧追李自成到庆都（今河北保定望都）才班师回京。顺治亲临皇极门，授予其平西王册印。随后，吴三桂又尾追农民起义军，直至李自成败亡，吴三桂还镇锦州。

后来，清军大举南下。由于本身兵力不足分配，又兼八旗兵大都是马兵，不擅长在山林沼泽地作战，所以，明降军便成为清廷依靠的武装力量。顺治八年（1651），清廷授予吴三桂金册金印，命他出征四川。吴三桂挥师进占成都、嘉定（今四川乐山）、叙州（今四川宜宾）、重庆等地。之后吴三桂因功每年增俸千两，他的儿子吴应熊与公主联姻，号称和硕额驸，授爵三等精奇尼哈番；不久又加少保兼太子太保。

顺治十四年（1657），李定国①随永历帝朱由榔入云南，清廷授吴三桂为平西大将军，令他和定西大将军李国翰征讨贵州。第二年，他在石壶关击败李定国，攻克遵义、开州等地。顺治十六年（1659），吴三桂与征南将军卓布泰等攻取云南城，永历帝朱由榔逃奔永昌（今云南保山）。吴三桂挥军攻下永昌、南宁（今云南曲靖），朱由榔又逃到了缅甸。清廷命吴三桂驻镇云南，总管军民事务。吴三桂多次奏请发兵入缅，最后清廷表示同意，派内大臣爱星阿为定西将军，率部与吴三桂一起入缅征讨。顺治十八年（1661）十二月，大军进至离缅甸都城60里的旧晚坡，缅王遂将朱由榔献与吴三桂。吴三桂为清廷最终埋葬南明王

---

① 李定国：字宁宇。起初跟随张献忠起义，张献忠死后归顺南明政权，是一位智勇双全的战将。

朝及镇压农民起义军余部立下了汗马功劳，清廷破例加封他为亲王。吴三桂是清兵入关后受到此等殊荣的第一个汉人。

康熙元年（1662），在吴三桂全权掌握云南后，清廷又锦上添花，将贵州也交给他全权管理，使吴三桂掌管的地域又增了一省。清廷对尚可喜、耿继茂也有类似的安排。就这样，平南王尚可喜王广东、靖南王耿继茂王福建、平西王吴三桂王云贵，称为"三藩"。"三藩"掌握着当地的人事权、军权、财政权等各种权力。他们只臣服于皇帝，地方官员不得干预。这些特权为他们保持和发展个人势力创造了条件，使他们逐渐在南方形成割据一方的势力。

吴三桂自被封为亲王后，他所统辖的云贵地区俨然成了独立王国。吏部、兵部不得干涉他任命官吏将领的权力；户部不得查核他使用的军饷；他需要的人员可以从全国调派，还可以委派亲信到别的省份任职，称为"西选"，由于失去约束，很快就造成"西选之官满天下"的局面。吴三桂在昆明还将朱由榔的桂王府改为藩王府，将明朝黔国公沐天波的700顷庄田据为己有，改为藩庄。他在云南十多年，常与西藏达赖喇嘛通使，每年通过西藏购买上万匹蒙古马；还通过当了驸马的儿子吴应熊打探朝廷动静。在云南，他还强行圈占明代卫所军田，将耕种这些田地的农民都变为他的佃户，强行纳租纳税。另外，吴三桂的部下为虎作伥，抢劫杀人，无恶不作，并常以放牧、狩猎等各种借口，强征土地，霸占百姓的产业。

尚可喜、耿继茂开始同驻广州一城，所以广州受害极其严重，他们创设"总店"，征收苛捐杂税，每年所得银两不下数百万。尚可喜还垄断海上对外贸易，趁朝廷施行海禁时指派部下大搞走私，获得的物产难以估算，全都纳入私囊。顺治十七年（1660），耿继茂移驻福建，效仿在广州的做法，苛派夫役，勒索钱粮。

"三藩"的所作所为不仅引起民众的强烈不满，而且与朝廷其他文武大臣之间的矛盾也日渐尖锐。凡是与藩王发生矛盾的，都要遭到迫害。顺治九年（1652）巡按四川的御史郝浴①，揭发吴三桂拥兵观望、骄横跋扈，过了两年即遭到吴三桂的报复，诬蔑他"欺妄冒功"，后郝浴被流放戍边十八年。顺治十七年（1660），四川道御史杨素蕴发现吴三桂擅自以胡允等10人题补云南各道，并有奉差部员亦在其内，因而上疏论劾，认为吴三桂未经吏部而擅自补授官员，是"轻名器而亵国体"，主张"防微杜渐""一切威福大权，俱宜禀自朝廷"。吴三桂十分恼怒，抓住"防微杜渐"一语大做文章，说其意含隐射，语伏危机，上疏质问。当时正值吴三桂欲用兵缅甸、追剿桂王之时，清廷不敢开罪于他，只好处罚杨素蕴。杨素蕴从此回陕西宜君老家，十几年闭门不出，直到吴三桂反叛后才被重新起用。

康熙初年，"三藩"势力迅速膨胀，各拥重兵。尚可喜、耿继茂各拥有八旗兵十五佐领②，约4500人，绿营兵约6000人；吴三桂原来在山海关外拥有精兵4万，投降清廷后东征西讨，4万精兵损失大半，但他收降了农民起义军残部，又在云贵不断招兵买马，扩充实力，此时兵力已达10余万人。"三藩"的军队多，粮饷开支大，于是出现了"天下财赋，半耗于'三藩'"的局面，但"三藩"以边疆未靖为由，屡屡向清廷要挟军需，额饷必不可减。

户部因此向朝廷提出报告，说"三藩"的开销太大，国库已经负担不起，建议调"三藩"的满族兵回京，并裁去2万绿营兵③。这一建议自然遭到了藩王，尤其是吴三桂的反对，他不断挑起事端，屠杀苗、彝等少数民族，以此抵制裁军。

清廷因为需要依靠"三藩"平定和守卫西南、东南边疆地区，只得对他们百般迁就，在达到消灭南明、稳定西南与东南局势目的的同时，也埋下了隐患。顺治十八年（1661）以后，清廷与"三藩"的矛

---

① 郝浴：字雪海，号复阳。因疏劾吴三桂而流徙奉天（今辽宁沈阳）。后复授湖广道御史，迁左佥都御史、左副都御史，后仕至广西巡抚。

② 佐领：清代八旗组织基本单位名称，即牛录。满语称牛录额真、牛录章京。顺治十七年定汉名为佐领。定制：满洲681人，蒙古204人，汉军266人，秩为四品。分世袭的世管佐领与挑选任命的公中佐领。

③ 绿营兵：清代由汉人组成的政府军，因汉军用绿旗，故称绿营兵，又称绿旗兵。

盾日益尖锐。

二、决意撤藩

康熙即位之初，清廷内部在讨论是否撤藩的问题上存在着不同意见。有的人畏惧"三藩"的力量，怕把他们惹急了反而引起麻烦；有的人则认为"三藩"对建国有功，不宜撤除。康熙谙熟历史，认为"三藩"不能与宋初的开国功臣相比，而是属于唐末的藩镇之流，势在必除。

其实，清廷的一些官员早就提出要削除"三藩"的权力，比如前文所述的御史杨素蕴、郝浴等人曾先后向朝廷密奏"三藩"尤其是吴三桂的专擅不法情状，只因当时清廷需要利用"三藩"来维护其所辖地区的统治秩序，又慑于"三藩"的权力，担心解除"三藩"的职权会引起大的动乱，所以为了安抚"三藩"，只能惩罚弹劾"三藩"的官员。

在四大辅臣执政时期，清廷开始逐步削弱"三藩"职权。吴三桂受命征伐云贵时，顺治曾授予其"大将军印"，令其执掌征伐大权。云贵平定后，按规定吴三桂应立即将大将军印上缴，但他迟迟不交。康熙二年（1663），一位内大臣对留在京城的驸马、吴三桂的长子吴应熊说："过去朱由榔在缅甸，边疆多事，所以才给你的父亲将军印，为的是重事权，便于集中号令。现在天下已定，你的父亲仍据大将军印不还，这是为什么？"吴应熊很清楚这番话不是出于这位内大臣的私见，而是朝廷的意思，于是立刻将情况通报吴三桂。吴三桂无奈，只得奏还"大将军印"，但他内心对朝廷十分不满。康熙六年（1667），王熙①上奏说"三藩"的势力日益扩大，必将对朝廷构成威胁，请求裁兵减饷，"则势分而饷亦裕"。此前，凡吴三桂题请官员任职，兵部、吏部直至皇帝无不应允，从康熙五、六年之际开始，吴三桂所题补各官多不予批准。当时吴三桂在京城的一个耳目刚刚去世，这让他一时间无法摸清朝

---

① 王熙：字子雍，明礼部尚书王崇简之子。顺治四年（1647）进士，选庶吉士，授检讨。康熙即位，历任弘文院学士、左都御史、工部尚书、兵部尚书、英武殿大学士。

廷的情况。他的女婿胡国柱和重要谋臣、参赞机务的方光琛①对他说："朝廷已经怀疑大王了，大王应当想个自全的办法。"于是，康熙六年（1667）五月，吴三桂上了一封奏折，说感觉"两目昏瞀，精力日减"，请求辞去总管云贵两省事务。吴三桂这样做只是想试探一下朝廷的态度，并企图消除朝廷对他的猜疑。令他没想到的是，刚刚亲政、正想要大展手脚的康熙阅览后马上批示："王久镇岩疆，总理两省，勋劳茂著，倚毗方殷。览奏，知两目昏瞀，精力日销，皆因事繁过瘁，深轸朕怀。云贵两省事务应作何管理，着该部议奏。"

吴三桂是一个城府极深的人，虽然备受打击，但他始终保持沉默，不过他的部属方光琛等人就没有这么淡定了，着急地问："大王还不明白朝廷的意图吗？"云贵总督卞三元、云南提督张国柱、贵州提督李本深先后上奏朝廷，说平西王劳苦功高，苗蛮叵测，不任用吴三桂，恐怕边疆不得安定。他们还联合上奏，要求朝廷命吴三桂总管云贵事务。康熙回答说："该藩以精力日为削减奏请，故照所请允行。今地方已平，若令王复理事务，恐其过劳，以致精力大损。如边疆地方遇有军机，王自应料理。"不软不硬的几句话堵得他们无话可说。下令两省督抚听命于中央，同时还收回了他的司法职权。至此，吴三桂总管云贵两省的权力被朝廷收回，空有一个亲王称号。

康熙剥夺吴三桂对云贵事务的总管权后，为了安抚他，遂将吴应熊提升为少傅兼太子太傅；同时提升耿继茂的儿子耿聚忠②、耿昭忠③及尚可喜的第七子尚之隆④为太子少师，以此拉拢和安抚"三

---

① 方光琛：字廷献，明朝礼部尚书方一藻之子，吴三桂的重要谋臣。吴三桂死后，与郭壮图等拥立吴世璠即位，改元洪化。康熙二十年（1681）吴世璠败亡，方光琛束手就擒，被凌迟于市。

② 耿聚忠：靖南王耿继茂第三子，耿精忠三弟。与兄耿昭忠留待京城，娶安郡王岳乐之女和硕柔嘉公主为妻。

③ 耿昭忠：字在良，号信公，耿继茂次子，耿精忠二弟。娶贝子苏布图之女为妻，得多罗额驸，由多罗额驸晋太子太保。

④ 尚之隆：平南王尚可喜第七子，与和顺公主订婚，被晋封为和硕额驸。深得康熙宠信，晋封内大臣，赐黄马褂。

藩"。康熙这手软硬兼施之策产生了一定的效果。康熙十一年（1672），吴三桂60大寿，吴应熊偕妻子回昆明为他祝寿。吴三桂非常高兴，对部属们说："朝廷并没有怀疑我，你们都要谨慎些。"

吴三桂和清廷的关系虽然有所改善，但清廷并没有停止对"三藩"的猜疑。

康熙十二年（1673）春，平南王尚可喜见儿子尚之信太过嚣张，决定明哲保身，向康熙上疏请求回到辽东养老，同时请求让他的儿子尚之信袭封王爵，继续统兵镇守广东。

康熙接到尚可喜的奏折后，非常高兴，认为这是千载难逢的良机，于是一方面肯定尚可喜"欲归辽东，情词恳切，能知大体"；另一方面又以"广东已经平定"，以及不使尚可喜父子、官兵兄弟亲族分离为理由，将全部王下官兵家口撤归辽东，其所属左右两营绿营官兵仍留广州，归广东提督管辖。

撤藩命令由钦差大臣送达广州。尚可喜对朝廷比较恭顺，接到命令后便陆续上报启程日期及家口、马匹的具体数目等。

吴三桂与耿精忠（康熙十年耿继茂去世后袭爵为靖南王）得知尚可喜主动疏奏撤藩，非常震惊。为了试探朝廷的态度，他们也相继向朝廷呈送了要求撤藩的报告。

当时，吴三桂的谋士刘玄初说："朝廷从很早以前就想撤藩，苦于没有借口，王爷这份奏书递上去，岂不是给了朝廷撤藩的借口？这样一来，撤藩就板上钉钉了，请王爷三思！"但吴三桂却自作聪明地说："朝廷绝不敢撤藩，我这样做只是为了让皇上放心罢了。"

然而，吴三桂、耿精忠的撤藩奏疏对康熙来说正是求之不得，他立即降旨称赞二王"请撤安插，恭谨可嘉"，并以云贵、福建已经彻底安定，同意将二藩撤离，令议政王大臣合议。

大臣们很快就对耿精忠搬迁之事做出了一致的决定：耿精忠全家及下属十五佐领官兵均行迁移。康熙予以批准。

第三章 除隐患平定"三藩"

在讨论吴三桂撤藩时，朝堂上出现了激烈的争论。户部尚书米思翰①、刑部尚书莫洛②和兵部尚书明珠等主张将吴三桂本人及其属官、家口全部迁移，在山海关外"酌量安插"。为保持云南的安定，建议暂遣满族官兵戍守，等满族官兵到达云南，吴藩马上启程。但以大学士图海、索额图为首的一批大臣认为：吴三桂镇守云南以来，地方平定，总无乱萌，现在如果将他迁移，不得不派兵去镇守云南。兵丁往返与藩王迁移，将使沿途地方民驿苦累；而且戍守之兵都是暂时居住，谁也不敢肯定是否骚扰了地方。因此，他们反对把吴三桂撤离云南，担心云贵会因吴藩之撤而陷入动荡，并因撤迁而带来一些不必要的麻烦。两种意见各执一端，争论不下，只好由康熙来裁决。

康熙思量再三，仍坚持"三藩"并撤，并正式下旨："吴三桂请撤安插，所奏情词恳切，着王率领所属官兵、家口，俱行搬移前来。"反对撤藩的人担心吴三桂会因撤藩而谋反。但康熙显然早就想到了这一点，他说："今日撤亦反，不撤亦反，不若先发。"并不因撤藩可能带来的后果而动摇决心。

康熙十二年（1673）八月，礼部右侍郎折尔肯、翰林院学士傅达礼③受命去云南，户部尚书梁清标④受命赴广东，吏部右侍郎陈一炳受命前往福建，会同总督、巡抚、提督，"经理各藩撤兵起行事宜"。康熙深知云南之行多有风险，于是在折尔肯、傅达礼启程之日特遣侍卫各赐御用佩刀一把、良马两匹，以示关怀，并壮其势。

另外，康熙又特遣户部郎中席兰泰、兵部郎中党务礼、户部员外郎萨穆哈前往贵州，料理搬移所需的夫役、船只、人马和粮草。同时通令

---

① 米思翰：富察氏，满洲镶黄旗人，为官清正，康熙亲政后，历任礼部侍郎、户部尚书、位列议政大臣，力主撤除"三藩"。

② 莫洛：伊尔根觉罗氏，满洲正红旗人。历任刑部理事官、工部郎中、刑部尚书、山陕总督、武英殿大学士。

③ 傅达礼：关雅氏，通晓满汉文。任掌院学士兼礼部侍郎、日讲起居注官。前往云南撤藩时被吴三桂所捕，幽禁狱中。因在云南不屈，受到康熙嘉许，官复原职。

④ 梁清标：字玉立，号棠村。担任过弘文院编修、国史院侍讲学、詹事府詹事、礼部侍郎、吏部侍郎、兵部尚书、礼部尚书、刑部尚书、户部尚书、保和殿大学士等职。

各地，凡藩王搬移所经过的水路，务必立即提供船只，不得延误；并告诫有关方面在搬移期间谨慎行事，切勿骚扰。

在撤藩工作上，康熙考虑得相当周到、细致，尽力满足"三藩"在生活上的要求。迁藩所需的人力物力浩大，据《闽中纪略》记载，靖南王奏报移家人口约13.5万人，经过核减，裁去虚冒与不愿北迁的闽人，还有11万多人。搬移所需的装载船只、过岭兜桥，以及扛抬夫役，需四五十万。如此巨大的人力物力，并不是一时一地所能解决的，要在所经地区歇脚，也没有宽广的地方可容。可见当时仅藩王的搬运工作就相当艰巨而繁重。所以，范承谟①自从担任福建总督后，就忙于迁藩事宜，每天都在咨报邻省，檄行各属，想方设法筹措水陆搬运经费，公函之外又有私函。而吴三桂所迁的官员兵丁和家口的数额更巨，所花费的人力物力更加浩大。

三、吴藩叛乱

就在清廷积极进行迁藩工作时，吴、耿二藩尤其是吴三桂正在策划谋反行动，一场旷日持久的三藩之乱如箭在弦，一触即发。

早前吴三桂上疏请求撤藩，只是做做样子而已，他认为自己功劳卓著，康熙一定会尽力挽留自己，所以，当撤藩诏旨送达云南时，他感到几十年征战换来的荣华富贵一下子化为乌有，失望、沮丧、愤怒等情绪一下子涌上心头，遂起谋反之意。

吴三桂的部属们得知朝廷下令撤藩，始而震惊，继而愤愤不平，都说王爷功高不酬，反欲夺滇，是朝廷不义。吴三桂见部众忠于自己，遂决定起兵反叛，便派心腹李恕等赴京召儿子吴应熊回云南。但是，吴应熊不愿跟从父亲谋反，企图"终守臣节，保全禄位"。他多次劝说吴三

---

① 范承谟：字觐公，号螺山，汉军镶黄旗人，大学士范文程次子。进士出身，曾任职翰林院，后任浙江巡抚、福建总督。"三藩之乱"时因拒不附逆，被耿精忠囚禁，始终坚守臣节，被逼自缢。

桂谨守臣节，安分守己，不愿与李恕等人回云南。形势紧迫，李恕等人只得秘密将吴应熊的庶子吴世璠带回云南。吴世璠回到云南后，吴三桂的心稍稍放下，开始积极策划谋反之事。

为了给朝廷撤藩设置障碍，康熙十二年（1673）九月，折尔肯等人一到昆明，吴三桂就暗中鼓动一些人请愿，要求将吴三桂留在云南。折尔肯大怒道："吴王自请移家，你们谁敢说保留！"遂下命有司①将领头者逮捕。这一计谋失败后，吴三桂又采取拖延态度，表面上热情周到地招待折尔肯等人，但每次折尔肯与他商量全藩启程日期，他就顾左右而言他，并以各种理由敷衍，以拖延时间。此时康熙已经派大臣为吴三桂准备好了安置地，并派官员前往贵州，负责办理准备吴藩搬迁时所需夫役、船只、人马、粮草等事宜。

十一月初四，吴三桂又请奏增拨地亩，康熙也立即同意下来。这下吴三桂没辙了，只得装模作样地与折尔肯、傅达礼确定启程日期，想以此迷惑朝廷。与此同时，他加紧了谋反的准备。有人提出在搬迁途中起兵，说如果顺利，起兵不久就可迅速攻入京城。吴三桂担心失去云南这个大本营，便否决了这个建议。许多人主张在云南就地起事，尽管从云南打到京城会比较艰难，但根本稳固，没有后顾之忧，比较稳妥。吴三桂采纳了这些人的建议。

计划确定下来后，为了试探军心，吴三桂换上明朝孝服，把军队带到朱由榔的墓前，当众跪下，一边拿酒浇地，一边咚咚咚直磕头，还号啕大哭起来。他这一哭，把军士们的眼泪也引出来了，全军上下一片哀声。吴三桂见状，觉得自己人心所向，谋反之心更加坚定。而后，吴三桂密令云贵各要塞的心腹将领严守关口，封锁内外消息，不准任何人出关。为了师出有名，吴三桂自立为"周王天下都招讨兵马大元帅"，并铸成大印。

时间飞逝，眼看就要到吴三桂定下的搬迁时间，但始终不见他有任

---

① 有司：指官吏。古代设官分职，各有专司，故称。

何搬迁的举动，折尔肯等人十分着急。十一月十五日，折尔肯等人会同云南巡抚朱国治去拜谒吴三桂。吴三桂照例周到地设宴招待，只是闭口不谈搬迁之事。朱国治忍不住试探道："三位大人已经等了很久，大王如果无意搬迁，三位大人自去回旨。"吴三桂听了勃然大怒，手指着朱国治吼道："我把天下都给了人，只有这个云南是我用血汗换来的！如今你们这些贪污小吏还不让我住了吗？"吴三桂积累多时的怨气终于爆发。自此，他和撤藩钦差之间的关系彻底破裂。

折尔肯与傅达礼商量，由傅达礼回京复命，折尔肯暂留云南。但傅达礼没走出多远，就被守官阻拦，只得返回。十一月下旬，吴三桂集合部下官兵，当众杀害拒绝从叛的云南巡抚朱国治等，扣留朝廷钦差，蓄发易服，旗帜皆用白色，并向周边各地下达檄文，声称为明室复仇而起兵反清。

吴三桂的《反清檄文》写道：

原镇守山海关总兵官，今奉旨总统天下水陆大师、兴明讨虏大将军吴，檄告天下文武官吏军民人等知悉：

本镇深叨明朝世爵，统镇山海关。一时李逆倡乱，聚贼百万，横行天下，旋寇京城。痛哉！毅皇烈后之崩摧，惨矣！东宫定藩乏颠踣，文武瓦解，六宫恣乱，宗庙瞬息丘墟，生灵流离涂炭，臣民侧目，莫可谁何？普天之下，竟无仗义兴师，勤王讨贼，伤哉！国运夫偈可言？

本镇独居关外，矢尽兵穷，泪干有血，心痛无声，不得已歃血订盟，许虏藩封，暂借夷兵十万，身为前驱，斩将入关，李贼逃遁，痛心君父，重仇冤不共戴，誓必亲擒贼帅，斩首太庙，以谢先帝之灵。幸而贼遁冰消，渠魁授首，正欲择立嗣君，更承宗社，封藩割地，以谢夷人。不意狡虏遂尔，逆天背盟，乘我内虚雄踞燕都，窃我先朝神器，变我中国冠裳，方知拒虎进狼之非，莫挽抱薪救火之误。本镇刺心呕血，追悔无及，将欲反戈北逐，扫荡腥气，适值周、田二皇亲，密会太监王奉抱先皇三太子，年甫三岁，刺股为记，寄命托孤，宗社是赖。故饮泣忍隐，未敢轻举，以故避居穷壤，养晦待时，选将练兵，密图恢复，枕戈听漏，束马瞻星，磨砺竞惕者，盖三十年矣！

兹彼夷君无道，奸邪高张，道义之儒，悉处下僚；斗筲之辈，咸居显职。君昏臣暗，吏酷官贪，水惨山悲，妇号子泣，以致彗星流陨，天怨于上；山崩土震，地怨于下；鬻官卖爵，仕怨于朝；苛政横征，民怨于乡；关税重征，商怨于途；徭役频兴，工怨于肆。

本镇仰观俯察，正当伐暴救民，顺天应人之日也。爰率文武臣工，共勷义举，卜取甲寅年正月元旦寅刻，推奉三太子，郊天祭地，恭登大宝，建元周启，檄示布闻，告庙兴师，刻期并发，移会总统兵马上将耿（精忠）、招讨大将军总统使世子郑（经），调集水陆官兵三百六十万员，直捣燕山。长驱潞水，出铜驼于荆棘，奠玉灼于金汤。义旗一举，响应万方，大快臣民之心，共雪天人之愤。振我神武，淜彼臊氛，宏启中兴之略，踊跃风雷，建划万全之策，啸歌雨露。倘能洞悉时宜，望风归顺，则草木不损，鸡犬无惊；敢有背顺从逆，恋目前之私恩，忘中原之故主，据险扼隘，抗我王师，即督铁骑，亲征捣巢覆穴，老稚不留，男女皆诛；若有生儒，精谙兵法，奋拔岩谷，不妨献策军前，以佐股肱，自当量材优擢，无靳高爵厚封；其各省官员，果有洁己爱民，清廉素著者，仍留住所；催征粮谷，封贮仓库，印信册籍，赍解军前。其有未尽事宜，另颁条约，各宜禀遵告诫，毋致血染刀头，本镇幸甚！天下幸甚！

在檄文中，吴三桂尽力开脱自己当初勾结清兵入关的罪责，极力渲染他在"李逆倡乱"、明朝已然崩溃，而自己又处于"矢尽兵穷"的逆境下，不得已才向清军请求援助。他所编造的"寄命托孤"之事，只是欺世盗名，其实他身旁从来就不曾有过明先皇的朱三太子，第二年元旦也未"恭登大宝"，而数年之后登基称帝的也是他本人，这使他所谓借兵复仇、兴复明室的谎言不攻自破。

尽管此檄文只是为了蛊惑人心，利用民族情绪想让汉人为吴三桂的"大周朝"卖命而炮制出来的，但其对挑起满汉之间的民族矛盾确实起到了一定的作用，特别是在国内局势还不安定、清廷又没有防备的情况下，在吴三桂的煽动下，全国上下竟然有很多人响应，先后有数十位总督、巡抚、提督、总兵等地方大员参加叛乱。吴三桂还征集了云贵土司苏彝各族数万兵丁。一时间，长江以南数省叛乱纷起。吴三桂叛军主力东侵黔、湘，很快集结了14万兵力；其侧翼北攻川、陕，兵力也有数万之多。

当吴三桂叛乱的消息传到京城时，朝野上下为之震惊，康熙召开御前会议商讨对策。原本对于是否撤吴藩，朝臣就分成了两派，现在这两派又发生了激烈的争执。反对撤藩者把吴三桂叛乱归咎于主张撤藩者。大学士索额图说："吴三桂兵多将广，'三藩'要攻入京城易如反掌，看来只有清君侧，把主张撤藩的明珠等人杀了，将首级呈送'三藩'，事情也许可以挽回。"明珠反驳道："如果杀了臣可以使吴三桂罢兵，那么臣这颗脑袋没什么可惜的，只是吴逆决不会因为朝廷杀一两个大臣就罢兵的。"

康熙一向是个敢作敢为、勇于担当的明君，他果断地否决了索额图的意见，说："朕自幼时，以'三藩'势力气焰日炽，不可不撤，岂能因为吴三桂反叛就诿过于人？"又说："汉景帝错杀晁错并未阻止吴楚七国之乱，这是历史教训，应该记取。"他主动承担责任，极力保护主张撤藩者。主张撤藩的诸臣对此无不感激涕零，心悦诚服。

随后，康熙冷静地做出决定：福建、广东两地暂停撤藩；削去吴三桂的爵位，派兵征剿吴三桂，平定叛乱。

当时，吴三桂叛军的主要进攻路线有两条：一是进攻长沙，掠湖广（今湖南、湖北）、江西各地，准备与其余二藩势力连通一气；二是进攻四川、陕西，以威胁京城。所以，对于如何派兵平叛，大臣们又出现了意见分歧。有的担心军需浩繁，不胜负担，主张就近调兵御守，反对自京发兵。有的说不要劳师远征,待叛贼到来,再出兵反击,可以"以逸待劳"。户部尚书米思翰认为:"贼势猖獗,非绿旗兵所能制,宜以八旗劲旅会剿。军需内外协济,足支十年,可无他虑。"康熙根据形势做出决定,派遣八旗劲旅平定叛乱,并亲自调兵遣将,部署战斗,力求将战事控制在云南、贵州、湖广之内。针对荆州(今湖北江陵)是咽喉要地,关系最重,他首先派前锋统领硕岱率军进驻荆州,以固军民之心,并进据常德,以遏制叛军。接着命西安将军瓦尔喀率领骑兵迅速开赴四川,坚守自滇入川的险隘之地,待大军进剿云南时,与提督配合,相机进讨。

康熙考虑到大军进征楚蜀,援兵从京发遣难以及时赶到,且此举易致兵马疲劳,以山东兖州地靠近江南、江西、湖广,山西太原地接近陕西、四川,均属东西孔道,便命令副都统马哈达领兵驻兖州、扩尔坤领兵驻太原,"秣马以待,所在有警,便即时调遣"。后来,康熙又考虑到从兖州支援湖广路途遥远,又在河南府设立新的中转站,命副都统塞格等率兵驻守。

为及时了解前线军情,康熙建立了一个直属自己领导的高效的通信系统,命兵部在原有的驿站之外,每400里设一站,以快速邮传消息。甘肃西边的军情,九日可到;荆州、西安五日可到;浙江四日可到,使得康熙可以及时了解和掌握各路战况,尽快采取对策。起初吴三桂根本没有把康熙放在眼中,认为他年方幼稚,怎能理军,但当他听说康熙驿报神速,机谋深远,不禁仰天叹服道:"休矣,未可与争也。"

在调兵遣将、部署兵力的同时,康熙还采取了一系列的政治措施,以瓦解吴三桂的势力。他下令停撤平南王、靖南王两藩后,马上召回前往广东、福建办理撤藩的钦差大臣梁清标、陈一炳,并亲自给尚可喜、耿精忠每人一道手诏加以安抚;对现任直隶各省原吴三桂属下文武官员进行安抚,概不株连治罪,使其安心职守。

一切部署就绪,康熙于是颁发诏书,声讨吴三桂背恩反叛的罪行,宣布削其亲王爵位,表达了以武力平定叛乱的决心。诏书训谕云贵两省文武官员、军民人等:"各宜安分自保,无听诱胁。即或误从贼党,但能悔罪归诚,悉赦已往,不复究治。至尔等父兄子弟亲族人等,现在直隶各省出仕居住者,已有谕旨,俱令各安职业,并不株连,尔等勿怀疑虑。其有能擒斩三桂头献军前者,即以其爵爵之;有能诛缚其下渠魁,及以兵马城池归命自效者,论功从优叙录。朕不食言。"

这份诏书一发,等于给吴三桂判了死刑,将吴三桂几十年来为清廷所效的犬马之劳一笔勾销,诏书明确表示要吴三桂的人头,充分体现了康熙沉着果断的性格。

康熙十三年(1674)新年伊始,吴三桂正式称"周王",并废弃康熙年号,同时自铸货币,名曰"利用通宝",废除康熙铜钱。此时他抛弃了《反清檄文》中所编造的"奉朱三太子起事"的谎言,引起了不少前明遗民的不满,许多原先对他寄予厚望的明朝降将陆续离他而去。

由于吴三桂早就心生反意,而且准备充分,所以他起兵后一度颇为顺手,进据贵州后又北上湖南,一路势如破竹,相继攻陷沅江、常德、澧州(今湖南常德),接着又攻陷衡州(今湖南衡阳),直逼长沙,湖广巡抚卢震吓得望风而逃,副将黄正卿、参将陈武衡拱手献出城池。常德、长沙"扼湖湘之险,当水陆之中",两城相继失陷后,湖南丧失大半,不久辰州又落入叛军之手。三月初,吴应期①、张国柱率水陆大军齐头并进,直逼湘北重镇岳州,该城参将李国栋又拱手将岳州献给了叛军。在短短的三个月里,吴三桂连陷湖南重镇,而清兵处处无备,所到之处,诸府、州、县将吏非逃即降,吴三桂叛军很快占领湖南全境。

叛军在湖南连连取得胜利后,湖北的一些将领也纷纷起兵响应。康熙十三年(1674)三月十五日,襄阳总兵杨来嘉在谷城(今湖北襄阳境内)宣布起兵。三月十九日,原与杨来嘉合谋的郧阳副将洪福在郧阳

---

① 吴应期:吴三桂之侄,"三藩之乱"时随吴三桂起兵,后在云贵之战中阵亡。

反叛。四川方面的情况更糟,当年正月吴三桂派部将王屏藩进兵四川,四川提督郑蛟麟和川北总兵官谭弘合谋响应,同时四川巡抚罗森、总兵吴之茂也归附吴三桂。此时康熙派出的各路大军还没到达,四川全部落入吴三桂的控制之中。

就这样,吴三桂大军势如破竹,仅用几个月的工夫就轻而易举地占据了南方六省。

四、京城之变

吴三桂起兵谋反,全国为之震惊,尤其京城一带更是震动异常。很多反对势力认为康熙少不更事,根本无法与久经沙场的吴三桂相抗衡,都开始蠢蠢欲动起来。由于防守京城的禁军八旗兵先后奉旨南下平叛,京城空虚,杨起隆便利用这一时机,在天子脚下首先发动叛乱。这就是历史上著名的"朱三太子案"。

杨起隆是京城人,他得知吴三桂叛乱后,便诈称自己是"朱三太子",密谋起事。朱三太子是明崇祯皇帝的第三个儿子,明朝灭亡后,他一直下落不明。清朝初年,各地民众反清起事,多以朱三太子为号召。杨起隆也是如此。经多方联系,杨起隆组织起1000多人,相约额前裹上白布、身上扎上红带,以放火为号,在内城一起举事,准备趁各官员入朝时,发动其家奴杀死自己的主人,将来建立政权时,被杀官员的官职就由该官员的家奴担任,因此得到了一些家奴的拥护。一场肘腋之乱一触即发。

然而,就在他们即将举事时,消息却泄露了。康熙十二年(1673)十二月二十一日,镶黄旗监生郎廷枢的家奴黄裁缝在夜里喝醉了酒,胡言乱语。郎廷枢觉得奇怪,便趁黄裁缝醉醺醺之际诱导他说出更多的话,原来,黄裁缝也参加了杨起隆的阴谋。郎廷枢得知后大惊失色,马上抓住黄裁缝等三人到本旗主处举报此事。

同时,正黄旗人周公直也发现了动静,报告说他的家人陈益正聚集

30多个陌生人在他家里秘密集会，密谋举事。于是，正黄旗都统图海、祖永烈迅速点兵前去擒拿，经过一场短暂的搏斗，抓获了30多人。接着，图海又下令关闭城门，严行搜查，又捕获首要人犯几百人。首犯杨起隆闻风而逃，不久也被拿获，判处死刑。

在皇城之内竟然发生这样的事情，叛乱分子如果得逞，后果不堪设想。因此，康熙非常重视，亲自过问并处理这一案件。

刑部审理完案犯后，提出一份判决报告，拟将李柱、黄裁缝等200多人按"谋反罪"凌迟处死，其亲属自祖父以至子孙，还有叔伯兄弟及其儿子，凡年满16岁的男子都予以处斩；15岁以下男子并案犯的母女、妻妾、姐妹及财产都籍没入官。康熙审核之时，本着从宽处理的原则，改定只将李柱、黄裁缝等9人凌迟处死，194人改为斩首。案犯亲属，康熙不忍株连过多，一律免罪释放，其家产也免入官，受牵连之人亦不追究。这种宽严结合的处理办法，使一场足以轰动全国的大案悄无声息地得到了处理，没有引起太大的恐慌，京城很快安定下来。

杨起隆叛乱刚刚平定，康熙十三年（1674）四月初，侍卫关保密报河北总兵蔡禄准备叛乱，以响应吴三桂。蔡禄和襄阳总兵官杨来嘉原本都是郑成功的部将，郑成功去世后，他们率部降清，被从优提拔，授以总兵官。蔡禄得知吴三桂在云南起兵后也产生了反意，并与起兵反清的杨来嘉联络，购买骡马，制造兵器，命令士卒以捕鱼为名进行军事演习，密谋发动叛乱。当时侍卫关保正在河北出差，无意间探知这个消息，当即火速报告朝廷。

河北与京城相邻，一旦举事，势必危及京城。而且蔡禄的队伍不同于杨起隆的乌合之众，都是久经沙场的强兵悍将。形势万分危急，但康熙并没有惊慌失措，经过认真思量，他派内大臣阿密达领护军速赴蔡禄驻防地怀庆（府治河内县，今河南沁阳境内）。在蔡禄还没有将士卒鼓动起来时，阿密达已经率部包围了他的衙团。蔡禄的部下企图顽抗，阿密达指挥若定，率部冲进衙团，将蔡禄父子及其同党一网打尽，然后押解京城处决。一场变乱又被扼杀在萌芽之中。

短短四个多月，京城重地接连发生兵变，引起了康熙的格外重视。他由此判定，吴三桂叛乱已经对社会各阶层产生了影响，而此时吴三桂的长子吴应熊被拘禁京城，这终究是一大隐患，万一再发生肘腋之变，结果难以预料。因此，朝中一些大臣纷纷请求将吴应熊处死，以绝后患。

康熙十三年（1674）三月，兵部尚书王熙上奏，请求处死吴应熊。王熙称：

> 逆贼吴三桂负恩反叛，肆虐滇黔，毒流蜀楚，散布伪札，煽惑人心。今大兵已抵荆南，克期进剿，元凶授首，在指日间。独其逆子吴应熊，素凭势位，党羽众多，擅利散财，蓄养亡命，依附之辈，实繁有徒。……大寇在外，大恶在内，不早为果断，贻害非轻。为今之计，唯速将应熊正法，传旨湖南、四川诸处。老贼闻之，必且魂迷意乱，气阻神昏；群贼闻之，内失所援，自然解体。即兵士、百姓闻之，公义所激，勇气倍增……

康熙将这个奏疏交议政王大臣会议讨论，大臣们一致同意王熙的建议。但康熙有些不忍心，因为吴应熊是他的亲姑父。从亲情上讲，他不愿意处死吴应熊，但从国家大局出发，他又不愿冒这样大的风险，为防后患，他经过再三思考，最终批准了王熙的奏疏，同意处死吴应熊、吴世霖父子，同时还毁掉了吴三桂在关外的祖坟。

两次叛乱的平定以及处死吴应熊，消除了京城的隐患，稳定了人心。

当吴应熊的死讯传到云南时，吴三桂正在饮酒，闻此消息，他大惊失色，双手颤抖，酒杯一下子从手中滑落，摔在地上。这个叛臣切身体会到了丧子之痛，不由得老泪纵横，叹息道："今日真是骑虎啊！"他当场魂迷意乱，气阻神昏，心头涌起千头万绪，有失望，有痛心，更多的是愤恨。他本以为康熙会顾及吴应熊与清廷的关系而不至痛下杀手，如今子孙都被杀死，他才意识到康熙的果断决绝，心中懊悔不已，但此时骑虎难下，只能硬着头皮放手一搏。

康熙虽然杀死了吴应熊，给了吴三桂一个沉重的打击，但并没有因此扭转战场上的形势。当时清军在与吴三桂的战争中几乎屡战屡败，不久又发生了陕西提督王辅臣叛乱、福建耿精忠叛乱。南方大部分土地落入叛军之手。清廷一时疲于应对，就在康熙焦头烂额之际，康熙十四年（1675）三月，清朝的外藩蒙古察哈尔旗布尔尼亲王又趁机兴兵叛乱。

布尔尼是蒙古林丹汗①的孙子。皇太极时，林丹汗降清。林丹汗死后，清廷封他的儿子阿布奈②为和硕亲王，并将清朝公主嫁给阿布奈为妻。康熙八年（1669）九月，阿布奈因为在对外藩朝贺之时失了礼仪，被免除亲王爵位，并迁入京城，爵位由他的儿子布尔尼承袭。布尔尼是清朝公主所生，却对朝廷的做法心怀不满，一直图谋造反。

吴三桂叛乱后，康熙将京城八旗兵调往南方平叛，北方防务松懈。布尔尼野心不减，积极准备，企图借清兵南下之际一举实现祖父林丹汗的夙愿。公主长史③辛柱设法派他的弟弟阿济根到京城告发。康熙获知消息后，认为叛乱还没显露，而且京城兵力空虚，不能以武力镇压，应尽力安抚。因此，他派侍卫塞棱等去召见布尔尼兄弟以及巴林、翁牛特部王公等进京朝见。布尔尼产生了怀疑，不但不进京朝见，反而将塞棱扣留下来，同时煽动蒙古各部造反。三月二十五日，布尔尼与奈曼王扎木山一同发动叛乱，率军直逼张家口。

---

① 林丹汗：孛儿只斤氏，名林丹巴图尔，汗号为呼图克图汗，是成吉思汗之嫡系后裔、达延汗的七世孙。

② 阿布奈：林丹汗与囊囊大福晋娜木钟之子。娶皇太极二女固伦温庄长公主马喀塔为妻，生有二子布尔尼、罗卜藏。顺治八年袭封察哈尔亲王。

③ 长史：官名，执掌事务不一，但多为幕僚性质的官员。明清时期的长史设于亲王、公主等府中，执管府中政令。

察哈尔叛乱严重威胁着京城的安全。康熙对此极感忧虑，此时京城驻防的军队几乎全部南下了，他手中已无兵可派。这时，又是老祖母孝庄指点了他。

孝庄历经崇德、顺治、康熙三朝，几十年的时间使她对所有大臣都非常了解，关键时刻，她向康熙举荐了图海这位能臣。

康熙马上任命多罗信郡王鄂札①为抚远大将军，图海为副将军，率军征讨布尔尼。京城无兵，图海就把八旗家奴集合起来，在他的带领下，这支从来没有打过仗的家奴部队在危急时刻显示出了非凡的战斗力。

图海率部日夜兼程，赶往前线。为了激励部下的斗志，他允许众家奴沿途抢掠，抢得的财物归个人所有。他还说：此前所掠都是士庶之家，财宝不丰厚。察哈尔是元朝大汗后代，有数百年的基业，"珠宝珍玉不计其数"，你们如能取得，可富贵终身。俗话说：重赏之下，必有勇夫，家奴兵们闻言顿时精神百倍，行军速度一下子快了许多，没几天就到达了察哈尔部。全军斗志高昂，甚至被形容为"无不以一当百"。

四月二十二日，图海与布尔尼在达禄（今河北沽源县东北）决战，布尔尼在山谷间布置伏兵，列阵以待。鄂札和图海率家奴兵分头并进，冒着炮火奋勇冲击，冲乱了布尔尼的阵脚。战斗中，布尔尼的部属晋津阵前倒戈，反攻布尔尼，布尔尼大败而逃。与此同时，科尔沁和硕额驸沙津也率兵前来增援，不久，沙津率兵将布尔尼及其弟罗卜藏全部杀死，献首级于朝廷。不到一个月，这场叛乱便被彻底平定。

察哈尔之乱的平定，使康熙稳定了自己的大后方，免除了后顾之忧，从此能够集中全部精力对付"三藩"，进而实现全国的统一大业。

在京城附近发生的几次叛乱中，康熙始终保持着清醒的头脑，冷静地布置指挥，将大难消弭于无形之中，充分显示了他过人的胆识与才

---

① 鄂札：满洲镶白旗人，豫通亲王多铎之孙、信宣和郡王多尼第二子。顺治十八年（1661）承袭信郡王爵位。曾率军征讨察哈尔，并辅助恭亲王常宁守备噶尔丹。

能，以及高超的统治能力。

五、闽广从乱

尽管察哈尔之乱很快便平息了，但康熙面临的形势并没有随之变得轻松，反而更加严峻。

原来，吴三桂在起兵之初便给耿精忠、尚可喜以及镇守广西的抚蛮将军孙延龄写信，鼓动他们一起反叛清廷。吴三桂认为，朝廷的撤藩侵害了"三藩"的共同利益，他相信各藩跟他一样反感，会和他一起行动。他的部属马宝曾提议进攻两广，他说："两广无须派兵，只需要派一位善辩的人去即可拿下，这个人我已经派出去了。"

广西与云贵两省接壤，是抵挡吴三桂叛军的第一道防线。吴三桂一起兵，康熙马上封驻守广西的孙延龄为"抚蛮将军"。康熙十三年（1674）二月二十一日，康熙还特意给孙延龄及广西诸将下诏，说："保护固守粤西，全依靠你们了。"可见康熙对孙延龄等人是寄予厚望的。没想到仅过了六天，孙延龄就听从吴三桂的怂恿，举兵反叛。

孙延龄是汉军正红旗人，他的父亲孙龙是孔有德手下将领，跟随孔有德征伐，升为将军。后来孔有德在桂林自焚，孙龙也在战场上战死。清廷给予恤典，令孙延龄承袭二等男爵，又加一等云骑尉。康熙五年（1666）五月，清廷命孙延龄为广西将军，统率孔有德旧部，驻于桂林。孙延龄早年迎娶孔有德之女孔四贞，因此颇受朝廷恩典，但他不思报恩，反而骄纵无忌，擅自任免本省武官，贪污受贿，残害百姓，多为不法之事。孙延龄的许多部将如都统王永年、副都统孟一茂等，纷纷上疏弹劾他。康熙以孙延龄还年轻、少不更事为由，给予宽大处理，但孙延龄并不感恩，不思自己之过，反而对此深感不满，并对部属王永年等人怀恨在心，伺机报复。

这个时候，吴三桂的书信给孙延龄提供了机会。康熙十三年（1674）二月二十八日，孙延龄以议事为借口召集部将到自己府中，事先埋伏好精兵。等商议完事情，诸将准备离开的时候，伏兵突然出击，将王永年、孟一茂，参领胡同春等30多人一起杀害。而后，孙延龄又派兵将广西巡抚马雄镇的衙署包围起来，囚禁了马雄镇。马雄镇的儿子马世济连夜逃往赣州，将广西叛乱的情况上报朝廷。

康熙收到消息后，又惊又怒，立即削夺了孙延龄的将军职衔，并命广东平南王尚可喜、两广总督金光祖和广西巡抚马雄镇共同征剿。

一波未平，一波又起。孙延龄起兵不久，福州的耿精忠也起兵了。耿精忠娶了肃亲王豪格的女儿为妻，为和硕额驸，属于清廷的外戚。康熙十二年（1673），在平南王尚可喜即将撤藩时，耿精忠勉强上疏撤藩，当时他刚承袭藩王两年，福建是他的根据地，他根本不愿离开福建迁到北方，所以对撤藩非常不满，上撤藩疏并非他的本意。这时，吴三桂致书约他一起反叛清廷，他马上动心了，与部属左翼总兵曾养性、右翼总兵江元勋等人多次秘密谋划。康熙十三年（1674）三月十五日，耿精忠在福州囚禁福建总督范承谟，正式举兵反叛。他还效法吴三桂，蓄发易衣冠，铸钱"裕民通宝"，自称"总统兵马上将军"，以曾养性、白显忠、江元勋为将军，其他心腹都加授新的职务，分授都督、总兵等官职。

耿精忠的反叛消息传到朝廷，康熙更加震怒。在吴三桂起兵之初，康熙曾下令停止裁撤耿、尚二藩，以示笼络，他万万没想到耿精忠丝毫不领情，居然跟随吴三桂举起反叛之旗。他立即下令削除耿精忠的王爵，任命康亲王杰书①为奉命大将军，率军征讨耿精忠；并命令定南将军希尔根、平南将军赖塔、平寇将军根特巴图鲁分别从江南、浙江、广东三路进军福建；又派军在江南、京口（今江苏镇江）驻守待命。为了各个击破，康熙将耿精忠与吴三桂区别对待，在发兵征剿的同时也派人前去招抚，他在谕旨中说："谅耿精忠必是一时无知，受人蛊惑，与

---

① 杰书：努尔哈赤的曾孙、礼烈亲王代善之孙、镇国公祜塞第三子，为清代六大亲王之一。康熙十三年（1674）为奉命大将军讨伐耿精忠，屡有军功。

吴三桂不同，所以将吴三桂子孙正法，耿精忠在京诸弟照旧宽容，所属官兵并未加罪。"

然而，耿精忠并不领康熙这份情，竟然将康熙派往福建的招降使者周襄绪、陈嘉猷二人扣留，并派兵攻打浙江、江西；一方面积极联系吴三桂，准备联手作战，一方面派使者前往台湾，约郑经①政权进攻大陆；还策动广东潮州总兵官刘进忠反叛，以扰乱尚可喜的阵脚。

到此为止，"三藩"中忠于清廷的只剩下尚可喜一藩了。镇守广东的平南王尚可喜始终保持节操，对抗吴三桂，深受康熙信任，然而他毕竟年老体病，藩内事务均由长子尚之信打理。由于吴军来势汹汹，不少部将都向叛军举手投降。

尚之信嗜酒如命，残暴少恩，虐待下属，尚可喜对此甚为厌恶，不想让这个残暴的长子继承藩王之位，于是采纳心腹谋士金光的建议，于康熙十三年（1674）四月上疏朝廷，自陈身体衰弱，难以处事，提出让次子尚之孝继承王爵。

尚可喜最初提出撤藩时，曾请求让长子尚之信留镇广东，当时清廷以没有这样的先例予以拒绝。这次尚可喜提出让次子承袭爵位，康熙马上同意了。康熙知道，值此危急时刻，笼络人心才是最重要的，只有这样才能调动各方面的力量去对付叛军。尚可喜的请求被批准后，对朝廷更加忠心了。

然而，就在尚可喜准备把爵位移交给尚之孝时，耿精忠叛乱了。尚可喜与耿精忠是儿女亲家，尚之信娶了耿精忠的妹妹，耿精忠的儿子娶了尚之孝的女儿。因此，尚可喜马上上疏康熙表达忠心，以此取得了康熙的信任。但尚可喜的忠诚代表不了尚之信的忠心，正当尚可喜带领另外两个儿子尚之孝、尚之节征讨耿精忠叛军时，康熙十五年（1676），尚之信发动兵变，倒向吴三桂。吴三桂了解到尚之信对自己身为长子不

---

① 郑经：一名锦，字玄之，台湾明郑时期统治者郑成功长子，袭封其父延平郡王的爵位。以陈永华主政，刘国轩主军，经营台湾，屡次拒绝清廷招抚。

能承袭王爵颇为不满，便派人游说尚之信，以答应封其为王、世守广东为诱饵，鼓动尚之信反叛。尚之信对父亲极为不满，对弟弟尚之孝非常嫉妒。他的性情本来就十分暴躁，现在更是经常借酒发疯，肆意欺凌下属；对父亲的谋士金光恨之入骨，认为自己没能承袭王爵，全是因为金光出的馊主意。为了发泄私愤，在吴三桂的诱惑和鼓动下，他终于趁机举起了叛旗。二月二十一日，尚之信派兵封锁广州，将父亲软禁起来，接管了平南王的权力。吴三桂得知消息后喜不自胜，当即封尚之信为招讨大将军和辅德亲王。两广总督金光祖①、巡抚佟养钜等也投靠了吴三桂。随后，尚之信处死了金光，泄了心头之恨。

尚可喜当时正卧病在床，闻知消息后，又急又气，大骂尚之信逆子。为了留得一世清名，不受叛逆儿子的牵累，尚可喜颤颤巍巍地爬起来，寻到一根绳了上吊自尽，幸亏被手下及时发现，抢救过来。但此后他的病情日益加重，于当年十月底就病死了。直到康熙十六年（1677）六月，康熙才得知尚可喜的死讯，他非常悲痛，指示给予厚恤。

尚之信起兵后，叛乱的战火迅速燃遍江南，云、贵、川、桂、湘、粤、闽七省均落入叛军之手，"三藩"势力连成一片，台湾的郑经也趁火打劫。康熙闻报后，既震惊又恼怒，但他并没有惊慌失措，他认为广东变乱，江南、江西最令人担忧。如果福建、广东叛军侵犯京口等处，则江南兵力单薄，势必难以防御。所以，他把防御重点放在江西，命平寇将军哈尔哈齐和额楚迅速夺取江西吉安，与将军舒恕②等联合防御福建、广东叛军。

六、陕甘兵变

当康熙在江南调兵遣将时，陕甘一带也发生了叛乱，为了西北的安

---

① 金光祖：顺治十六年（1659）出仕，历任吏部郎中兼佐领、布政使、广西巡抚，康熙九年（1670）升两广总督。

② 舒恕：清朝宗室，满洲正白旗人，武功郡王礼敦的曾孙。康熙八年（1669）自一等侍卫授兵部督捕侍郎。康熙十三年（1674）署前锋统领，参赞定南将军希尔根军务。

定，他不得不暂时将主要精力放在平定西北地区的叛乱上。

在吴三桂叛乱之后，四川巡抚罗森、提督郑蛟麟、总兵官谭弘和吴之茂等已相继归附吴三桂，并与他联合起来，企图从四川经汉中进攻陕西。

陕西的战略位置极其重要，它不仅是边陲要地，地域辽阔，素有"严疆"之称；而且西北地区的许多重要将领都是汉人，其中有些人与吴三桂素有交情，很容易受到吴三桂的蛊惑，一旦有变，吴三桂就能把陕西等地的反清势力聚集起来，从侧面进攻京城，这势必会威胁到清廷的统治。因此，康熙一直很关注西北地区的局势，多次派重臣率兵从汉中或秦州（今甘肃天水境内）向四川进军，征剿吴三桂。

康熙十二年（1673），康熙命西安将军瓦尔喀率兵连夜赶往四川，让他坚守从云南入川的险要之地。而后又任命赫业为安西将军、护军统领胡礼布为副将军，与署前锋统领穆占、副都统额布率兵由汉中入蜀。随后，他又调驻防西安的副都统扩尔坤前往汉中，与将军瓦尔喀一同进入四川；同时指定陕西总督哈占、巡抚杭爱专督粮饷，还命令都统席卜臣为镇西将军，与副都统巴喀、德业一起保卫西安，接应征川大军。

为了绥靖中外，保固边疆，康熙十三年（1674）二月，康熙特谕吏、兵二部，专门选出一员重臣，假以便宜，相机行事。他想到了曾任山陕总督的刑部尚书莫洛。莫洛在其任内颇受军民爱戴，而且对当地情况很熟悉，被康熙选为陕西经略①，率兵驻扎西安府，并会同将军、总督统一指挥以陕西为中心的西北边防军政。为了提高经略的地位，吏、兵两部议定加莫洛为武英殿大学士，仍然担任刑部尚书，兼都察院右副都御史，经略陕西。康熙十三年（1674）六月，清廷又命陕西道府以下官听经略莫洛提补，并命莫洛率军由秦州入川。这样一来，莫洛就成

---

① 经略：古代官名，明代及清初时期，有重要军事任务时特设经略，掌管一路或数路军政事务，其职位在总督之上。

了山陕等地的皇权代理人。同时,康熙又命贝勒董额为定西大将军,负责指挥整个西北战场;另派固山贝子、都统温齐,辅国公绰克托率贝子准达所属的骁骑,继莫洛之后进军四川。此外,康熙还批示陕西总督哈占、甘肃提督张勇、陕西提督王辅臣等加强西北边疆的防卫,密切关注吴三桂煽动叛乱的逆行。

就这样,清廷与吴三桂在西北战场上展开了一场军事、政治上的激战,而直接关乎这场战争成败的关键是陕西提督王辅臣的倒向。

王辅臣原为河南人,本来姓李,后被王进朝收为义子,便改姓王。顺治五年(1648),王辅臣随明朝大同总兵姜瓖向李自成投降,被任命为副将。他作战勇猛,万夫难敌,人送外号"马鹞子"。顺治六年(1649),阿济格率领清兵围攻大同,王辅臣经常骑着黄骠马,穿入清兵营中,掠人而归,如入无人之境。大同陷落后,王辅臣跟随姜瓖降清,隶属于汉军正白旗,后来被调入京城,顺治非常赏识他,授予御前一等侍卫之职。

顺治十年(1653),洪承畴①经营治理河南,王辅臣随从洪承畴征战河南、广西。洪承畴非常器重他,他对洪承畴也非常恭敬、忠心,随侍左右,寸步不离。行军时每遇险阻,他都会下马,亲自为洪承畴牵马。逢山道泥滑难行,他一定背负洪承畴过去。洪承畴为他的忠诚所感动,提升他为湖广总兵。

云南平定后,王辅臣留镇云南,隶属于平西王吴三桂藩下。吴三桂也非常赏识他,将他调任援剿右镇总兵,凡有绝好的衣食器用,他人不得,必赐王辅臣。

王辅臣个性倔强,傲气十足,但是很能怜惜部下。征讨乌撒②时,有一天,他和吴应麒等人在马一棍营中聚餐,大家正在吃饭,有个总兵发现王辅臣碗里有一只死蝇,大喊道:"饭有蝇,饭有蝇!"其实王辅

---

① 洪承畴:字彦演,号亨九,福建泉州人。明崇祯时官至兵部尚书、蓟辽总督,"松锦之战"战败后被清军俘虏,后降清。

② 乌撒:古代西南少数民族,居住在今云南省境内。

臣早就发现了这只死蝇,他之所以没说,是因为马一棍是东道主,马一棍对下属一向特别严苛,手下一旦犯有过错,就会一棍击毙,所以号称"马一棍"。王辅臣听到那个总兵的喊叫,唯恐厨师被马一棍杖毙,连忙遮掩说:"我等身冒矢石,能吃饱饭就不错了,哪还有闲心讲究吃什么,匆忙之际,吃一只死蝇没什么值得大惊小怪的。"那个总兵不明白王辅臣这样说的用意,竟较起真来,跟王辅臣打赌道:"你真把这只死蝇吃下去,我愿将坐骑输给你。"王辅臣自知一言既出,驷马难追,只得硬着头皮将死蝇吃下去。一旁的吴应麒见状,揶揄道:"没想到王兄竟然如此贪爱坐骑,今天他与兄赌食死蝇,兄便吞食死蝇;若与兄赌食粪便,兄也吃粪便吗?"王辅臣听了又羞又恼,涨红着脸指着吴应麒骂道:"吴应麒,你仗着是吴王的子侄,当场侮辱我,别人怕你这个王子,我不怕你,我将食王子王孙的脑髓,吃他的心肝,挖他的眼珠。"说完举起拳头狠狠向餐桌砸去,将桌子打翻在地。众将都惊呆了,左右侍从更是吓得连连后退,吴应麒忙趁乱溜掉了。

第二天,王辅臣酒醒气平,左右都批评他昨天太过分,应该去向吴应麒道歉。王辅臣也很后悔,便同意了。但他刚出门,吴应麒却跑了过来,亲热地拉着他的手,进到屋内,马上拜伏在地,诚恳地向他道歉。王辅臣忙双手扶起吴应麒,并向他道歉。二人和好如初。

后来,有人将王辅臣痛骂王子王孙的话添油加醋地告诉了吴三桂。吴三桂听了很生气,便让人捎话给王辅臣,责备他说话过于难听,使人寒心。王辅臣由此心生嫌隙,便求调平凉担任提督。吴三桂得知王辅臣要离开云南,叹息不已。王辅臣来辞行时,吴三桂隆重地接待了他,临别时还送了2万两银子给他做路费。王辅臣心里对吴三桂充满了感激。

由此可见,王辅臣与吴三桂的关系还是很亲密的。

为了尽快攻取陕西,扩大战果,吴三桂自然不会放弃拉拢王辅臣,很快便派人去煽动王辅臣以及甘肃提督张勇共同反清。吴三桂认为,王辅臣与张勇都是自己的旧部,只需一声号令,他们就会闻风而动,积极响应自己的号召。出乎他意料的是，王辅臣、张勇不但不听他的号令，反而坚决表示拒绝，因为吴三桂虽然待他们二人不薄，但康熙对他们更是恩重如山。

康熙一向爱才，他知道王辅臣和张勇都是智勇双全的猛将，所以才将他们从吴三桂的藩下调出，委以西北重地，以表示对他们的信任。康熙九年（1670），王辅臣去平凉上任前，在京进谒康熙，康熙恳切地对他说："朕很想留你在朝廷，朝夕相处，但平凉重地非你不可。"时值年底，康熙又特地让他过完上元节，并亲自请他一起看灯，之后特命钦天监为他择一吉日动身。临行前，康熙再次接见王辅臣，并赐给他一支蟠龙豹尾枪，并意味深长地说："这枪是先帝留下来的，一共有两支，朕每次出猎，都会把它们悬挂在马前，以表示不忘先帝。朕是先帝的儿子，你是先帝的臣子，其他的物品不足以表示珍贵，唯有这支枪你拿去镇守平凉，你见到枪如同见到朕一样，朕看到留下的这支枪也像见到你一样。"王辅臣感动得拜伏在地，痛哭流涕，久久不起，说："圣恩深重，臣即使肝脑涂地，不能稍报万一，怎么敢不竭股肱之力，报答陛下的大恩！"王辅臣流着眼泪拜别康熙，满怀激情地前往平凉上任。

康熙早就料到吴三桂起兵后会煽动王辅臣、张勇跟他一起反叛，于是在康熙十二年（1673）十二月给他们和陕西总督哈占颁布特急诏谕："逆贼吴三桂倘若有伪札、伪书潜行煽惑，当晓谕官兵百姓，令其举首，向朝廷报告。"果然不出所料，不久，吴三桂便派王辅臣原来的亲信汪士荣带着给王辅臣、张勇的信函和两份任命书来到平凉。

王辅臣一时左右为难，他想到吴三桂的旧恩与当下的形势，又想到康熙对自己的恩宠与信任，最终他决定忠于朝廷，于是立即命人拿下汪士荣，连同吴三桂给他和张勇的信、任命书，派他的儿子王继贞一同解往京城。康熙得知后大喜，当即将汪士荣处死，并授予王辅臣三等精奇尼哈番世职，任命王继贞为大理寺少卿。

为了加强对西北地区的控制，康熙派刑部尚书莫洛率兵前往陕西，让王辅臣坚守平凉，与莫洛同攻四川。但王辅臣对莫洛经略陕西，凌驾于自己之上颇为不满。他从平凉前往西安向莫洛陈述征战方略，但是莫洛不以为然，还显露出轻蔑之意，这让王辅臣既恼又恨。

康熙十三年（1674）八月，王辅臣一再请求莫洛给自己添加兵马，但莫洛却将王辅臣所辖固原官兵的好马都调走了，使王辅臣所部将士的情绪大受影响。莫洛的歧视和打压终于引起了内讧，在莫洛进军不利、屯兵休整时，王辅臣杀了莫洛，举起反旗响应吴三桂。

康熙闻报震惊不已，不久前王辅臣还抓住吴三桂的信使派自己的儿子送到京城，现在他的儿子还在京城，他怎么就反了呢？康熙极力让自己冷静下来，立即召见王继贞。王继贞一进殿，康熙就说"你的父亲反了"，然后把奏报拿给他看。王继贞吓得魂飞魄散，哆哆嗦嗦地说："臣、臣丝毫不知情，请皇上明鉴！"康熙知道王辅臣叛乱影响甚大，随时威胁着京城的安全，为了招抚王辅臣，他对王继贞说："你不要害怕，朕知道你父忠贞，决不至于谋反，一定是莫洛不善于调解，才有平凉士卒哗变，使你父不得不从叛。你马上回去宣布朕的旨意，赦你父无罪。莫洛之死，罪在士卒。"康熙放回了王继贞，同时派科臣①苏拜携带招抚谕旨前往陕西，会同总督哈占商酌，招抚王辅臣。十二月二十三日，康熙又给王辅臣发去一封亲笔信，在信中深情地陈述了他和王辅臣交往的一桩桩往事，丝毫没有责备的意思，反而处处显示出自己的体谅与宽容。康熙深知攻敌先攻心的道理，这个时候追究莫洛的死已毫无意义，他只希望王辅臣能够回心转意，使战略位置极为重要的大西北不再掀起叛乱的战火。

当然，康熙并不是一味地招抚，同时也严加防备。他下令征调鄂尔多斯蒙古兵3000多人、归化城土默特兵700人前往西安驻守；派驻守

---

① 科臣：指科道官。明清时期，六科给事中和都察院各道监察御史统称为"科道官"。

京城的部分八旗兵迅速出发，赶赴西安协守；命调副都统穆舒浑、鄂善和希福率兵驰赴兴安（今陕西安康），以加强西北战略要地，防止不测。

王辅臣接到康熙的安抚诏书后，内心很不平静，想到康熙对自己的厚爱，遂率领人马向北跪下，痛哭不已，并表示愿意反正，与吴三桂决裂。

在康熙安抚王辅臣的同时，吴三桂也没有闲着，极力拉拢王辅臣，封王辅臣为"平远大将军陕西东路总管"，并拨20万两白银，由已叛降的秦州知州巴三纲转赠王辅臣；又批示已入川的大将王屏藩、吴之茂由汉中出陕西应援。

王辅臣仔细权衡后，担心康熙对自己杀害莫洛一事秋后算账，便在得到吴三桂的援助后继续发兵。康熙急命张勇、王进宝等率兵进剿，将王辅臣围在平凉、固原，久攻不下。此后，清军连连取胜，但康熙仍然想招降王辅臣。康熙十四年（1675）七月，他又给王辅臣发去一道招降敕谕，其中说："平逆将军又取延安，兰州、巩昌依次底定。大兵云集，平凉灭在旦夕。"大军交战之时，百姓多遭杀戮，"以尔之故，而驱百姓于锋镝，朕实在不忍。今复敕尔自新，如果输诚而来，岂唯洗涤前非，兼可勉图后效"，承诺将其罪行一概赦免。不久，王辅臣回奏康熙说："皇上念及兵民，概从赦宥，但如何安抚，天语未及，在事兵将，未免瞻顾。"表明他也想回心转意，但又担心朝廷将来变卦，心存疑惧，不敢贸然归降。

王辅臣叛乱后，几乎一直驻扎在平凉，既不南下湖南与吴三桂部会合，也不与四川王屏藩联手。清军围攻平凉时，诸军都不敢攻城，只是远远地驻扎，静观形势。王辅臣根本不把攻城的清兵放在眼里，反而派兵增援固原、庆阳等处叛军。而吴三桂得知平凉被围后，非常着急，马上命令四川叛军增援。王屏藩率大军进犯秦州，吴之茂率军出四川，进屯单家口等处。吴三桂又派云贵数万少数民族兵士到平凉援助王辅臣。

川军进入陕甘，围攻平凉的清军又观望不前，以致贻误战机，陕甘形势再次恶化。双方相持数月，形势越来越不利于清军，康熙当机立断，马上委任都统、大学士图海为抚远大将军，前往平凉剿灭王辅臣。

康熙十五年（1676）二月，图海率领一支数千人的部队前往平凉，开始了围攻平凉的战斗。他首先整肃军队，明军令，申约束，颁发饷银，鼓舞士气。此时从各路来的围攻平凉的部队已达10万多人，一步步将平凉围得密不透风。诸将勇气大增，纷纷请求攻城，但图海不同意，他说："仁义之师，先招抚而后攻伐。我奉皇上之命前来平叛，并不担心不能取胜，只是顾念城中数十万生灵，都是朝廷赤子，遭叛贼劫持至此，如果全力攻打，必然会死伤惨重。等他顺服归诚，以体现皇上的好生之德，不是更好吗？"图海采取围而不攻、围而不战的策略，逐渐掌握了主动权。他知道王辅臣骁勇善战，作战有方，一旦强攻，必然两败俱伤。因此，他努力贯彻康熙的招降策略。

平凉城北有一座叫虎山墩的山冈，是平凉通往西北饷道的咽喉，也是该城的制高点。要破平凉，必须先攻占这座山冈。于是，图海率部轮番进攻，经过一番激战，终于拿下了虎山墩，断绝了平凉的饷道。清兵在墩上安上大炮，轰击城内，使叛军惶惶不可终日。图海乘机派幕僚周培公进城劝降。

周培公①与王辅臣手下参将黄九畴、布政使龚荣遇是同乡。黄、龚二人曾多次劝说王辅臣投降，于是，周培公事先与他们取得联系，冒死进城劝降。此时平凉城中粮食已尽，王辅臣还想作困兽斗，但抵不住黄九畴、龚荣遇的多次进言，终于派一名副将随周培公出城面见图海，表示愿意投降。图海当即奏报康熙。康熙闻报大喜，对王辅臣依然宽大处理，依诺恢复其官职，加太子太保，并升为靖寇将军，命他戴罪立功；其他官员也都各加一级从优升赏。叛军没有受到惩罚，反而得到重用，

---

① 周培公：本名昌，字培公，康熙身边的重要谋臣之一，官至参议道台、山东登莱道、盛京提督。

全都感激不尽,从此奋勇杀敌,以图报效。

王辅臣接受招降,其他叛军也随风归顺。康熙十七年(1678)闰三月,吴三桂的水师将领林兴珠在湘潭率众投降。林兴珠是福建人,熟悉水性,率军驻守洞庭湖。他精通水军,善于用兵,清军屡攻不下。但他和岳州的吴军守将吴应麒不和,吴应麒在吴三桂面前进谗言,吴三桂便将林兴珠调往湘潭,不予重用。林兴珠因此愤而降清。吴三桂非常恼火,杀了林兴珠的儿子。林兴珠发誓报仇雪恨,献计夺取岳州。康熙采纳他的计策,并封他为侯爵,命他在安亲王岳乐手下效力。林兴珠投降,为清军攻占岳州创造了良好的条件。

随后,从四川奉命而来的吴之茂马上从秦州退却,王屏藩也逃往四川,张勇、王进宝等率领清军跟踪追剿,连战连捷,收复了陕甘许多失地。八月初,陕西只剩下汉中、兴安两处为叛军所占,其余都为清军占领,西北就此平定。康熙命图海和王辅臣留镇陕西,以署前锋统领穆占为征南将军,率陕西、河南满汉各军前往荆州,助剿吴三桂。

七、各个击破

收服王辅臣,不仅解除了对京城的巨大威胁,而且剪除了吴三桂在西北的羽翼,使其失去了一个强有力的臂膀,扭转了整个西北战局。王辅臣的重新归附,增强了清军的实力,加速了吴三桂的灭亡。

至此,战局形势虽然对清廷还很不利,但在气势上,康熙已经占了上风。

此前因为儿孙被康熙处死,吴三桂几个月驻足不前,给了清廷充分的调兵时间,而他的有利战机也逐渐丧失。康熙把兵力重点部署在长江中下游地区,以荆州为中心,西北到西安,东南到京口、江宁一带。他派镇南将军尼雅翰、都统珠满、巴尔布率军由武昌进取岳州、长沙,直入广西;都统宜里布率军驻彝陵,都统范达礼、副都统德叶立率军驻镇郧襄;安西将军赫业、副将军胡礼布、西安将军瓦尔喀率军由汉中进攻四川;副都统扩尔坤、吴国桢率军驻防汉中;镇西将军席卜臣率师驻防西安,尚书莫洛经略陕西,率大军居中调度;镇东将军喇哈达率军驻防山东、河南、江南要地;安南将军华善率满汉官兵与镇海将军王之鼎在京口水陆驻防;扬威将军阿密达率军与江宁将军额楚防守江宁、安庆沿江险要;平南将军赖塔率军由浙江直攻福建;浙江将军图喇率军驻杭州兼防海疆;定南将军希尔根、副将军哈尔哈齐率军由江西建昌、广信进兵福建;平寇将军根特巴图鲁、席布率军赴广东进剿叛军。清军各路齐发,很快抢占了江北要塞,阻碍了吴三桂渡长江、直攻江北的要道。

这时,吴三桂派大军转攻两翼,一路由四川直奔陕西,一路由长沙东攻江西;同时派重兵把守湖南重镇,扼制清兵南下势头。他以7万兵力、总兵10余人驻醴陵、长沙、萍乡等地,抵御江西的岳乐部清军,又派侄儿吴应期率精兵防守岳州。岳州位于洞庭湖畔,洞庭湖与长江一水相连,战略地位十分重要,是长江中下游的水陆要冲。得岳州可控制湖南之命脉,可断南北东西之交通。岳州可以说是吴三桂立足湖南的一个重要支撑点,所以他才会派心腹将领、骁勇善战的吴应期驻守。吴应期动用大量人力、物力在岳州城构筑防御工事,加强防御体系,又在澧州、石首、华容、松滋等处派驻重兵,与岳州成为掎角之势。

耿精忠叛乱后,吴三桂企图打通江西与福建的通路,与耿部会合,于是派女婿夏国相①率军先后攻克袁州、萍乡、安福、上高、新昌等地。一连丢失三十多座县城,康熙非常着急,急命安亲王岳乐为定远平寇大将军,统兵入江西。

岳乐是努尔哈赤的孙子,多罗饶余郡王阿巴泰的第四个儿子,曾跟随豪格征伐四川张献忠,立下不少战功,后来承袭父亲的爵位。岳乐有勇有谋,率军抵达南昌后不久便接连攻克了安福、都昌、上高、新昌等县。频频传回的捷报令康熙大为高兴。但此时湖南仍是吴军的堡垒,康熙命岳乐率军从江西攻湖南,但岳乐认为,江西是广东咽喉,江南、湖广的要冲之地,现在还有三十多座城池在叛军手上,而且吴三桂又派重

---

① 夏国相:吴三桂的女婿,"三藩之乱"中,他是吴三桂阵营中的二号人物。

兵固守萍乡等地，如果撤饶州等地的大军去进攻湖南，那么这些地方又会落入叛军之手。因此，应该等江西完全平定，没有了后顾之忧后再进攻湖南比较妥当。康熙听了表示赞同。岳乐趁势又收复了广信、饶州、乐平等地，而且分兵抵御自福建入江西的耿精忠部。不久，岳乐率兵围攻萍乡，夏国相死守，清军久攻不下，双方陷入胶着状态。

康熙十四年（1675）五月，吴三桂还亲自到松滋（今湖北荆州境内）指挥作战。镇守荆州的清军主帅、顺承郡王勒尔锦[①]频频向朝廷告急，请求支援。康熙担心吴军水陆并进，攻打荆州，便下令准备进攻岳州的部分清军回师荆州，又命驻山东兖州的护军统领查汉太率满汉官军、河南提督佟徽年选拔3000名鸟枪手同赴荆州，均归勒尔锦指挥。

康熙十五年（1676），岳乐攻克萍乡，进逼长沙。康熙把攻取长沙看作夺取湖南的第一大战役，要求荆州、岳州的清军将领密切配合，夹击长沙，同时摆出进攻岳州之势，移兵逼近，一有机会就攻取岳州。三月初一，岳乐率军进逼长沙。长沙是吴三桂的腹地，吴三桂极其重视，便率诸将从松滋增援长沙。此战吴三桂以伏兵之计获胜，清军失利，但双方的损失都相当严重，吴军大将吴应贵[②]重伤而亡。

长沙失利后，岳乐扎营掘壕，与吴军对峙。岳乐进攻长沙时，大将军尚善[③]贝勒于三月初九率水陆大军进攻岳州。吴三桂拥有数百艘战船，据守南浔、君山等地迎战。尚善指挥清军英勇作战，击败君山守军，击退增援的吴军，缴获吴水军50艘战船。三月十八日，勒尔锦与诸大将率领数万大军渡过长江，烧毁吴军二营，进逼太平街，三月二十七日又在太平街击败吴军。因为此时吴军都已增援长沙，岳州一带兵力较弱，所以清军连战连胜。但是，清军渡江后进展不是很顺利，给了吴军喘息之机。吴军迅速从松滋增援岳州，而勒尔锦不思迎击，反而以天

[①] 勒尔锦：爱新觉罗氏，满洲正红旗人，礼亲王代善的曾孙，颖亲王萨哈璘之孙，顺承郡王勒克德浑第四子。

[②] 吴应贵：吴三桂之侄。

[③] 尚善：清朝宗室，和硕庄亲王舒尔哈齐之孙。初袭辅国公，顺治初以功晋贝勒，为议政大臣。

热酷暑为由退守荆州；尚善部也未能切断吴军的饷道，使吴三桂很快解了岳州之危。至此，在湖南战场上，双方陷入相持阶段。

康熙在指挥湖南战场的同时，还在指挥着以耿精忠占据福建、攻取浙江、江西为右翼的东部战场，以王辅臣、王屏藩占据的四川与甘肃、陕西大部分地区为左翼的西部战场。康熙十五年（1676）六月，王辅臣归降，断了吴三桂的左翼，康熙趁湖南战场的相持时期集中精力对付福建的耿精忠。

耿精忠叛乱后，将整个福建据为己有，并兵分三路进攻：以总兵曾养性出东路，进攻浙江；以总兵白显忠出西路，进攻江西；以藩属都统马九玉出仙霞岭，进攻浙江金华、衢州。针对这一情况，康熙以康亲王杰书为奉命大将军、贝子傅喇塔为宁海将军，会同平南将军都统贝子赖塔、定南将军希尔根共同征剿。在康熙的英明指挥下，清军作战英勇，取得了一个又一个胜利，耿部的曾养性、马九玉两路大军很快被浙江总督李之芳①率军击溃。这时，据守台湾的郑经也趁火打劫，从耿精忠身后发起进攻，企图吞并福建。耿精忠发动叛乱，本来是想联合郑氏一同反清，没想到郑氏不但不愿出兵，反而借机登陆，要抢占自己的腹地福建，这让他很是恼火。

康熙十三年（1674）六月，泉州提督王进功的儿子王锡藩杀掉耿精忠的总兵赖玉等人，投降郑经。耿精忠派人索地，反而遭到郑经的一通讥讽。这样，耿精忠联合郑经的图谋破产了。两个月后，郑经派冯锡范在福建海澄等地张贴檄文，称赞吴三桂，却指责耿精忠妄自尊大，待以附庸，因此"唯郑王为盟主，复我大明之基业，澄清东南之半壁"。这等于向耿精忠宣战了。不久，郑经占据漳州、泉州、潮州等重要城市，兵力越来越强盛。而耿精忠则屡战屡败，只得派人向清廷求和。

但和也只是暂时的和，康熙深知双方的关系已经无法恢复如前，于

---

① 李之芳：字邺园，顺治年间进士，曾任浙江金华府推官、刑部主事、湖广道御史、吏部右侍郎、兵部右侍郎兼都察院左副都御史等职。后官拜文华殿大学士兼吏部尚书，"入阁办事"，被尊为"阁老"。

是定下了抚郑剿耿的策略。康熙十五年（1676）三月，尚之信叛乱，喜不自胜的吴三桂约郑经、耿精忠进兵江南，不料郑经却想借机吞并整个福建，派兵攻占重镇汀州，又攻克兴化府，兵锋直指福州。耿部不少将领归附了郑经。耿精忠这才认识到郑经的险恶用心，但为时已晚，他进攻江西、浙江的阴谋都破产了，根据地也丧失大半。加上连年征战，百姓怨声载道，而且军饷匮乏，军士纷纷逃亡，败局已定。在此情况下，耿精忠只得撤回攻打江西的耿继善，回守福建。

康熙很快捕捉到这一战机，意识到"耿精忠撤回建昌诸贼，无疑是被海寇逼迫"，于是下令杰书率军直取福建。清军的进逼使耿精忠腹背受敌，势力穷蹙，部下白显忠率部投降。康熙见时机成熟，再次命令杰书前去谕降。耿精忠收到招降书后，仍然犹豫不定，回复道："自愿归诚，却担心部众不从，致滋变患。望奏赐明诏，许赦罪立功，以慰众心，乃可率属降。"杰书见他拖延，决定不给他喘息之机，命大军迅速进攻延平，守将耿继美投降。耿精忠见大势已去，决意归降。他担心福建总督范承谟揭露他的罪状，于是亲自派人逼迫范承谟自杀，并将范承谟的幕僚、亲属等50多人全部杀害，然后才派儿子耿显祚献印请降。十月初四，杰书大军进入福州，耿精忠率部迎降。

郑经的军队失去耿军的依托后，直接与清军交战，一路溃败。康熙十六年（1677）正月，清军收复了兴化城；二月将郑经所部逐回厦门，各地叛军先后投诚，福建、浙江、江西相继平定。

福建虽平，两广战火仍然炽烈。广西的孙延龄虽然投靠了吴三桂，但彼此矛盾重重，而且孙延龄对吴三桂也是阳奉阴违，吴三桂多次下令让孙延龄增援湖南，孙延龄都以各种借口推辞，令吴三桂大为恼火。其实，孙延龄刚起兵就产生了悔意，加上傅弘烈的开导与夫人孔四贞的劝解，他决心归顺清廷。康熙收到消息后，马上指令督抚理事官麻勒吉[①]

[①] 麻勒吉：满洲正黄旗人，顺治九年（1652）以翻译举人举会试第一，为满族第一状元，任弘文院侍讲学士。康熙朝时历任刑部侍郎、江南江西总督、步军统领。

相机招抚，并任命傅弘烈为广西巡抚，统兵进讨。

吴三桂本来就怀疑孙延龄，不久查知孙延龄要归顺清廷，便想杀掉孙延龄。他派吴世琮前往桂林，找机会杀掉他。吴世琮也颇有心计，很快便设计杀了孙延龄，控制了广西的局势。吴三桂消除了后顾之忧，内心多少有些慰藉，但他所面临的形势仍不容乐观。

尚之信于康熙十五年（1676）叛乱后，声称要与吴三桂联合，使吴三桂高兴了好一阵子，但尚之信虽手握重兵，却不思进取。吴三桂屡屡催他出兵，他都按兵不动，只出了10万两库金，以搪塞吴三桂。耿精忠归顺清廷后，康熙命杰书征讨广东。尚之信意识到形势已发生逆转，自己跟随吴三桂叛乱，一没派兵与其合作，二没从吴三桂那里得到实质性的好处，他向来就爱见风使舵，为争取主动，是年十二月，他派人携带密信去和硕简亲王喇布军营"乞降"。康熙闻报，马上下诏招抚尚之信。康熙十六年（1677）五月，尚之信率部归降。至此，东南大部分领土又回到了清廷的统治之下。

八、平叛功成

在康熙的英明指挥下，平定"三藩之乱"的战争历经几年，战场形势发生了转变，吴三桂的兵力虽然还很强大，但只控制湖南、广西、四川、云南、贵州五省，而且各方都有清军大兵压境，颇有四面楚歌之势。

康熙十七年（1678）三月，67岁的吴三桂终于圆了自己的皇帝梦，在衡州（今湖南衡阳）称帝，定国号大周，改元昭武，改衡州为定天府，封妻子张氏为皇后，封吴应熊庶子吴世璠为太孙，并大封百官诸将。吴三桂本想借称帝来鼓舞士气，重新打开局面，但这一政治举措并没有达到预期的效果。老百姓对战争已经深恶痛绝，当时针对吴三桂的年号昭武，有人对昭武二字进行了一番解释，"昭"为斜日，即"日"旁"刀口"，意为日已倾斜，接近黄昏，不可久留，斜日居于刀口旁，主凶兆,谓吴三桂不久即将死亡;"武"为"止戈",即放下武器,谓战争即将结束,由此断定"贼亡无日矣"!

吴三桂的皇帝梦还没做完,清军已经打到了家门口。安亲王岳乐收复了浏阳、平江,征南将军穆占攻克了永兴、茶陵、攸县等十二郡县,直逼衡州。衡州的北、东、南三面都布满了清军。为了确保衡州的安全,康熙十七年(1678)六月,吴三桂调马宝等率精兵数万于永兴进攻清军,并且大获全胜,这使吴三桂的心里又燃起了希望的火花。但这次胜利只是昙花一现,难以让吴军起死回生。六月,吴三桂的妻子张氏病逝;八月,吴三桂也病倒在床,于八月十七撒手归西,将日益颓败的局势甩给了他的孙子吴世璠。

康熙得知吴三桂病死,喜不自胜,因为吴三桂一死,叛军便群龙无首,打起来也就容易多了。康熙一时兴起,写了一首诗,以志庆贺。

遥天今日捷书来,万里欢声动地开。
从此黎民皆乐业,军威应振凯歌回。

同时,他指令诸将趁此机会进攻叛军,一举将叛军平复。

康熙十七年(1678)十月,吴三桂的女婿胡国柱将吴三桂的遗体运往云贵。吴世璠到贵阳迎接,并在贵阳即位,以贵阳府贡院为行在①,定明年为"洪化"元年,给吴三桂上尊号"太祖高皇帝",他的父亲吴应熊为"孝恭皇帝"。依吴三桂所定官制,各官皆有封赐。

康熙十八年(1679)正月,清军攻下岳州。康熙得此捷报,诗兴大发,写了一首诗,在诗中称赞这次胜利是"群臣尽力,将士用命"。岳州被清军攻破后,湖南其他地方的叛军纷纷弃城而逃。至此,湖南大局已定。

清军的不断胜利与吴三桂的死,使叛军陷入了日暮穷途之境,但为

---

① 行在:也称行在所,指天子所在的地方。专指天子巡行所到之地。

了尽快结束战争，康熙还是采取恩威并施的策略，劝诱叛军投降。

同年四月，康熙敕谕云贵大小文武官员："当时倡叛，罪止吴三桂一人，所属人员均系胁从。今当争先来归，到各路大将军、将军等军前投诚，都赦免以前的罪过，论功叙录，加恩安插。"同时，他还分别给胡国柱、马宝、郭壮图①、夏国相、吴应期等叛将亲笔写了招抚谕旨，力争他们投诚，以分化瓦解吴军的斗志，减少征剿的压力。

康熙十九年（1680）九月，清军展开了剿灭云贵叛军的战斗。九月十二日，蔡毓荣②率先出征，章泰率领大军随后，一路收复了镇远、清平、平越，直逼贵阳。早在清军收复镇远之际，康熙就告谕诸将："从镇远到贵阳，道路平坦，猜测贼不守贵阳，必据鸡公背、铁索桥诸处。"要求诸将务必同心协力，以济大事，速取贵阳，然后分兵攻取遵义。他时时督责将领，时刻关注战局，诸将既感动又振奋，都拼命杀敌，勇往直前，于十月二十一日进抵贵阳城下。吴世璠此时正在贵阳，而大将夏国相、高启隆、马宝、胡国柱则在四川，吴世璠与其叔父吴应期、将领刘国炳自觉难以抵抗，就趁夜逃回昆明。吴世璠的侍卫郭昌和文武官员200余人以及原任提督李本琛相继归降清军。清军轻而易举地占领贵阳。十一月，贵州全境基本平定。章泰、蔡毓荣在贵阳休整了一个月，又挥师杀向云南。

康熙十九年（1680）九月，云贵总督赵良栋指挥大军正待进发，吴三桂的女婿郭壮图选派胡国柱、马宝、王会等人突袭四川，接连攻陷永宁（今叙永）、建昌、叙州等地。已降清的叛将谭洪、彭时亨等趁机再叛，赵良栋受阻，只得在四川与叛军角逐，形势一时陷入危急，但对湖广、广西两地并没有多大影响。

康熙二十年（1681）二月十五日，章泰大军赶到交水城（今云南

---

① 郭壮图：吴三桂的女婿。"三藩之乱"时负责云南后勤。
② 蔡毓荣：字仁庵，兵部尚书蔡士英次子。历任刑部侍郎、湖广四川总督、湖广总督加兵部尚书、云贵总督。率绿旗兵征讨"三藩"，后领衔绥远将军，总统绿营。因纳吴三桂孙女为妾，坐罪遣戍黑龙江。

沾益北），与赖塔所率的广西清军会合。两军联合，水陆并进，于二月十九日进抵昆明郊区。二月二十一日，郭壮图派胡国柱等人率1万多兵马出城30里迎战。叛军抵挡不住清军的猛攻，败回昆明。清军乘胜追击，阵斩9名将官，进抵昆明城下。吴世璠抗拒不降，并下令四川的马宝、高启隆等回来救援。康熙指令四川的赵良栋将马宝、高启隆等就地歼灭，同时再次发出招抚令。在清军的凌厉攻势下，高启隆、马宝从四川撤军，四川的形势马上改观。赵良栋指挥清军从后面追击。四月，叛将、四川总兵官谭弘病逝，余众瓦解，四川叛军基本肃清，而后赵良栋又领兵杀入云南。叛军将领高启隆、杨开运、刘魁、赵玉抵挡不住清军的攻势，只好投降。五月，马宝所部在云南乌木山被清军将领希福击败，马宝无路可逃，想起了康熙的招抚令，遂于七月初五与将军巴养元、赵国祚等人到姚安府希福军中缴印投降。

清军包围了昆明并展开进攻，马宝等人的救援成了泡影，但吴世璠还是不肯投降。清军久攻不下。九月，赵良栋率军抵达昆明，从水道加紧了对昆明的封锁。十月，昆明城内弹尽粮绝，赵良栋挥师攻城，章泰积极配合，但还是无法攻下昆明城。清军向城内射发了很多招降书，以瓦解叛军的斗志。

十月二十二日，叛将余从龙、吴成鳌出城投降，并将城中的情况详细告诉清军。十月二十八日，吴国柱、吴世吉等准备发动兵变，并打算将吴世璠、郭壮图捉住献给清军。吴世璠事先得到消息，便在大殿上自杀身亡，时年16岁，郭壮图及其子郭宗汾也相继自杀。第二天，方光琛打开昆明城门向清军投降。十月三十日，清军进入昆明城，将叛军的老巢捣毁。至此，持续八年的"三藩之乱"彻底结束。

十一月十四日，"云南大捷，全省荡平"的捷报传入京城，亲王以下及文武官员都齐集乾清门庆贺行礼。康熙非常高兴，但回顾八年平叛的艰苦历程，又感慨万千，久久不能平静，当即挥毫写了一首诗，以表达自己的喜悦心情：

> 洱海昆池道路难，捷书夜半到长安。
> 未襟干羽三苗格，乍喜征输六诏宽。
> 天末远收金马隘，军中新解铁衣寒。
> 回思几载焦劳意，此日方同万国欢。

作为一国之君，在长达八年的战争中，康熙承担了艰巨的任务，付出了极大的心血。他身在紫禁城，心里却时刻牵挂着前方战事，"宵衣旰食，祁寒盛暑，不敢少闲，偶有违和，亦勉出听断，或中夜有机宜奏报，未尝不披衣而起"。他把吴三桂看作最大的敌人，对其可谓恨之入骨。"三藩"平定后，吴三桂虽然已经去世好几年，但康熙还是于康熙二十一年（1682），下令将他剖棺戮尸，付之一炬，然后将骨灰分发各地，以此告诫那些不忠不孝的臣子。同时，吴三桂的子孙也被斩杀殆尽，吴世璠的首级被交刑部悬挂于城门示众，吴三桂的女婿夏国相被凌迟处死。怂恿吴三桂起兵并为其谋划的方光琛和他的侄子方学范、儿子方学潜被逮捕后，康熙下令将他们军前正法。马宝虽然投降，但他是在走投无路的情况下才被迫投降，罪不可赦，因此康熙下令将他押到京城，凌迟处死。

在严惩吴三桂及其同党的同时，康熙对平南王尚之信、靖南王耿精忠也进行了处理。尚之信和耿精忠都曾跟随吴三桂反叛朝廷，后迫于形势又都归顺，力求自保。在平叛时期，为了稳住他们，康熙继续承认他们的藩王地位。对于尚之信，康熙竟诏谕他承袭其父尚可喜的亲王爵位，反叛之后居然可以获得亲王封号，这样的事情实属罕见，其实这只是为形势所迫不得已为之。康熙明白，吴三桂不除，撤藩就无法实现，还不如给归顺的尚之信、耿精忠再次加封，以减少敌对势力，分化瓦解吴三桂的同盟力量。当时撤藩已不重要，重要的是消灭吴三桂，尽快结束战争。

平定"三藩"后，康熙开始秋后算账，于康熙十九年（1680）以尚之信"不忠不孝，罪大恶极"为由将其赐死。尚之节、李天植也被就地正法。尚之信死后，平南王藩位相应被撤去，其所属人员编为十五佐领，分入正黄、镶黄、正白"上三旗"，驻防广东。另三总兵标下官兵，裁去一总兵标下官兵，剩下二总兵留镇广州。平南王的府库金银全部充作国赋，以济军需。

在裁撤平南王位之前，康亲王杰书在康熙十九年（1680）回京前一直居留福建，一方面是防止郑经趁机扰乱，一方面是监视靖南王耿精忠。同年三月，为了表示忠心，耿精忠请求入觐。康熙同意了，并命耿精忠的部将马九玉为福州将军，管辖靖南王藩属。早在康熙十六年（1677），耿昭忠等人就揭发耿精忠尚蓄逆谋之心，请求严惩，鉴于当时形势，康熙没有追究，后来数罪并罚，革其王爵，并与其子耿显祚等凌迟处死，部属全部解散。至此，云南、两广、福建"三藩"不再存在，代之以驻防的八旗兵、绿营兵。

在这场撤藩、平叛的斗争中，年轻的康熙取得了彻底的胜利，显露出非凡的气度与才能。

第四章　收台湾剿抚并用

一、郑氏台湾

平定"三藩"后,康熙又趁势开始着手解决长期悬而未决的台湾问题。

台湾是我国东南海上的一大岛屿,与福建隔海相望,古称夷洲,早在2万多年前的旧石器时代晚期,台湾便与大陆有文化联系。三国吴黄龙二年(230),孙权派将军卫温、诸葛直率万余人东渡台湾。从公元12世纪中叶开始,元、明两朝都在台湾建立行政机构,行使管辖权。台湾的发展始终延续着中华文化的传统。

从明万历三十年(1602)起,西班牙、荷兰等侵略者多次对台湾、澎湖进行侵略,都被当时明朝军民击退。天启四年(1624),荷兰殖民者登陆台湾,侵占了台湾南部地区,此后盘踞台湾三十八年。天启六年(1626)至崇祯十五年(1642),西班牙殖民者也占据了台湾北部地区。崇祯十五年(1642),荷兰侵略者将西班牙侵略者从台湾北部的基隆、淡水赶走,之后台湾沦为荷兰的殖民地。

顺治元年(1644),清军入关,逐渐形成统一的局面。川贵地区以李定国为首的大西军的抗清斗争也转入低潮。这时,原本以厦门为抗清基地的郑成功,决定暂避清军锋芒,转战台湾,将台湾从荷兰侵略者手中夺回来,作为自己积蓄力量、继续抗清的大本营。也正是这一决定,使得郑成功名留青史。

顺治十八年（1661）三月，郑成功率2.5万名将士及数百艘战舰，从金门岛出发，于第二天抵达澎湖岛，又于四月底到达台湾鹿耳门，开始了长达近十个月的台湾收复战役。

当时荷兰侵略军的据点台湾城、赤崁城位于台南市，那里海岸曲折，两城之间有一个内港，叫作台江。台湾城在台江的西侧，赤崁城在台江的东侧，互为犄角。

从外海进入台江有两条航路：一条是大员港，叫南航道；一条是北航道，在北线尾与鹿耳门屿之间，即"鹿耳门航道"。南航道口宽水深，船容易驶入，但港口有敌舰防守，陆上有重炮控制，必须经过战斗才能通过。北航道水浅道窄，只能通过小舟，大船必须在涨潮时才能通过。

郑成功选择从鹿耳门港突入，一是因为掌握了该地的潮汛规律，即每月初一、十六大潮时，水位要比平时高五六尺，大小船只均可驶入。郑成功从澎湖冒风浪而进，正是为了赶在初一大潮时渡过鹿耳门。二是他早已探测了从鹿耳门到赤崁城的港路。

四月初一中午，鹿耳门果然海潮大涨，郑成功命令众将士按图迂回而进。郑军大小战舰顺利通过鹿耳门后，立即兵分两路，一路登上北线尾岛，一路驶入台江，准备在禾寮港登陆。

台湾城的荷兰军原以为中国船队必从南航道驶入，忙于用大炮拦截，没想到郑成功躲开火力，让船队从鹿耳门驶入台江，在大炮射程之外。面对浩浩荡荡的郑军船队，荷兰侵略者束手无策。

郑军船队沿着预先测好的港路鱼贯而入，切断了台湾城与赤崁城荷兰军的联系，迅速从禾寮港登陆，在台江沿岸建立起滩头阵地，准备从侧背进攻赤崁城。在北线尾登陆的一支郑军，驻扎于鹿耳门，以牵制荷兰侵略军的兵船，兼防北线尾。

郑成功率部首先包围了赤崁城。赤崁城内的荷兰侵略军慑于中国军队的强大威势，被迫投降。随后，郑成功又率部包围了荷兰侵略者在台湾的统治首府台湾城。台湾城内的荷兰军仗着工事坚固、火力凶猛，拼死顽抗。郑成功则采取围而不打的策略,意欲使荷兰军不战自溃。

但直到年底,台湾城内的荷兰侵略军依然不愿意投降。而且根据情报,荷兰援军已朝台湾赶来,郑成功担心再拖下去会对自己不利,遂决定改变战略,直接进攻。经过二十多天的激战,台湾城内的荷兰军,除去战死、饿死、伤病的,还有战斗力的士兵只剩下600名。在走投无路的情况下,荷兰驻台湾长官揆一①决定投降,交出台湾。

顺治十八年(1661)十二月,荷兰驻台湾长官揆一签字投降,荷兰军交出了所有的城堡、武器、物资,随后,包括伤病员在内的约900名荷兰军民,由揆一率领,乘船撤离台湾。荷兰侵略者对台湾长达三十八年的殖民统治从此宣告结束。

郑成功赶走荷兰侵略者、收复台湾的主要目的,是想以台湾为根据地,继续他"反清复明"的伟大事业,可惜他壮志未酬身先死。仅四个多月后,即康熙元年(1662)五月初八,郑成功便因病去世,年仅39岁。

郑成功死后,他的儿子郑经继承了他在台湾的统治地位。郑经当时还很年轻,但比较聪明。他不忘祖训,依然奉早已覆灭的明王朝为正统,政治上也以"反清复明"为旗帜,但他也清楚地意识到,仅仅凭郑氏在台湾的实力,想要跟基本已经稳固的清王朝对抗,恢复大明,简直比登天还难。他不想把自己的一生放到这种无用的努力上。所以,他即位后把主要精力放在加强对台湾岛的控制上,以便把台湾永远都置于郑氏的统治之下,使之成为一个独立于清王朝的小王国。

当时的台湾岛算不上富庶,有些地方甚至是穷乡僻壤。台湾人丁比较稀少,土地也不够肥沃,与大陆相比,其经济水平显然处于落后状态。为扩大生存空间,加强自身的实力,郑经经常派兵船骚扰、掳掠福建沿海一带。当时清廷因为根基未稳,经济尚未复苏,还无暇顾及福建沿海一带的军事防御,加上郑经与靖南王耿精忠暗中有来往,双方各取

---

① 揆一:荷兰东印度公司在台湾的最后一任长官。1656年担任台湾长官,1662年被郑成功军队包围而投降离台,回到雅加达后因投降被判处终身监禁,服刑十多年才保释出来。后在威廉亲王特赦下回到荷兰。

所需，所以郑经的军事行动屡获成功。当然，因为各自为政，郑经和耿精忠有时也会有些小的摩擦，但在"三藩之乱"前，他们之间的合作还是多于摩擦。

由于从大陆抢回来不少财物和兵丁人口，台湾的经济和军事实力得到了很大提升，特别是海上军事力量。台湾的水师是当时整个中国海军中力量最强大的。郑经的舰船上不仅配备有大炮，还配有从荷兰侵略者手中缴获的火枪。而清军不仅大炮很少、很原始，而且几乎没有火枪，只有一些打猎用的火铳，射程很近，杀伤力也不大。

不过，在郑经统治台湾的第二年，他的统治地位受到了叔父郑袭①的威胁，以至于身家性命都差点葬送掉。

郑袭是郑成功的弟弟，跟着郑成功东征西战，立下了赫赫战功，尤其是在收复台湾的战斗中，他身先士卒、一马当先，博得了郑成功的高度赞扬。所以，收复台湾之后，郑成功便把军事大权交给了郑袭。

郑袭没有想到的是，收复台湾仅过了四个多月，郑成功便撒手西去。他更没有想到的是，郑成功一死，其部将冯锡范②、刘国轩③和刘国辕等人就在厦门一致拥立郑经即位。郑经是郑成功的儿子，子承父位似乎是天经地义的事情，郑袭也不便公开反对。但是，他私下里却以为台湾的统治权应该由他来掌握。这样一来，他和郑经之间就产生了很大的矛盾，而且这种矛盾是很难调和的。

郑经即位后最初几个月，郑袭依然掌握着台湾的兵权。郑经很快便感到兵权掌握在郑袭手中，自己办起事来有诸多不便，所以就想把兵权要回来。而大将冯锡范和刘国轩、刘国辕兄弟等人，对郑袭大权独揽早就心怀不满，因而竭力支持郑经从郑袭手中夺回兵权。郑袭自然不会同

---

① 郑袭：号葵庵，又名郑世袭，郑成功之弟。郑成功死后代理招讨大将军，后为郑经所败。康熙二年（1663）降清，任钦命荣禄大夫头等兼管内阁大臣。

② 冯锡范：号希范，福建龙溪人，郑成功工官冯澄世之子，台湾明郑时期主要将领，清朝收复台湾后随郑克塽投降清廷，封忠诚伯，隶属汉军正白旗。

③ 刘国轩：字观光，明郑时期重要的军事将领。参与了郑成功围攻南京、收复台湾等战役，封镇国公。仕清之后在天津任上政绩卓著。

意,这使双方的矛盾日趋尖锐。康熙元年(1662)十月,郑经在冯锡范、刘国轩的支持下,率舟师进入台湾,杀害郑袭的部将黄昭、萧拱辰等人,为显示宽仁,将郑袭软禁于厦门。

郑经立足未稳,郑氏集团内部又发生了争权夺利的斗争:郑经与伯父郑泰①发生了矛盾冲突。郑泰辈分高,长期为郑氏管理钱粮事务,又率部留守金厦,势力日盛。而郑经是个心胸狭窄之人,看到郑泰强大,逐渐产生了猜忌之心。在郑经与郑袭争权时,郑泰拥护郑袭,还给郑袭集团的骨干黄昭写过信。郑经入台后发现了郑泰联络黄昭的信,顿起杀心。康熙三年(1664)六月,郑经设计诱郑泰到自己帐中喝酒,将其软禁,郑泰自缢身亡。郑泰的弟弟郑鸣骏以及儿子郑缵绪被逼无奈,率水陆各镇官员400余人、兵将万余众、船300余艘来到泉州港,投降了清廷。

剪除异己之后,郑经巩固了在台湾的统治,但由争权引发的郑氏内部斗争也削弱了郑氏的力量。

二、以抚为主

康熙亲政以后,一直计划着收复台湾,并将台湾之事列为三大政事之一。但是与除鳌拜、平"三藩"相比,收复台湾更具挑战性,因为清军不擅水战,要越过几百里的海峡攻打郑氏长期据守的台湾,无疑是相当困难的。"三藩"刚刚平定,康熙便开始规划统一台湾的军事行动。

早在顺治年间,为了孤立和瓦解郑氏力量,清廷就实行了严禁出海和内迁沿海居民的政策,史称海禁。顺治十七年(1660)九月,顺治批准福建总督李率泰②的建议,"迁同安之排头、海澄之方田沿海居民,入十八堡及海澄内地"。康熙初年继续奉行这一政策。康熙元年

---

① 郑泰:郑芝龙的堂侄,郑成功的堂兄,长期担任户官,管理财务及对外贸易。曾被南明隆武帝封为建平侯。

② 李率泰:字寿畴,本名延龄(努尔哈赤赐名率泰)。随多尔衮入关后,在进攻李自成军、打击南明桂王政权的战役中立下大功。顺治十三年(1656)调任闽浙总督。

（1662）六月，海澄公黄梧①密奏五条剿灭郑氏割据势力的策略，建议将山东、江浙、闽粤沿海的居民全部迁徙到内陆，设立边界，布置防守，将所有沿海船只全部烧毁，"寸板不许下水"。清廷采纳了这一建议，并派官员到江、浙、闽、粤、鲁等省大规模地迁界禁海，将各省沿海居民迁入内陆三五十里，设界防守，严禁逾越，目的是割断大陆与台湾郑氏的联系，使郑氏丧失接济。但这样做却将沿海岛屿空了出来，反倒有利于郑军自由出入，时间长了，守边兵将很多都被郑军收买，郑军仍旧可以从大陆得到所需的物资。而清廷则因为迁界禁海而遭受巨大损失，沿海人民背井离乡，又失去了海上渔盐业的收入，大片土地荒芜，百姓流离失所，同时对外贸易停滞，税收也因此而大大减少。

在实行海禁政策的同时，清廷还时常派使者到台湾实行招抚。康熙元年（1662），清廷在江、浙、闽、广等省各设满汉户、兵部郎中各一人，专门负责招抚事宜。

郑成功去世后，郑袭与郑经为争权夺利发生内斗，福建总督李率泰、靖南王耿继茂派人到厦门招抚郑经。郑经交出了明朝敕命及玉印等，以取信于清廷。第二年五月，郑经软禁郑袭，戡平内乱。台湾初步平定后，郑经请求清廷仿照原中华版图琉球（后来又改成参照朝鲜）的藩国形式，占据台湾，永不登陆，不剃发易服，否则虽死不降，并于康熙二年（1663）正月举大军回驻厦门。清廷的招抚计划破产。

后来，郑经又与其伯父郑泰发生内斗，郑泰的弟弟郑鸣骏等人被逼无奈，率众降清，使郑氏集团的有生力量受到了极大的削弱。清廷认为这是收复台湾的大好机会。经过一番准备，海澄公黄梧、福建总督李率泰、提督马得功②分别从海澄、同安、泉州三路攻打郑氏盘踞的金厦（金门、厦门）。康熙三年（1664）十月十九日，马得功所部与郑军在金门乌

---

① 黄梧：顺治三年（1646）投靠郑氏，颇得郑成功赏识，被委以中权镇左营副将。顺治十三年（1656）降清。

② 马得功：本是明朝总兵，后投降清廷，授镇江总兵，隶属汉军镶黄旗。历任泉州总镇府总兵、都督同知、福建提督，赐封世袭一等精奇尼哈番爵位。

沙港大战，结果被精通水战的郑军打败，马得功投海自尽。黄梧与李率泰两路人马都打败了郑军，迫使守护高崎的郑军将领陈升投降。李率泰派人四处招降，扰乱了郑军军心，很多人投降清廷，但郑经仍旧拒绝投降。

经此一战，清廷认为争取郑氏将领的希望是很大的，于是从兵部、户部各派郎中2人长期驻福建、广东、浙江、江苏四省，专门对郑军中下级军官进行诱降，并提出极其优厚的条件："不问真伪，凡海上武官率众投降的按原衔补官，单身前来投降的降四级叙用，有立功者降二级叙用。为了安插降官，允许武职改授文官。"在清廷高官厚禄的诱惑之下，郑军人心浮动，各思投身之路。

早在康熙三年（1664）正月，郑军将领林顺就在旧友、福建水师提督施琅①致书相招下，统金镇之兵自镇海投诚。二月，守护南澳的护卫左镇杜辉、镇海将军王国化从揭阳港投诚。据统计，自康熙元年至康熙三年七月，郑氏降清的文武官员有3985人，士兵4万多人，归农官弁兵民6万多人，眷属人役6万多人，大小船只900余只。郑经见诸将纷纷叛降，自知铜山难守，又恐变起肘腋，便退居台湾，并让周全斌、黄廷二人断后。但周、黄二人不愿远离故土到荒凉的台湾，也归附了清廷。自此，金厦及沿海诸岛全部归清廷所有。

眼看沿海诸岛陆续平定下来，这时，清军却停止了追击的步伐，只是严立界限防守，而李率泰也班师回了福建，无心渡海攻台，这让施琅心急如焚，认为郑经窃据台湾，如果不早日剿灭，必会发展壮大起来，成为沿海的一大隐患，所以应该趁他们军心不稳、民心不一之际，攻占澎湖，直捣台湾。耿继茂、李率泰也认为施琅的看法正确，于是和施琅联合上疏，请求进剿台湾。这时荷兰殖民者为了重新占领台湾，也极力鼓吹攻台，并表示愿意为前导。清廷对攻台一直举棋不定，一是因为这

---

① 施琅：字尊侯，号琢公，原为郑芝龙左冲锋。郑芝龙降清后，投奔其子郑成功，深受重用。后来因父兄被郑成功杀害而降清，历任清军同安副将、同安总兵、福建水师提督。指挥清军水师在澎湖海战大败台湾水师，因功授靖海将军，封靖海侯。

次渡海作战靠的都是降将，二是发现荷兰侵略者有重新盘踞台湾的企图，在没有强大海上力量的情况下，就算取得胜利，占领了台湾，也只会让荷兰侵略者坐收渔利，所以一直没有批准。直到十一月，清廷终于下诏允许水师提督施琅率众攻台。

施琅擅长海战，而且对郑氏内部情况比较熟悉，因此自始至终都力主武力进剿台湾。康熙四年（1665）四月，一切准备就绪后，施琅率郑氏归降的官兵出港，驶进澎湖口时，突遇狂风暴雨，海上雾气朦胧，巨浪滔天，打得施琅舟师人仰船倾。船队无法保持队形，很多船只失联，损失惨重。经此挫折后，清廷下令暂停武力攻取，将所有郑军降将调入京城归旗，部众分散到各省屯垦，并将战船全部烧毁。海上形势暂趋平静。

这次休战给郑经提供了一个喘息的机会，他开始着手开发台湾，任用咨议参军陈永华①为勇卫，令其统筹一切政务。陈永华不负众望，在经济上大力发展农业，鼓励诸镇开垦荒地、种植五谷及经济作物甘蔗，教民众新式晒盐法，积极与日本、暹罗②、交趾③等地通商，使台湾经济迅速发展；在文化上，严禁赌博，广立学校，修建先师圣庙，又令各社学延师讲学，并在教育发展的基础上建立初步的科举制度；在军事上，大力练兵，农闲时练习武艺弓矢，春秋时操演阵法，又令士兵到深山中采伐木料，并与外国通商，购买船料，修葺、建造战船。为了打破清廷的经济封锁，陈永华派江胜率军重返迁界外荒无人烟的厦门，并严令不能骚扰沿边百姓。江胜遵命而行，平价交易，沿海内陆贫民都趁夜负货入界交易。台湾因此得到了物质接济，清廷的迁界政策基本失去了效用。

郑氏集团在台湾地区逐渐稳定，此时的清廷无力以武力进攻台湾，

---

① 陈永华：字复甫，郑成功重要部将之一，被郑成功誉为"卧龙"，授予"咨议参军"之职，委为郑经之师。

② 暹罗：中国对东南亚国家泰国的古称。

③ 交趾：中国古代对安南、越南的别称。明永乐初，设交趾布政司，治所在交州府（今越南河内），辖境相当于今越南中部以北地区。

为了解决问题,清廷再行招抚计划。康熙六年(1667)正月,清廷派孔元章两次过台招抚,但因剃发问题,双方僵持不下,未有结果。康熙八年(1669)五月,康熙剪除鳌拜后,又命刑部尚书明珠、兵部侍郎蔡毓荣到福建,与总督刘兆麟、巡抚刘秉政商量招抚之事。经过一番商议,兴化知府慕天颜①、都督金事季佺带着诏书到台湾招抚郑经。他们于七月到达台湾,郑经虽然以礼相待,却不肯接皇帝诏书。谈判中,明珠代表清廷做出很大让步,允许郑经封藩,世守台湾。但郑经仍坚持仿照朝鲜模式,不剃发,仅称臣纳贡。和谈就此破裂,直到"三藩之乱"发生,双方又进入战争状态。

三、择将复逐

在"三藩"叛乱之前,清廷与郑氏集团之间虽然偶有冲突,但基本保持着和平局面,直到康熙十二年(1673),康熙的一纸撤藩令打破了局面,"三藩"相继起兵反叛。

郑经见有机可乘,便派船队集结澎湖待变。康熙十三年(1674)三月,耿精忠举起反旗响应吴三桂叛乱,并马上派黄镛赴台,约请郑经统率福建沿海战船,配合耿藩出师,从水陆两路合力进攻江浙。郑经当即做了部署,授世子郑克藏为监国,命陈永华辅政留守台湾,冯锡范督诸镇船只先行,随后,他自己统率大队舟师进抵厦门。当时清军主力正与吴三桂作战,耿精忠的主力也北上江浙,郑经趁机攻占闽海、粤东沿海地区,连下泉州、漳州、汀州(长汀)、兴化(治所在莆田)、邵武等府和广东潮州、惠州、广州两府的一些州县。

表面上,耿、吴与郑三人有着反清的共同目标,但实际上他们都以扩张自己的地盘与势力为目的,这样的合作必然引起彼此之间不可

---

① 慕天颜:字拱极,顺治十二年(1655)进士,康熙一朝历任江苏布政使、江宁巡抚、湖广巡抚、漕运总督,在江南任官多年,颇有建树。

调和的矛盾和冲突。郑经之所以与"三藩"合作，只是想借机恢复原来占据的闽粤之地，而这两个地方处在耿精忠和尚之信的控制之下，所以他们之间的矛盾越来越激化。针对这种情况，睿智的康熙没有全面出击，而是把主要精力放在对付"二藩"上。他给新任福建总督郎廷佐①下达了明确指示，"入闽之日，海寇宜用抚，耿精忠宜用剿或用间，相机便宜行事"，命令军队重点打击耿精忠，对郑经采取暂时不理睬的策略。

康熙十五年（1676）十月，康亲王杰书亲率大军从浙江攻入福建。如此一来，耿精忠南面受到郑经的牵制，无力抵抗，只得向清廷"乞降"，并担任向导，转过头来进攻郑经。康熙借助郑经之手逼迫耿精忠投降，然后又掉转方向攻打郑经。双方激战两个多月，郑经连连战败，很快丢失了广东全省，不得不收缩战线，退守汀州。康熙十六年（1677），郑经连失漳、泉、惠、潮等七府之地，退遁金门、厦门及附近岛屿。

当时清廷正与吴三桂进行激烈的战斗，没有过多的兵力攻打台湾，所以康熙仍坚持劝降策略，命康亲王杰书派人前往厦门招抚郑经，趁郑经刚遭受失败的机会劝其投降。然而，郑经还是坚持按朝鲜例，不剃发，不上岸。八月，康亲王杰书再次派人去厦门见郑经，许诺向清廷题请"以朝鲜事例，称臣纳贡，通商贸易"。但郑经提出了更为苛刻的条件，执意"照先藩之四府裕饷例"，要清廷"资给粮饷，各守岛屿"，才同意"罢兵息民"。谈判再次以失败告终，战端又起。但是康熙仍然坚持以招抚为主，下令"郑经虽然没有投降的意思，但他的部众若有弃暗投明的，大将军康亲王仍随宜招抚"。

康熙十七年（1678）二月，郑经突然派手下大将刘国轩向漳州发起猛烈进攻，屡败清军，并乘胜攻克同安、海澄，之后分兵北上，留一部分人马继续攻打漳州。康熙以指挥不力为由撤换了福建总督郎廷佐，

---

① 郎廷佐：字一柱，汉军镶黄旗人，康熙十一年（1672）授江南巡抚，任江南江西总督、福建总督。

以年迈为由让巡抚杨熙原官归里。经康亲王杰书举荐，康熙任命福建布政使姚启圣继任福建总督，负责平台事宜。

姚启圣，字熙止，号忧庵，浙江会稽（今浙江绍兴）人，后隶汉军镶红旗，他从小有豪侠之气，顺治初年清军占领江南，姚启圣前往通州（南通州，今江苏南通），因被当地土豪侮辱而投效清兵，被委任为通州知州，一上任便将土豪抓捕杖杀，后辞官离去。康熙二年（1663），姚启圣在八旗乡试中考中第一名，被授予广东香山知县。前任知县因财政亏空数万而被下狱，姚启圣就代为偿还，康熙八年（1669）因擅自开放海禁，被弹劾罢官。"三藩"叛乱后，他投至康亲王杰书军前，屡献奇谋，甚得杰书器重，以功从代理知县累升至布政使。

姚启圣继任福建总督不久就密陈方略，提出破敌妙计。康熙阅后十分高兴，说："闽督今得人，贼且平矣！"姚启圣严格贯彻康熙的平台战略，一面扭转战局，收复失地，围攻退守海澄的刘国轩；一面派人到厦门招抚郑经。在军事上，他大力整顿充实绿营兵，革除各种军役，招募壮丁入伍以充足兵额，加强军力，大力做好和谈不成就以武力征剿台湾的准备；在政治上，他稳定福建民心，解除民困，一改郎廷佐怀疑闽人与郑氏官兵沟通的做法，广贴告示，不许挟嫌陷害。这一做法稳定了福建的民心，为以后用兵打下了良好的基础。

姚启圣还非常注重策反、招降工作，并为此采取了许多计策，取得了显著的效果。他下令保护沿海各地与郑军有乡邻戚党关系的人，禁止挟嫌陷害，以消除郑氏官兵的疑心及后顾之忧；采纳郑氏投诚人员黄性震[①]的建议，在漳州设"修来馆"，不论"官爵、资财、玩好，凡言来自郑氏者，皆延致之"，并规定文官照原衔报部补官，武官一律保留现职。士兵和平民头发长的赏银50两，头发短的赏银20两；愿入伍的立即收入军营并领取军饷，愿回乡的送回原籍安插；对屡次反复的同样对待，不

---

① 黄性震：字元起，号静庵。以"平海条陈十便"于总督姚启圣，姚启圣采用其策略平定台湾，因功授直隶霸昌道，历任湖南布政使，官至太常寺卿。

加追问。如此一来，郑军官兵纷纷来降。

康熙十八年（1679），郑军降清者更是数不胜数，五镇大将廖琠、黄靖、赖祖、金福、廖兴及副总兵何逊等都带着自己的部属投降清廷，文武官员共计300多人，士兵1万多人。不久，陈士恺、郑奇烈、纪朝佐、杨廷彩、黄柏、吴定芳等人也率部降清，后又有水师五镇蔡冲雕、征夷将军江机、杨一豹等率领10多万人向清廷投诚。

姚启圣一边大力招降，一边使用反间计扰乱郑氏后方。他派人携带财物潜入郑军，散播谣言，说郑军某某将军打算降清，或派人带着信件和礼物送到郑军某将领手上，然后故意将这件事传扬出去，以此引发郑军内讧。当然，郑经也会往清军内派遣间谍，但姚启圣查获后不但不追究，反而以厚利诱之，使其变成清廷的耳目。这些措施都取得了不错的效果。

康熙非常支持姚启圣采用的招抚政策。海澄公黄芳泰原在漳州驻守，后转移到汀州，在两地颇有势力。郑军曾杀害黄芳泰的兄长黄芳度及其家眷，所以郑军官兵不敢来漳州投诚。于是，姚启圣向康熙上疏，请求迁海澄公黄芳泰出汀州。康熙应允，立即下令让黄芳泰带着家眷回到京城。同时，对姚启圣采取的其他措施及工作，康熙也大力支持，授他兵部尚书衔。这样，没用多长时间，姚启圣就充实了清军的实力，稳定了民心，并大大削弱了对手的力量，使清军逐渐摆脱了被动的局面，转入反攻。

尽管如此，康熙仍然一如既往地实施招抚计划，命姚启圣连续给郑经写信，加以招抚。在信中，姚启圣言辞恳切地说理诉情，以打消郑经的各种疑虑。经姚启圣一再争取，郑经又生和谈之意。康熙十八年（1679），康亲王杰书派苏埕再次前往厦门，请郑经罢兵讲和，并允诺"依朝鲜事例，代为题请，永为世好，做屏藩重臣"。郑经非常高兴，眼看和谈就要成功，不料冯锡范等人又从中作梗，谈判再次破裂。

康熙见招抚郑氏始终没有结果，便积极进行武力攻取台湾的准备。康熙十八年（1679）正月，他下令重建福建水师，调镇江将军王之鼎为水师提督。四月,擢用湖广岳州水师总兵官万正色①为福建水师提督,从江南、浙江挑选百艘战船拨入福建水师,建立了一支足以抗衡郑氏水军的海上力量。后来,随着"三藩"问题基本解决,吴三桂指日可灭,进取台湾被康熙提到了日程上。这时的康熙已经比较老练成熟,绝不贸然从事,而是积极准备,捕捉有利战机,再决定进取。

四、施琅征台

在危险日益迫近之际,郑经早已丧失了昔日的雄风,生活越来越腐化。他将政务全交给长子郑克臧②,自己则带着爱妾住进洲仔尾的别墅里享乐去了。

郑克臧是郑经的爱妾所生,刚断果决,很有其祖郑成功遗风。他自承父命代理政事之后,上至国太、诸叔和郑经的亲信权幸,下至镇将兵民,一律绳以礼法,不肯纵容,深得郑经的喜欢和信任,同时也遭到了郑经的亲属、亲信与权倖们的妒恨。

原来,郑经西征时,把留守台湾的任务交给了总制陈永华。陈永华是郑克臧的岳父,郑克臧的权威与才干正是在陈永华的支持和培育下形成的。冯锡范等返台后,眼见陈永华把握重权,且处事公正,敢作敢为,把台湾治理得有条不紊,而郑经又委政于郑克臧,这严重威胁着冯锡范等人既得的权力和地位。权欲熏心的冯锡范自然无法容忍,更何况他还蓄意谋立郑经的少子、他的女婿郑克塽③。于是,他与握有兵权的刘国轩相互勾结,合力争夺核心权力,又一场争权夺利的斗争在郑氏集团内部展开了。

依照刘国轩的策划,冯锡范去拜访陈永华,装出一副异常自愧的样

---

① 万正色:字惟高,号中庵。康熙年间任吴三桂部游击,后升为岳州水师总兵。参与攻克岳州之战有功。康熙十八年(1679)被擢升为水师提督,奉命筹建福建水师。
② 郑克臧:幼名钦,人称钦舍。郑经庶出长子。
③ 郑克塽:字实弘,号晦堂,郑经次子,郑成功之孙。

子对陈永华说自己"扈驾西征，寸功俱无"，准备"辞职解权，杜门优游，以终余岁"。陈永华不疑有他，便自觉请求郑经解除自己的职权。然而，冯锡范并没有随他一并交出大权，陈永华才知自己中了奸计，懊悔不及，抑郁而死。担任监国的郑克臧失去了陈永华这一有力依靠，也就无所作为了，冯锡范实现了谋夺最高权力的关键一步。

康熙二十年（1681）正月，郑经病危，他在临终前将刘国轩和冯锡范召到床前，将王印交给郑克臧，嘱咐冯锡范和刘国轩协力辅佐新王。但他万万没有想到自己信任的两位重臣正像毒蛇一样张着血盆大口准备吞噬即将即位的嗣君！二月二十八日夜，郑经去世。冯锡范串通刘国轩，勾结郑经诸弟等发动政变，杀害郑克臧，立郑经次子、年仅12岁的郑克塽即位，郑经之弟郑聪为辅国公，刘国轩为武平侯，"专主征伐"；冯锡范为忠诚伯，仍管侍卫兼参赞军机；其余文武各加一级。从此，郑克塽"凡事皆决之国轩等"。这次政变加剧了郑氏集团内部的矛盾，大大削弱了自身力量，使郑氏集团处于摇摇欲坠的危机之中。

四月，郑经去世、郑克臧被害、幼子即位的奏疏传到京城。五月十九，福建都督姚启圣上疏陈请："会合水陆官兵，审机乘便直捣巢穴。"

康熙与大学士等商议后，当即发布谕旨："郑经既伏冥诛，贼中必乖离扰乱，宜乘机规定澎湖、台湾……务期剿抚并用，底定海疆，毋误事机。"这时对郑氏集团的剿抚并用实际上是"剿"占主导地位。

康熙对台湾策略由招抚到征剿的转变，在清廷高级官员中引起了不同的反响。水师提督万正色上奏："台湾断不可取。"不少大臣以海洋险远、风涛莫测、长驱制胜、难计万全为理由，反对武力进剿台湾。支持以武力进剿台湾的有内阁学士李光地[①]、福建总督姚启圣、福建巡抚吴兴祚[②]等人，他们联名上疏，向康熙保举施琅为福建水师提督，以求

[①] 李光地：字晋卿，号厚庵，清朝理学名臣，历任翰林编修、吏部尚书、文渊阁大学士等职。

[②] 吴兴祚：字伯成，号留邨，后入汉军正红旗。历任山东沂州知州、无锡知县、福建按察使、福建巡抚、两广总督。

东南沿海安宁，发展对外经济。

施琅早在康熙六年（1667）十一月就曾上疏要求尽快解决台湾问题，以防养痈遗患。康熙七年（1668）三月，施琅奉旨入京，再次阐述讨平台湾的急迫性与必要性，他认为"东南膏腴田园及所产渔盐，最为财赋之薮（聚集），可资中国之润"，台湾孤悬海上，易为贼人逃跑躲避之窟，而且郑成功诸子中，如有一二人"收拾党类，结连外国，联络土番耕民，羽翼复张，终为后患"。所以，他认为台湾可以武力剿平。但因当时条件不具备，施琅的提议被搁置，他本人也羁留京城，充内大臣。直到这时，施琅才再次受到主剿派的关注。

为了起用施琅，康熙还进行了细致的调查。康熙二十年（1681）二月，康熙问李光地："施琅有什么本事？"李光地回答："他自幼在海间经历得多，又熟悉海路，知道海上的事情，海贼都很害怕他。"康熙微笑点头。后来，康熙又派大学士明珠问李光地，李光地列举了施琅的长处：第一，他是"海上世仇，其心可保"；第二，他熟悉海上的情况；第三，他有谋略，海贼只害怕他一个人。李光地举荐施琅时，康熙又问他："你能保证施琅没有别的用心吗？"李光地的回答非常果断，且颇有分寸，他说："若论才略实无其比，至功成之后，在皇上善于处置耳。"

七月二十八日，康熙任命施琅为水师提督，并下达指令给议政王大臣等："原任右都督施琅，是海上投诚，而且曾任福建水师提督，熟悉彼处地理、海寇情形，可仍以右都督充福建水师提督总兵官，加太子少保，前往福建，到日即与将军、总督、巡抚、提督商酌，克期统领舟师进取澎湖、台湾，万正色改为陆路提督。"而反对武力征剿的大臣们则不同意任用施琅，"以为不可遣，去必叛"。康熙认为施琅不去，"台湾断不能定"，于是力排众议，表现出了超人的胆略。施琅离京之前，康熙还特地在内廷召见他，激励道："平海之议，唯汝予同，愿劳力，无替朕命。"表达了对施琅的高度信任。

十月初六，施琅抵达福建厦门巡视海事。他吸取康熙三四年间进军台湾失利的教训,为防止督、抚、提等官之间相互掣肘,极为重视专征大权,当月即上疏皇上"督抚均有封疆重寄,臣职领水师,征剿事宜,理当独任"。后来,经施琅再次争取,康熙考虑到前方官员的意见分歧确实不利于出兵,于是授予施琅专征人权,派其他官员负责保障工作。

同年九月初一,台湾郑氏得到了康熙召见施琅的消息,顿时紧张起来。他们知道施琅是个极难对付的水师将领,但一时搞不清楚清军的作战意图,所以不知道应该将防守重点放在哪里。就在这时,他们破获了两名要员给姚启圣的一封密信,上面写有"澎湖无备,可速督兵前来,一鼓可得。若得澎湖,台湾即虚,便将起兵相应"。于是,郑氏集团把防守目标定为澎湖。澎湖作为台湾的门户,一直没受到郑氏的重视,郑克塽立即命武平侯刘国轩为正总督,统水陆诸军2万多人、战船200多艘出守澎湖;自副将以下,允许他先斩后奏;又以征北将军曾瑞、定北将军王顺为副,共守澎湖。

康熙二十二年(1683)六月上旬,施琅接到康熙的进军命令,将大队舟师齐集铜山。六月十一日,各镇协营守备①、千把②等随征诸官誓师;十三日,祭江;十四日,施琅统领官兵2万余人,各类战船300多艘从铜山向澎湖进发。

郑军大将刘国轩得此消息后,惊恐不已,因为他虽然早知施琅集师于铜山,但他认为六月份是台风骤发季节,施琅懂得海上风候,不会冒险进兵。他慌忙命令各岛守将移大炮罗列海岛上,随时应战。

施琅督师迅速占领了澎湖以南各主要岛屿,第二天便命令全师出动,向澎湖本岛发起进攻。他们在前进途中遇到大风,受到郑军大队战船的包围,但施琅临危不惧,身先士卒,在面部右侧被敌炮余焰烧伤的情况下,仍坚持指挥战斗,冲出了敌人的包围。

---

① 守备:明清两朝的武官名称。清代绿营军官,即"营"之最低级统兵官,位于都司之下,初制正四品,康熙三十四年平定为正五品,管理营务,职掌粮饷。
② 千把:清代对武官千总、把总的并称。千总,绿营下级军官,位在守备之下,正六品。把总,绿营下级军官,位于千总之下,正七品。

清军初战失利，主帅和先锋险遭不幸。为了稳定军心，赢得最后的胜利，施琅进行了为期五天的整顿，于六月二十二日再次进攻澎湖。施琅吸取教训，下令兵分三路：一路向东，取鸡笼屿、四角山为奇兵，夹攻敌人；一路向西，直指牛心湾，作为疑兵，牵制敌军；另一路主力大军，由施琅亲自指挥，率大船56艘居中，分为8队，每队7艘，各作3叠，为主攻队伍，直取敌人的指挥部；又以80艘船只分为两股，留作后援。

恰逢南风狂劲，波涛汹涌，施琅率战船扬帆而进，占据上风，乘势将郑军分割包围，战斗异常激烈，炮火矢石犹如雨点，硝烟蔽日，咫尺莫辨。双方自早上一直打到下午，最后郑军大败。这一仗，清军共歼灭郑军1.2万人，其中包括副将、千总以上将领47人，游击伤亡数千人，总兵朱天贵阵亡。刘国轩率残兵败将退回台湾，澎湖守军随即投降。清军连日海战，水陆军兵阵亡300多名，负伤1800多名。

六月二十六日，施琅上疏报捷。康熙接到施琅奏疏非常高兴，立即召学士将这一喜讯告知八旗诸王大臣、侍卫各官，并于六月二十九日降旨嘉奖。

澎湖的失守使台湾失去了屏障，郑氏精锐部队也所剩无几。眼看台湾朝不保夕，郑军上层全都没有了主张，各自打着自己的小算盘。郑克塽思虑再三，于六月间遣使到施琅军前请求招抚。康熙及时发布谕旨，通过姚启圣、施琅转达给郑克塽，希望他认清局势，"审图顺逆，善计保全"，率众来归。如果这样，康熙保证"从前抗违之罪，尽行赦免"，而且将"从优叙录，加恩安插，务令得所"。康熙的谕旨打消了郑氏集团的疑虑。

八月十一日，施琅率官兵从澎湖前往台湾受降。郑克塽闻讯，于八月十三日差礼官郑斌等人坐小船出鹿耳门迎接，引渡进港；并亲率刘国轩、冯锡范等重要文武官员及番民，列队恭迎王师，然后在天妃宫举行受降仪式。八月十八日，郑克塽等剃发，遥向京城叩头谢恩。从此，台湾回归祖国怀抱，与大陆重新统一。

捷报陆续传到京城，康熙兴奋异常。他接到施琅所上《恭报台湾就抚疏》时正值中秋佳节，于是以《中秋日闻海上捷音》为题，赋诗庆贺。诗云：

万里扶桑早挂弓，水犀军指岛门空。
来庭岂为修文德，柔远初非黩武功。
牙帐受降秋色外，羽林奏捷月明中。
海隅久念苍生困，耕凿从今九壤同。

康熙二十三年（1684）十二月，郑克塽等奉旨进京，康熙肯定了郑克塽等"纳土归诚"之功，授郑克塽海澄公，并授刘国轩、冯锡范伯衔，均隶属上三旗汉军，并命户部分别"拨给房屋田地"。其余投诚的武职1600多人、文职400多人、兵4万多人，也都得到了妥善安置。

五、设台湾府

康熙统一台湾后，除了对郑克塽及其部众进行妥善安置外，他还采取了若干重大措施治理台湾，并将这些措施制度化。

当时，对于台湾的弃守问题，群臣产生了意见分歧。许多大臣对台湾的历史、地理缺乏认识，认为台湾地域狭小，得到了不会增加领土面积，失去了也不会有多大损失。所以，不少人极力主张将台湾之人迁到大陆，放弃台湾；还有人认为台湾是海外的弹丸之地，不足以使中国变得更加广阔，只需要留卜澎湖作为东南沿海的屏障即可。大学士李光地以前积极主张收复台湾，如今也认为台湾离大陆太远，不便管理，主张放弃台湾，认为永逸长安的办法是将台湾让给荷兰侵略者，令他们世守输贡。

值此关键时刻，福建总督姚启圣、靖南将军施琅、都察陆军左都御史赵士麟、侍郎苏拜等人挺身而出，坚决反对放弃台湾的荒谬主张，尤其施琅更是办排众议，不仅反对放弃台湾，还奏请朝廷设官兵镇守。康熙二十二年（1683）十二月二十二日，他专门给康熙写了《恭陈台湾弃留疏》，反复陈述台湾战略地位的重要性，指出台湾是关系江浙、福建等地的要害所在，如果弃而不守，必将酿成大祸。在奏疏中，他以亲身所见叙述台湾实系"肥饶之区，险阻之域"，那里自然资源丰富，"野沃土膏，物产利博，耕桑并耦，鱼盐滋生……硫黄、水藤、糖蔗、鹿皮以及一切日用之需，无所不有"，而且"舟帆四达，丝缕踵至"；那里的深山穷谷，"窜伏潜匿者，实繁有徒……纠党为祟，造舟制器，剽掠滨海"，而且那里原为荷兰侵略者的住处，荷兰人"无时不在涎贪，亦必乘隙以图"，所以易造成乱薮，重为海疆之患。

康熙的观点与施琅等人一样，主张留守台湾。为了统一大家的思想，他反复征求意见，做说服工作。有一次，他问李光地："如果台湾重被洋人占领，将会对大陆的安全造成什么样的威胁？"李光地回答说："目前没有问题，有皇上的声威在，几十年可保无事。"康熙批评李光地目光短浅，指出："如此且置郡县，若计到久远，十三省岂能长保为我有？"康熙又问大学士王熙的意见。王熙认同施琅的看法，认为台湾有地数千里，民众10万，此地非常重要，放弃了必为洋人所占领，或会成为犯法作乱者的藏身之所，所以留守才是最好的办法。康熙听后说："如果迁徙那里的民众，又担心他们流离失所，弃而不守不可取。"他又下令召开议政王大臣会议，结果一致主张"请守已得之地，设兵守之为宜"。

康熙见大臣中主张留守台湾的人已占大多数，便于康熙二十三年（1684）四月下令设置台湾府，隶属福建省。其南路设凤山县，北路设诸罗县，府治设台湾县，澎湖归府直辖。另根据施琅建议，在台湾设总兵一员，副将二员，驻兵8000人；又于澎湖设副将一员，驻兵2000人。每营设游击、守备、千总、把总等官与大陆编制相同。对于台湾地方官员的选拔，康熙也非常重视，经督抚会疏交荐，康熙批准，由原任泉州知府、汉军镶白旗人蒋毓英①调补第一任台湾知府。康熙亲自选定正黄旗参将杨文魁为台湾第一任总兵官,并亲加叮嘱:"务期抚缉有方""使海外晏安",台湾商贩众多,"不得因之以为利,致生事端"。之后,文武各官陆续到任,编户籍,定赋税,通商贾,兴学校,台湾正式归于清廷的行政管理之下。

政治上的统一为台湾的经济开发提供了必要的条件。统一之初,台湾地多人少,康熙采纳兴化总兵吴英的建议,在驻台士兵中试行屯戍法,"半为镇守,半为屯田"。屯田者,每个士兵给田30亩,耕牛1头,教以耕种,农闲操练,使"兵有恒产,饷可省半"。

后来,福建沿海之民大量流入台湾,垦殖土地。随着土地的开发,台湾的粮食产量逐年增长,"不但本郡足食,并可资赡内地",同时推动了甘蔗种植和制糖业的发展。台湾的文化教育事业也比郑氏统治时有了进一步的发展。

六、解除海禁

在设置台湾府之前,康熙二十二年(1683),康熙便下令展界、开海,逐渐恢复东南沿海地区的经济与海外贸易。

顺治十八年(1661),清廷曾实行大规模迁海,但只是权宜之计。从康熙八年(1669)起,在地方督抚的强烈要求下,局部地区逐步复原,其后出于与郑氏集团战争的需要,迁海政策时紧时松,但始终未彻底恢复。台湾问题解决后,为了使原内迁的居民恢复田产、安居乐业,沿海各省展界开海势在必行。

康熙二十二年(1683)八月十七日,施琅率兵刚进台湾,姚启圣便上疏朝廷,要求恢复沿海各省迁界,"上可以增国课,下可以遂民生,

---

① 蒋毓英:字集公,台湾清治时期首任知府。任内兴建义学,著台湾府志。任满后又在湖广、晋江等地担任地方官员。

并可以收渔盐之利于无穷"。由于台湾问题尚未最后处理完毕，所以他的建议没有得到批准。两个月之后，两广总督吴兴祚再次上疏，要求"广州七府沿海地亩，请招民垦种"。

康熙见战事渐平，时机逐渐成熟，便同意了他们的建议。十月十九，他告谕大学士等说："之前因为海寇没有清除，所以才会下令迁界。现在如果展界，让农民耕种采捕，对沿海的居民非常有益。浙江、福建也有这样的事情。尔衙门所贮本章，关系海岛事宜甚多，此等事不可稽迟，着遣一员大臣，前往展立界限。应于何处起止，何处设兵防守，着详阅确议，勿误来春耕种之期。"接着又选派吏部侍郎杜臻①、内阁学士席柱前往福建、广东海界勘察；派工部侍郎金世鉴、副都御史雅思哈前往江南、浙江海界勘察。在这些钦差大臣临行前，康熙特意叮嘱："迁移百姓，事关紧要，当查明原产，归还原主。你们会同总督、巡抚做出安置，务使兵民得所，须廉洁自持，不要像从前差往人员那样行事鄙琐。"

杜臻、席柱于十一月动身，第二年五月完成使命。他们先到广东，巡视钦州防城，然后沿海东岸向北，历经七府、三州、二十九县、七卫、十七所、十六巡检司、二十一台城堡寨巡察一圈，"还民地二万八千一百九十二顷，复业丁口三万一千三百"；而后又到福建，从福宁州（治所在霞浦境内）西分水关开始，沿海岸向北，历经四府、一州、二十四县、四卫、五所、三巡检司、五十五关城镇寨进行巡视，"还民地二万一千一十八顷，复业丁口四万八百"，使两省沿海居民都能够恢复作业。与此同时，江南、浙江等省也展界复业。如果说顺治年间的迁界曾严重破坏东南沿海的经济，那么康熙实施的展界政策又促进了这些地区经济的恢复和发展。

康熙深知，百姓要求展界，目的不仅在于恢复原来的田产，还在

---

① 杜臻：字肇余，进士出身，康熙年间历任内阁学士、礼部侍郎、吏部侍郎、刑部侍郎、工部尚书、刑部尚书、兵部尚书、礼部尚书，是康熙颇受信任的近臣。

于恢复出海捕鱼、发展海外贸易等正常的经济活动。所以，正如过去迁界同时严申海禁一样，展界也必须同时考虑开放海禁，允许贸易。闽广一带的展界工作完成后，杜臻因母亲去世回到家乡，席柱回京复命，奏报两省沿海居民"得还故上，保有室家，各安生业，仰戴皇仁"的盛况，并没有提及海上贸易之事。康熙立即问他："百姓们喜欢在沿海地区居住，是因为海上可以贸易、捕鱼。你们明知道这一原因，之前为什么没有商议这件事呢？"席柱回答说："自前代起，海上贸易就没有开放过，所以大家商议了也不会被批准。"康熙又问："过去是因为有海寇之患，所以才未开海禁，现在海上平静，还等待什么！"席柱汇报说："据那里的总督、巡抚说，'台湾、金门、厦门等处，虽然设有官兵防守，但因为是新得之地，应等一二年后，再看时机开放海禁。'"康熙听了有些生气，批评道："边疆大臣当以国计民生为念。过去虽然有严厉的海禁，但是私自贸易者什么时候断绝过？那些说海上贸易不可行的总督、巡抚，都是想中饱私囊。"席柱连连称是。

浙江开放海禁的呼声最为高涨，展界之后，工部侍郎金世鉴立即在康熙二十三年（1684）四月十六日上疏要求："浙江沿海地方，请照山东等处现行之例，听百姓以装载500石以下船只，往海上贸易捕鱼。预行禀明该地方官，登记姓名，取具保结，给发印票，船头烙号。其出入令防守海口官员验明印票，点明人数。至收税之处交与该道，计货之贵贱，定税之轻重，按季造册报部。"康熙同意了他的请求，命他按照所说施行，允许百姓载货出洋贸易、捕鱼。

其实，康熙鼓励开海贸易，在很大程度上有征收商税，以充闽粤兵饷、减轻内地各省民众负担的想法，但从根本上说还是为了促进海外贸易，所以他极力反对税额过分苛重和征收范围过分琐细。同年九月初一，他告谕大学士等："下令开放海禁，允许海上贸易，是为了有益于闽粤沿海百姓的生活。如果这两个省的民用充阜，财货流通，各省都会得到好处。而且出海贸易并不是那些贫民所能做到的，富商大贾懋迁有无，薄征其税不致累民，可充闽粤兵饷，以免内地各省转输协济之劳。内地各省钱粮有余，小民又获安养，故令开海贸易。今若照奉差郎中伊尔格图所奏，给予各关定例款项，于桥道、渡口等处概行收税，何以异于原无税课之地，反增设一关科敛乎？此事恐致扰害生民，尔等传谕九卿、詹事、科道，会议具奏。"为此，他严禁多设关口，认为如果给予各关定例款项，在桥道、渡口等处一概征收赋税，与过去没有税课，现在反而增设一种税有什么不同呢？他还议准："福建、广东新设差关，只将海上出入船载贸易货物征税，其海口内，桥津地方贸易车船等物，停其抽分，并将各关征税则例给发监督，酌量增减定例。"

同年，江苏、浙江也开设海关，派人征收商税。康熙一再戒谕海税官员不得任意加征税额，以致"病商累民"，应"从公征收，无滥无苛"，并要求各关制定规则条例，以便监督。他甚至亲自下令："采捕鱼虾船只，及民间日用之物，并糊口贸易，俱免其收税。"他又以海外平定，台湾、澎湖均设官兵驻扎，直隶、山东、江苏、浙江、福建、广东各省先定海禁处分之例，除私贩硝黄、军器照例处分外，其他尽行禁止，即全面废除海禁，鼓励出海贸易。

展界开海及轻税政策，极大地促进了东南沿海地区贸易及中外贸易的迅速发展。施琅在康熙二十四年（1685）三月上奏称："海禁既展，沿海内外多造船只，漂洋贸易，捕采纷纷，往来难以计算。"据史料记载，厦门当时贸易情况是："北至宁波、上海、天津、锦州，南至粤东，对渡台湾，一岁往来数次。至吕宋①、苏禄②、实力、噶喇巴（今印尼雅加达），冬去夏回，一年一次。"此外，中国赴日本船舶数量迅猛增长，据统计，康熙二十三年（1684），即展界开海当年为24艘，康熙二十四年（1685）增至85艘，康熙二十五年（1686）又上升为102艘，

---

① 吕宋：古国名。即今菲律宾群岛中的吕宋岛。
② 苏禄：古国名，古代以现菲律宾苏禄群岛为统治中心，区域有时包括苏禄群岛、巴拉望岛等。

康熙二十六年（1687）为115艘，康熙二十七年（1688）为194艘。沿海民众的生活也逐步得到了改善，史载："自康熙中年开禁以来，沿海之民始有起色，其船由海关给执照稽出入，南北遍行，四时获利。百余载来，共沐清晏承平之泽。"

当然，"解除海禁"之后，仍有种种限制，如出海船只的大小和装载货物的品种、数量、航行路线都有明确的规定。而且关卡林立、手续繁杂，官吏百般梗阻、从中勒索。但从一定意义上讲，此时我国的对外贸易已经获得了一定的发展。

第五章 抗沙俄戡定东北

一、东北之患

平定"三藩"、收复台湾后,康熙又把目光锁定了东北之患。

我国东北地区土地肥沃、物产丰富,是满族世代生活的地方。满族的起源,可以追溯到三千多年前的肃慎①。据史料记载,早在周武王时,就有肃慎人入贡"楛矢石砮",成王、康王进也多有往来,《左传》《国语》《山海经》《史记》《汉书》等文献中也有相关记载和传说。历经汉、魏、隋、唐各朝,"肃慎"先后改称"挹娄""勿吉""靺鞨",其间,随着该地区社会经济的不断发展,又出现了一些与中央政权并立的地方政权,并频繁与内地进行交往。唐朝时,中央政权在黑龙江及乌苏里江流域设立行政管辖机构。当时靺鞨分为黑水、粟末两个分支,武德九年(626),唐朝廷在黑水靺鞨设立黑水州都督府(管辖范围相当于今黑龙江中下游地区);开元元年(713)又在粟末靺鞨地区(松花江上游)设立忽汗州(治所在今黑龙江宁安南部东京城)都督府(又称渤海都督府)。后汉天福十二年(947),契丹族首领耶律阿保机②在一些汉族地主的帮助下,统一了契丹各部,建立辽朝,称黑水靺鞨为

---

① 肃慎:也作"息慎""稷慎",古代东北民族,即满族的祖先。
② 耶律阿保机:名亿,辽朝开国君主,辽德祖耶律撒剌的长子,生母为宣简皇后萧氏。后梁贞明二年(916年)建立契丹国,称帝,在位二十年,即帝位十一年。

女真，从此，女真这个名称一直延续下来。辽、元、明各代都在这里设立行政管辖机构。明朝廷在永乐九年（1411）至宣德八年（1433），派太监亦失哈①等先后十次视察该地（奴儿干都司），并在永宁寺竖立永乐、宣德两座石碑，用汉文、蒙古文、藏文、女真文四种文字，记载了明朝廷对这个地区行使管辖权的情况。

明朝时期，女真人根据地理位置和发展程度分为建州、海西、野人三大部分，其中以建州部最为发达。永乐元年（1403），明朝廷在今黑龙江依兰县一带设建州卫，同年又在图们江流域设建州左卫，正统七年（1442）又从建州左卫中析出建州右卫，合称建州三卫。清王朝的开山肇祖猛哥帖木儿②就是建州左卫的指挥使，后升为都督佥事和右都督，封号"龙虎将军"。后来，其家族世代担任明朝官吏，为明朝效力。到努尔哈赤时，明朝日渐衰微，努尔哈赤一面做明朝的官吏，一面以费阿拉（今辽宁新宾）为中心，发展自己的势力。努尔哈赤自明万历十一年（1583）起兵，经过他和皇太极两代人的征战，基本上统一了东北地区。北起外兴安岭，南至日本海，西起贝加尔湖，东至鄂霍次克海，包括库页岛在内的广大地区，都纳入了后金统治范围之内。

明崇祯十六年（1643）之前，东北地区发生过不少部族纷争，但从未遭受过外国入侵。随着世界殖民主义的形成与发展，这种局面被打破了，沙皇俄国伸出了侵略的魔掌，使我国东北连续遭受前所未有的危机。

大蒙古国时期，沙俄还是蒙古钦察汗国③的一个属国，莫斯科公国建立时只占有地处莫斯科河中游的一小块土地，后来通过收买或征服周边诸侯，地盘逐渐扩大，明嘉靖二十七年（1547），莫斯科公国大公伊

---

① 亦失哈：明成祖时期的著名宦官，海西女真人，兼通女真语和汉语。
② 猛哥帖木儿：明朝建州女真人，明代斡朵里部首领。
③ 钦察汗国：又称金帐汗国、克普恰克汗国、术赤兀鲁思，大蒙古国的四大汗国之一。由成吉思汗长子术赤的次子拔都建立。钦察汗国版图辽阔，东起也儿的石河（额尔齐斯河），西到斡罗思（今俄罗斯），南起巴尔喀什湖、里海、黑海，北到北极圈附近。

凡四世加冕为沙皇，俄罗斯国家诞生。俄罗斯从国家建立之日起便开始侵略扩张。明嘉靖三十一年（1552），俄国首先吞并喀山汗国①，随后又侵占伏尔加河流域。他们继续越过乌拉尔山向东挺进，从鄂毕河推进到叶尼塞河，于万历四十七年（1619）建立叶尼塞斯克，随后又推进到勒拿河流域，于天聪六年（1632）建立雅库茨克。从此，俄国才与中国相邻。叶尼塞斯克、雅库茨克后来成为沙俄入侵我国黑龙江流域的两个主要据点。

沙俄扩张到靠近中国东北边境后，听说有一条黑龙江，那里土地肥沃、矿产丰富。这些传闻深深地刺激着侵略者掠夺财富的欲望，明崇祯十六年（1643），沙俄雅库茨克督军彼得·戈洛文组织了以瓦西里·波雅科夫为首的远征军，开始侵略我国黑龙江流域。从此，我国东北边境再无安宁之日。

波雅科夫侵略军在中国境内烧杀抢掠，俘获当地居民作为人质，给他们戴上枷锁，强逼他们缴纳粮食、毛皮等贡赋，甚至杀人为食。侵略者惨无人道的行径给黑龙江流域的居民留下了极其恐怖的印象，以至于只要听到罗刹②人来了，当地人脑海中就会浮现出拷问、诱骗、死亡和吃人的可怕情景，从而进行强烈的反抗。

顺治三年（1646），波雅科夫回到雅库茨克后，大肆吹嘘只要300人就可以征服黑龙江流域。沙皇阿列克谢·米哈伊洛维奇听了心动不已，一心想将这块极为富庶的地方占为己有，于是在顺治六年（1649）派哈巴罗夫③率领70名哥萨克④人组成远征军，侵入黑龙江地区。起初，哈巴罗夫率部越过外兴安岭，侵入我国黑龙江支流鄂尔河口达

---

① 喀山汗国：原为蒙古帝国下辖的四大汗国之一金帐汗国的属地。1438年由鞑靼贵族兀鲁·穆罕默德所建，首府喀山城。

② 罗刹：中国元、明、清初时对俄罗斯的称呼，也叫"罗斯"或"罗刹国"。

③ 哈巴罗夫：原为暴发富商，后因盗窃公物服刑破产，于是向雅库茨克总督请求自筹队伍远征黑龙江，因侵华有功被沙皇封为服役贵族。

④ 哥萨克：生活在东欧大草原（乌克兰、俄罗斯南部）的游牧社群，以骁勇善战、骑术精湛著称，是俄罗斯帝国向东方和南方扩张的主要力量。

斡尔族首领拉夫凯的管辖区，因兵力有限，不敢深入，于四月返回雅库茨克。顺治七年（1650）夏，哈巴罗夫率领138名哥萨克的增援部队，携带三门大炮再次南下，他们又侵入达斡尔族领地，于同年秋天攻占了达斡尔族首领阿尔巴西驻地雅克萨（今俄国斯阿尔巴津诺）。

雅克萨地处贝加尔湖、雅库茨克两地进入黑龙江地区的水陆咽喉。沙俄侵略者占据这里后，很快构筑工事，加固设防，作为进一步侵略黑龙江流域的重要据点，并根据达斡尔酋长阿尔巴西的名字，将雅克萨改名为阿尔巴津。

这以后，沙俄侵略者以雅克萨为根据地，四处袭击，用大炮轰击手无寸铁的百姓，抓捕俘虏和人质，并用极其残酷的手段对待被俘人员，还在达斡尔人居住的桂古达尔村制造了骇人听闻的大屠杀。

沙俄侵略者的暴行没有吓倒中国人民，反倒激起了中国各族人民的反抗。顺治八年（1651）十月，当侵略者窜到乌扎拉村（今俄罗斯境内共青城附近）准备在此休整过冬时，这一带的赫哲族人一面以原始的武器抵抗入侵者，一面派人向驻守宁古塔（今黑龙江宁安境内）的清军报警。此时清军主力大都入关，留守宁古塔的是清军宁古塔章京海色。海色接到盛京方面的命令后，带领600名士兵前往乌扎拉村狙击沙俄侵略者，当时达斡尔女真、赫哲、费雅喀①等族都来协助作战。就在清军和各族人民突破敌人堡墙，准备冲入敌营时，海色麻痹轻敌，没有乘胜狠狠打击敌人，竟然荒谬地命令大兵只许生俘，不能击杀，这就给敌人以喘息之机，敌人趁机拉回大炮，向密集的清军猛轰，使清军遭受重创，最后被迫撤围。

乌扎拉村之战是中国正规军对沙俄侵略者的第一次作战。这次战斗虽然失败了，但也沉重打击了沙俄侵略者，迫使敌人惶恐不安地撤到黑

---

① 费雅喀：也作非牙喀、飞牙喀，清代时黑龙江下游和库页岛土著民族的别称。自称尼夫赫，即人的意思。金称吉里迷，元称帖烈灭，明称乞烈灭。

龙江上游地区。在他们撤退途中，清军和沿江各族民众又袭击了他们，使得侵略者坐卧不安，士气低落，陷入进退两难的境地。之后，沙皇派来了援兵，并任命了更加凶残的斯捷潘诺夫替代哈巴罗夫担任达斡尔地方长官。

清军初次对战沙俄失利，使清廷意识到这次事件的严重性，为了抗击沙俄，保卫边疆安宁，清廷于顺治十年（1653）设立宁古塔昂邦章京（总兵），以沙尔虎达为首任章京，并将达斡尔族居民内迁到松花江流域。但是，清廷的避让让沙俄更加嚣张，顺治十一年（1654），他们从叶尼塞斯克派遣别克托夫侵入我国贝加尔湖以东地区，占领尼布楚。顺治十二年（1655）四月，清朝都统明安达礼在呼玛尔（今呼玛南）重创斯捷潘诺夫。当时，由于清军前线缺乏给养基地，后方又没有军粮供应，士兵口粮和军需物资都是随军携带，数量极其有限，明安达礼最后因缺少粮饷而班师，使侵略者得以继续在黑龙江横行。顺治十五年（1658），沙俄侵略者重新占领尼布楚，并将尼布楚改名涅尔琴斯克，在此构筑城堡，作为进一步向黑龙江中下游扩张的据点。其间，斯捷潘诺夫率领500名哥萨克人沿黑龙江下窜到松花江流域，清廷命令宁古塔昂邦章京沙尔虎达率领1400人分乘47艘战船讨伐，在松花江和牡丹江合流处包围俄军，击毙斯捷潘诺夫。顺治十七年（1660），清军全歼斯捷潘诺夫残部，将沙俄侵略势力赶出了黑龙江中下游地区，但上游的尼布楚仍被俄军占领。

康熙即位之后，沙俄侵略者仍不断地侵略我国塞北地区，康熙四年（1665），沙俄军再次进犯我东北边境，向东窜到黑龙江流域，并于这年冬天再次占领雅克萨；向南侵占我国喀尔喀蒙古管辖的楚库柏兴（今俄罗斯色楞格斯克）。同时，沙俄改变过去流窜式的侵扰，转而采取建立侵略据点、逐渐推进的策略。他们以据点为中心，派兵四处出击，然后再建立新的据点。除了建立尼布楚、雅克萨、楚库柏兴三个最重要的据点外，他们还在黑龙江中下游地区建立了一些较小的侵略据点，不断抢掠我国索伦、赫哲、费雅喀、奇勒尔①等民族的财物和人口。

除了侵略土地、掠夺财物人口外，沙俄侵略者还策动沿江少数民族首领，策划分裂和颠覆活动。索伦部（今鄂温克族）首领根特木耳原是四品官员，清廷将他的部族编成三个佐领，但在沙俄的引诱下，根特木耳一伙100多人于康熙六年（1667）背叛祖国逃到尼布楚。

二、和平交涉

康熙一直认为"兵非善事"，无论战争的动机如何，都会给老百姓造成伤害与损失。加上康熙初期，他一直致力于整肃国内秩序，无暇北顾，所以，面对沙俄的不断侵略，他力图通过外交途径与沙俄进行耐心的交涉，谋求和平解决。

但是，康熙也认识到，沙俄侵略是中国东北边境的一大隐患，此患不除，边疆不固，祖先的发祥地将不得安宁，势必危及清王朝的统治。因为一直以来关内有事往往从关外调兵，如果沙俄之患不除，这种机动作用就很难发挥。而且沙俄侵略者得寸进尺，如果不加以制止，后果不堪设想。

沙俄重新占据雅克萨和根特木耳的叛逃，使康熙大为恼火，康熙九年（1670），他命令宁古塔将军巴海②派人前往尼布楚投递文书，谴责沙俄入侵黑龙江的无耻行为，并要求对方将叛逃分子根特木耳等人引渡回国。在文书中，他还表示"如果贵国有什么事情要通知我国，可派使臣前来与朕面谈"。但是，尼布楚统领阿尔申斯基接到文书后，根本没有和平解决争端的意思，反而想利用外交手段趁机讹诈中国。

同年四月下旬，尼布楚总督阿尔申斯基派出伊格那蒂·米洛万诺夫

---

① 奇勒尔：又作欺勒尔、济勒尔，清代对居住在所属黑龙江下游民族的称呼，在今俄罗斯哈罗夫斯克边疆区。

② 巴海：瓜尔佳氏，满洲镶蓝旗人，袭世职，授宁古塔总管，康熙六年（1662）改任黑龙江将军。

等10人出使京城。康熙本着和平解决的原则,隆重接待了米洛万诺夫一行,并赠给衣帽、绸缎等礼物。但是俄方根本没有解决争端的诚意,会谈开始后提出了一系列无理要求,要求清朝皇帝向沙皇称臣纳贡与自由通商,制止中国人民反抗沙俄侵略等。沙俄的这些要求暴露了沙皇企图吞并中国的野心。而对于清廷索要逃人之事,他们推托必须等沙皇批准,不予答复。对此,康熙当场予以严词指正:"黑龙江一带自古便是中国领土,今罗刹犯我边境,侵占我边城雅克萨,策动根特木耳叛逃,已严重危害我国主权,本想出兵讨伐,但念及两国关系及使百姓免遭涂炭,最好能和平解决。但是和平解决的前提是俄方归还逃人,停止侵略,只有这样,双方才能永远修好,发展贸易。"康熙表明了维护主权的严正立场。

沙俄使团在京城逗留一个月后返回尼布楚。临行前,康熙派索伦①总管孟格德携带《致沙皇国书》随同米洛万诺夫前往尼布楚。他重申了和平解决边疆争端的良好愿望,并明确提出,如果沙皇愿意与中国永远修好,必须履行两个条件:一是遣还叛逃者根特木耳,二是今后不能再侵略中国边界,以求安宁。

到达尼布楚后,因阿尔申斯基等不懂满文,孟格德就把国书翻译成蒙古文,再由阿尔申斯基等当场译成俄文,然后将国书及其译文由米洛万诺夫一起转递给莫斯科的沙皇。在此期间,阿尔申斯基也表示将对雅克萨头目的行为加以限制,并答应引渡根特木耳等人。但阿尔申斯基的承诺纯粹是为了搪塞清廷,根本没有兑现的诚意。之后,康熙又多次派孟格德前去尼布楚,要求对方答复康熙在国书中所提的两个要求,但其一直置之不理。

康熙十四年(1675),沙皇指派尼古拉·斯帕法里②率领100多人

---

① 索伦:明末清初对居住在今俄罗斯石勒喀河以东,外兴安岭(今斯塔诺夫山)以南,黑龙江中游及精奇里江(今结雅河)流域一带的达斡尔、鄂温克和鄂伦春等族的总称。

② 尼古拉·斯帕法里:俄国著名外交家、外务部门的翻译官。1675年被沙皇任命为全权外交使团团长,任务是试探中俄两国之间能否友好和平交往。

出使中国，声称要与清廷商谈贸易问题。清廷派理藩院侍郎事务马喇前往卜奎（今齐齐哈尔）拜会俄使。双方会谈后，马喇等人认为从俄使的言谈以及沙皇的奏书看出，俄方虽声称欲修永好，但并不可信，于是将尼古拉一行暂留卜奎，请旨定夺。议政王、贝勒大臣等认为，俄使说没有人能够通晓康熙国书，因此前来探询情形，进献方物，并向清朝皇帝请安，是可信的，可以让他们进京。康熙同意了。

康熙十五年（1676）五月，沙俄使团尼古拉一行抵达京城，向清廷递交了一份国书和一份照会，以自由通商为中心，列举了十二条，比如允许两国互市，通路开放不绝；每年向俄国进贡4万两左右的白银，以及价值数万的生丝、熟丝或贵重的宝石等珍稀物品；指定来往方便的海河陆路通商；释放被俘获的俄方人员等。他们以俄方无人通晓中国皇帝国书、不知情由为借口，对之前康熙一再提及的不要侵扰边界、引渡逃犯等关键问题置之不理。

康熙对尼古拉一行的行为非常不满，但还是以礼招待了他们。他先后两次接见俄使，召至御前赐茶赐酒，并分别命令理藩院和议政王大臣等，逐条详议俄方所提的十二条要求。

七月初，尼古拉一行回国。临行前，康熙特派大臣向俄使郑重声明："我朝之前多次致书俄国，要求停止边衅、归还逃人，但至今没得到答复。鉴于此，我朝这次不再向沙皇回函，但我方希望俄方做到三点，归还逃人根特木耳，俄方派使节前来要遵从中国礼仪，停止侵扰我国边境，保持边境安宁。如果能履行这三条，双方可相互和好，通商贸易，否则我方将不接受俄方提出的十二条。"同时将康熙九年（1670）的《致沙皇国书》译成拉丁文交俄使带回。康熙还命令理藩院行文通知索伦总管，有关俄方遣使贸易往来之事得等沙皇的答复后再定，目前俄方若有商旅，即行遣回，不准其贸易。

尼古拉这次出使京城不仅没有解决中俄边境的争端，而且看到中国内部事务繁忙，"三藩之乱"有可乘之机，便多次鼓动沙皇进犯中国边境。因此，自康熙十五年（1676）起，沙俄以尼布楚和雅克萨为据点，大肆进行武力扩张，屡屡侵扰我国索伦、赫哲、费雅喀、奇勒尔族居住区，掠夺当地人口，使边境百姓不得安宁，还多次深入我国内地，掠夺民间子女，扰乱不休。他们在黑龙江的各条支流上建立了许多新据点。

面对沙俄的无理侵扰，康熙多次派人前去警告、阻拦，要求俄军停止侵略。康熙十九年（1680），康熙派大理寺卿明爱前往卜奎，与雅克萨俄军当局交涉，要求拆除俄方所建据点，并提出严厉警告，要求他们撤出所占中国领土，否则将诉诸武力。但沙俄侵略者将清廷的和平努力看作软弱可欺，侵略气焰愈发嚣张。康熙二十一年（1682），雅克萨的沙俄侵略者向雅克萨城郊出兵，将附近20名中国猎户骗进一间屋子里活活烧死。同年，以费罗洛夫为首的60余名沙俄侵略军又从雅克萨窜到恒滚河（今俄罗斯阿姆贡河），在此强建杜切钦斯克冬营。接着，另一批侵略者在莫克罗舒博夫的带领下闯入恒滚河地区，两批入侵者会合后，闯到黑龙江下游，对当地居民进行了野蛮屠杀。中国军民忍无可忍，被迫拿起武器还击，杀死俄军10余人。

事实证明，面对沙俄的侵略，再三交涉、劝告、抗议都无济于事。康熙在多次交涉中得出结论：不经过激烈的战争，沙俄是不会主动撤出中国领土的。因此，平定"三藩之乱"一结束，康熙便开始着手准备以武力解决东北边患问题。

三、战争准备

为了在驱逐侵略者的斗争中获胜，康熙在总结中国军民多年来与沙俄侵略者斗争经验的基础上制订了周密的计划，进行了大量细致的准备工作。

康熙认为，过去明安达礼、沙尔虎达、巴海等之所以不能追歼敌寇，主要是粮饷不继，半途而归，从而使沙俄愈发蛮横，而索伦、奇勒尔、鄂伦春等族人又心怀疑虑，因此，早在尼古拉出使京城之前，为了加强东北地区的边防，康熙就开始着手编组"新满洲"，决定把军事和屯戍结合起来，把东北各族民众组织起来，加强边疆地区建设，使东北各族成为抵御沙俄侵略的重要力量。

康熙十年（1671），康熙第一次巡视东北，他一面向时任宁古塔将军的巴海了解该地区及瓦尔喀①、虎尔哈②等少数民族的风俗情形，指示巴海"当迪以教化"，做好团结当地居民的工作；一面强调"罗刹尤当慎防"，命令巴海训练兵马，整备器械，警惕沙俄入侵。同年，康熙又在吉林将居住在珲春东部岩杵河以东沿海一带的库雅喇人移来，编为十二佐领。"三藩之乱"时，清廷被迫把宁古塔驻地的清军调入关内作战，一时削弱了东北的边防力量。作为驻守长官，巴海遵奉康熙重托，设法补充兵员。他招抚松花江下游、诺曼河、乌苏里江和穆棱河等地的一些部族，将他们编成四十佐领，安置于宁古塔、吉林乌喇（吉林市旧称）等地，给予房屋、土地、耕牛、种子，让他们屯田耕种，并由各部族原来的首领查努喀、布克陶等领导，号称"新满洲"，令他们与满族官兵一体效力。到康熙十二年（1673），索伦部已有佐领人口4000有余。

"三藩之乱"平息后，康熙二十一年（1682）二月二十五日，康熙率文武大臣从京城出发，前往盛京（今辽宁沈阳）告祭祖陵，航行于松花江并巡视吉林乌喇（今吉林省吉林市）等地。

吉林旧称船厂，自明初便是我国重要的造船基地之一，清初以来，因抗俄斗争需要，造船之外更兼以训练水师。顺治十八年（1661），始设吉林水师营，以迁移之人充当水手。康熙十三年（1674），水师营总管移至黑龙江，吉林仍保留一部分水师，同时派人管理，训练水兵，制造船只。康熙十五年（1676）春，康熙考虑到吉林水陆要冲的战略地位，决定将宁古塔将军移驻于此，进一步充实水陆官兵；在此建立木

---

① 瓦尔喀：瓦尔喀部是明末清初东海女真的一部，居住在图们江流域及乌苏里江以东滨海地区。

② 虎尔哈：又作瑚尔哈、呼尔哈、库尔喀、虎尔喀等，是明末清初东海女真三部之一。

城，倚江而居，所统新旧满族兵2000多名，并迁来直隶各省流民数千户，修造战船40余艘，双帆楼橹与京口战船差不多，还有几十艘设有帆樯的江船，且"日习水战，以备老羌（俄国侵略者）"。此外，吉林西北70里的大乌喇（今吉林乌拉街），亦称打牲乌喇，设有打牲乌喇总管衙门，隶内务府，为皇帝采捕东珠、蜂蜜、松子和鲟鳇鱼，下设捕珠大船7艘，由吉林水师营备领，威呼（满语，指独木船，后来非独木小船也称威呼）399艘，内协领衙门。这样，吉林乌喇、大乌喇两城及其间沿松花江的70里水域，成为修造船舰、训练水兵的重要战备基地。

康熙这次亲临此地，自然要视察战舰整备情况。宁古塔将军巴海将大小数百船只和精锐官兵全部集中，排列阵式，供皇帝检阅。

二月二十七日，康熙在吉林小憩两日后，登舟泛于松花江上，驶往大乌喇，但见清澈的松花江上波光粼粼，两岸山川秀丽，江上水师船队浩浩荡荡。康熙举目四望，触景生情，挥笔作《松花江放船歌》：

松花江，江水清，
夜来雨过春涛生，
浪花叠锦绣縠明。
彩帆画鹢随风轻，
萧韶小奏中流鸣，
苍岩翠壁两岸横。
浮云耀日何晶晶，
乘流直下蛟龙惊，
连樯接舰屯江城。
貔貅健甲皆锐精，
旌旄映水翻朱缨，
我来问俗非观兵。

松花江，江水清，

浩浩瀚瀚冲波行，

云霞万里开澄泓。

康熙深知，要抗击沙俄侵略，不仅要靠军事装备，还应关心军民疾苦，缓和内部矛盾，使军民上下戮力同心，才能有效抵抗外敌。因此，他不仅视察了军事装备，还赦免罪犯、蠲免钱粮、革除兵丁无益差徭、询问军民疾苦。他特别告诫将军以下各级官员，要体恤兵丁，时加怜恤。同时还指出："吉林乌喇田地米粮甚为紧要，一旦有误，关系不小。宜训民人勤勉耕种，发展生产。"经过康熙的大力经营，东北边疆的实力大为增强，为武装驱逐沙俄奠定了坚实的基础。

通过东巡了解了备战沙俄的情况及急需解决的问题后，康熙开始进行武装收复雅克萨的军事准备。康熙二十一年（1682）九月，他命令副都统郎谈、一等公彭春以捕鹿为名，带人到雅克萨侦察敌情，并了解沿途水陆交通。

同年年底，郎谈等返回京城，报告说："罗刹久踞雅克萨，恃有木城。若发兵3000人与红衣炮20具，即可攻取。"并建议来年春天解冻时，水陆齐发，攻取雅克萨。康熙认为，"兵贵相机而动"，攻取雅克萨时机尚不成熟，不能操之过急。如果现在发兵，作战所需的兵源、粮饷均需从内地运送，一旦受阻，军队给养困难，难免重蹈以前粮饷不继、功败垂成的覆辙。因此，他主张调兵永戍黑龙江，建立军事基地，驻兵屯田，做好充分准备，这样一方面可以以逸待劳，先行阻止俄军进一步入侵；另一方面，将反侵略战争与巩固边防相结合，避免出现"我进他退，我退他进，用兵不已，边民不宁"的情况。这不失为一项英明的战略决策，却遭到了来自两方面的反对：部分高级官员养尊处优，贪生怕死，以地势最远、运饷最难而不愿前往；有的出于畏难情绪，主张速攻，反对永戍。康熙二十二年（1683）四月初八，康熙降谕斥责了议政王大臣把敌人赶走了事的意见，同时任命萨布素①、瓦礼祜为副都统领兵前往，在原调1500名乌喇、宁古塔兵的基础上，增派500名达斡尔兵，调往瑷珲（今俄罗斯布拉戈维申斯克东南黑龙江东岸）和额苏里（今俄罗斯布拉戈维申斯克北谢尔盖耶夫卡销南），各驻兵千人。

同年十月二十六日，康熙又任命萨布素为首任黑龙江将军，负责加强边疆建设。萨布素到达黑龙江后便将瑷珲迁往新址筑城。

瑷珲因瑷珲河而得名，原址在江东，顺治九年（1652）被俄军焚毁，成为一片废墟。康熙十三年（1674），清廷派人在此建木城，调吉林水师总督前往督守，但当时所建之城规模很小，远不能满足永戍的需要。萨布素上任后，请求增派兵丁，重新迁址修建。康熙给予了大力支持，于康熙二十三年（1684）派副都统穆泰率盛京兵600人协助建城。新建后的瑷珲城（也称黑龙江城）规模大大扩大。瑷珲新城的建立，大大加强了东北的边防力量，而调兵永戍也使这里成为重要的抗击沙俄的军事基地。

自古战争都是兵马未动，粮草先行。康熙很清楚这一点，为了将大批粮草、军械和其他军需物资运往黑龙江，经过与臣下反复商讨，他从康熙二十二年（1683）三月起，组建了一条纵贯东三省的水陆联合运输线。这条运输线全长四五千里，是沟通东北三省直抵瑷珲的运输大动脉，沿途设兵驻防，建造粮仓。为保证黑龙江驻军的食用，除了从各地征调粮食、购买肉食牲畜外，康熙指示"我兵一到，即行耕种"，组织瑷珲、额苏里的驻军就地屯田。康熙二十三年（1684），康熙派户部侍郎萨海前往黑龙江监督耕种；第二年，又调盛京兵500人前去黑龙江守城种地，开垦土地1500垧。由于屯田士兵中有很多不擅长从事农业的少数民族士兵，康熙还特地派官员前去指导，以使其"耕种有法，禾稼大收"。南北运输线的沟通与黑龙江地区就地屯垦，有效解决了武装反

---

① 萨布素：富察氏，满洲镶黄旗人，康熙年间升至黑龙江将军。治军严明，深得民心。任黑龙江将军十八年，驱逐沙俄，开拓疆土，保家卫国，为巩固东北边防打下了坚实的基础。

抗沙俄侵略的粮食供应问题。

为保证反侵略斗争中情报传递的方便、快捷、准确，从康熙二十二年（1683）起，康熙开始筹备建设驿站工作。他委派户部郎中包奇、兵部郎中能特、理藩院郎中额尔塞等人去勘视设驿地方，临行前特别叮嘱道："创立驿站之地，关系紧要。你们会同那里的将军、副都统，询明熟识情况之人，详加确议安设。所需粮食物资多为储备，千万不可过于俭啬，致使食用之物匮乏。驿站之设宜从长计议，使其久远可行，不得局限于目前之见，草率完事。"

包奇等人认真行事，反复丈量，至康熙二十三年（1684）冬完成任务，于十一月三十日奏称："臣等以五尺为度，重新量得吉林至瑷珲的里程，共一千三百四十里，拟设十九个驿站。"康熙立即命户部及盛京、宁古塔、黑龙江三将军，就驿丁选派、牛马数额、口粮房屋等问题进行详细研究，提出计划，于同年十二月逐项落实。康熙二十四年（1685）正月，康熙从福建征调藤牌兵赶赴瑷珲，即经此路前往。收复雅克萨后，为了奏报军机，自雅克萨到额苏里，再经黑龙江前来，恐绕道迟延，康熙令理藩院侍郎明爱率蒙古兵和索伦兵自墨尔根（嫩江）到雅克萨设驿，以加快奏报速度。

康熙还提倡采取多种灵活办法来保证军需。康熙二十二年（1683）六月，他命理藩院官员从户部支取白银4000两，运至军前，向百姓购买牛羊粮食。这种以商品交换筹集军需的办法自愿两利，各任其便。他还命令靠近黑龙江的科尔沁十旗，将应进贡牛羊诸物就近送到黑龙江军前，不必运往京城，仍按数"照进贡例赏赉"。

永戍黑龙江，制止了驻雅克萨俄国侵略军向黑龙江中下游扩张，为收复雅克萨等江北地区创造了有利条件。康熙二十二年（1683）七月，由索伦族军官博克率领的清军先头部队刚到额苏里，就包围了一支顺流驶来的俄国船队，部分俄军跳水逃脱，余下30多人带着6艘船被迫投降。附近据点的俄国侵略军闻讯狼狈撤离。与此同时，黑龙江流域各族民众配合清军的行动，纷纷袭击俄国侵略军。慑于清军的威力及各族民众的同仇敌忾，盘踞在黑龙江中下游的俄军陆续撤离据点或缴械投降，雅克萨以外、沿黑龙江中下游的一些敌堡也被扫除。而后，康熙把目光集中到黑龙江上游的雅克萨和尼布楚。

四、收复失地

万事俱备，只欠东风，到康熙二十四年（1684）初，收复雅克萨的作战准备基本就绪，而且整个黑龙江中下游及其各条支流上的俄国侵略军据点均已先后肃清，收复雅克萨指日可待。

雅克萨，满语是河流冲刷的河湾的意思，位于今漠河以东、黑龙江呼玛西北的黑龙江北岸，与额木尔村隔江相望，当时是我国达斡尔首领阿尔巴西的驻地。它是黑龙江上的交通枢纽和战略要地，从贝加尔湖方向和雅库茨克方向进入黑龙江，都必须经过雅克萨。顺治七年（1650），俄军首次占领雅克萨，后被清军击退；康熙四年（1665），沙俄侵略者再次占领该地。从此，雅克萨成为沙俄侵略者在黑龙江上的重要据点。而收复雅克萨是阻止沙俄进一步侵略的关键一环。康熙调兵永戍黑龙江的成功，使收复雅克萨的时机业已成熟。

康熙二十四年（1685）正月二十三，康熙提出了以武力收复雅克萨的基本方针：如俄国拒不撤兵，我方即发大军攻取，随后以雅库茨克为界，我方驻兵于黑龙江，在雅克萨设立边防哨所，以确保东北地区的安宁。

早在前一年，康熙曾致书雅克萨的俄方统领，用满、蒙古、俄三种文字抄写，要求俄方送还中方的逃人，从中国撤兵。俄方置若罔闻。这次出兵之前，康熙仍坚持先礼后兵的原则，于三月十七日再次致书俄国察罕汗，申明兴师的原因，要求对方撤走雅克萨俄军，以雅库地方为界①，放还逃人，双方和睦相处。

---

① 以雅库地方为界：按照清朝的地理概念，即以清廷所管辖的东北雅库特人部落地区，发源于贝加尔湖山地、北注北冰洋的勒拿河为界。清朝将雅库特部落游猎的贝加尔湖、勒拿河及叶尼塞河流域地区都称作雅库，此所谓以族名冠地名。

同年四月二十八日，康熙命都统公彭春、前都统郎谈、班达尔沙和黑龙江将军萨布素，统领福建籍藤牌兵和由满、汉、蒙古、达斡尔等族组成的3000人马，自瑷珲出发，分水陆两路，进取雅克萨。此前天降暴雨，到四月二十六日江水泛滥，狂风逆舟，船不得行，二十七日，天晴水落，二十八日早上忽然转为顺风，清军扬帆溯流直上，三天的路程一天就走完了，"陆路之兵，虽疾行不及也"。这期间，恰逢兵士肉食匮乏，忽然有数万头鹿从山上狂奔下来，军中顿时欢声雷动，骑兵驰射，步兵梃击，群鹿乱作一团，慌不择路，纷纷落入河中。之后，水军驾着船筏到江水中捕捉到5000多头鹿。出征途中遇到这两个好兆头，清军将士个个喜不自胜、士气高昂。

六月初，清军陆续抵达雅克萨。康熙命令彭春在城西卫江的小岛（今古城岛）上安营扎寨，建立指挥部，同时向俄军发出用满、俄、拉丁文字书写的两份文件，其中一份是康熙帝给沙皇的国书，内容与三月十七日的信相同；一份是彭春给雅克萨俄国督军托尔布津的咨文，阐明兴师的理由，令其交还逃人，撤回雅库，则清廷也将放回俘虏的俄军士兵。

与此同时，康熙特派亲随侍卫关保前往军中晓谕诸将："兵是凶器，战争是危险的事情，古人不得已才为之。朕以仁治天下，向来不喜欢杀戮，你们要严斥将士，切勿违背朕的旨意。眼下我军兵马精强，器械坚利，俄军势不能敌，必会献城归降，你们到时不可妄杀一人，应让他们返回故土。"

康熙做得可谓仁至义尽，但俄军自恃城防坚固，不肯撤退，而且出言不逊，誓以武力相抗。六月二十三日，康熙下令清军分水陆两路列营，准备武装攻取。沙俄得知消息后，连忙于二十四日清晨从尼布楚派来援兵，不料却被清军击溃，击毙300多人，其余人等仓皇而逃。当晚，清军副都统雅钦、营门校尉胡布诺等将领设立挡牌土垒，从城南佯攻，牵制敌军火力；副都统温岱、护军参领瓦哈纳、汉军提督刘兆奇在城北架设红衣大炮，向城内轰击；护军参领博里秋、营门校尉乌沙、绿旗左都督何佑率军用神威将军炮从东西两侧夹攻；副都统雅齐纳、镇守达斡尔提督白克率水军屯于城东江面，防止敌人从水上逃遁。

六月二十五日黎明，攻城战斗开始了。清军炮火齐发，消灭俄军100多人。俄军城内无防火设备，炮火所及，硝烟弥漫，烈焰熊熊，一片混乱。俄方雅克萨督军托尔布津走投无路，决定投降。

收复雅克萨的消息经由驿站飞速传到古北口外行在，康熙闻报非常高兴，对大臣们说："罗刹侵扰我国黑龙江、松花江一带三十多年，占据之地离我朝发祥地非常近，如不尽快消灭，边境居民将不得安宁。今蒙天恩，收复雅克萨，朕非常高兴。"不久，彭春等送来了捷报，康熙命兵部给从征人员论功嘉奖，同时命进剿官兵暂回；又命将军萨布素及副都统一员驻扎墨尔根（今黑龙江嫩江市），副都统温岱等驻扎瑷珲，副都统博鼎负责筑造墨尔根城。康熙还特别批示："雅克萨城虽然已经克取，但防御工作决不可放松。应在该地永驻官兵弹压，此时即当定议。"

但彭春等人收复雅克萨后，仅将城堡一烧了之就率全部兵士撤回瑷珲等地，并没有在雅克萨驻防，连之前康熙关于设斥候（即侦察兵）于雅克萨的指示也没有遵行，更没有割取雅克萨附近的庄稼。这显然是一个严重的失误，给沙俄重新占据雅克萨留下了可乘之机。

雅克萨的督军托尔布津率领残兵败将回到尼布楚，恰好援军到来，这使托尔布津有了底气。后来，尼布楚督军符拉索夫派人侦察到清军已全部撤离雅克萨，就命托尔布津带领500名侵略军再次占领雅克萨，并收割了田间的庄稼。托尔布津决定在废墟上重建雅克萨城堡。整个冬季，俄军都忙于构筑要塞，在堡内修建了粮库、火药库和军需仓库，贮存了大量粮食、弹药和其他物资，准备长期固守。

当时康熙还不知道俄军已重返雅克萨，基于永戍黑龙江、巩固东北防务的目的，他于同年九月下令修筑墨尔根城，让将军萨布素及一员副都统率兵驻扎。

康熙二十五年（1686）二月十三日，事隔数月之后，康熙才得到了俄军重新侵占雅克萨的确切消息。他立即降谕部署了第二次雅克萨之役。这次攻取雅克萨的任务完全由黑龙江本地官员承担，因而改由黑龙江将军萨布素统领。

康熙二十五年（1686）五月上旬，萨布素、郎谈等率2000人从瑷珲出发，水陆并进，于月底进抵雅克萨城下。萨布素再次致书托尔布津，警告俄军尽快还回所占领土，否则便用武力消灭。托尔布津自恃拥有充足的火炮火器、粮饷弹药，以及坚固的城防工事，对清军的警告置若罔闻，甚至频繁出击，不让清军的炮位和攻城器械逼近雅克萨。但清军士气高昂，又有当地百姓助战，屡次击败俄军。

八月，康熙命萨布素周密筹划，做好结冰时期的防务。他指出，俄军死守雅克萨，必待援军到来，而且会希望清军在流冰时撤走。目前清军虽然掘壕防御，但到冬季结冰后，船舰的收藏、马匹的粮草、敌人来援后的抵御等都将成为问题。要想使俄援军不能入城，应详细谋划，并快速上报。萨布素遵照康熙的旨意，根据敌我情势决定停止强攻，采取长期围困的方法来扼死俄军。他下令在城三面掘壕筑垒，壕外设置木桩、鹿角、分汛防御；在雅克萨城对面的古城岛上筑起指挥所和过冬营塞，炮位对准雅克萨，封锁江面；东西两岸驻扎水师，严防敌人从江上逃走；在离城六七里的上游港湾内，藏伏战船，以堵截俄援军的道路。

在清军的重重包围之下，俄军困守孤城，饮水匮乏，柴薪奇缺，弹尽粮绝，饥寒交迫，城内还流行起坏血病，大部分俄兵战死、病死，800多名俄兵大部分死亡，仅剩150余人，完全丧失了抵抗的能力。此时清军在雅克萨城北、城南两处筑起高台，架上大炮，准备攻城。

沙皇对康熙的多次和平倡议一直漠然置之，当他得知俄军在雅克萨失利，而且援救不成时才大吃一惊，为使雅克萨俄军免遭覆灭的厄运及避免丧失多年来在黑龙江所掠得的权益，他不得不接受清廷一再提出的和平建议。康熙二十五年（1686）九月，沙皇派信使魏牛高等持国书来到京城，通知清廷，俄国政府已指派戈洛文为大使前来与中方举行边界谈判，请求清军撤雅克萨之围。康熙接受了俄方的要求，当即派人向萨布素宣谕撤兵，同时致书沙皇："朕一面派人传令停围雅克萨城，一面等候来使议定边界，停止征伐，共修和好。"康熙二十六年（1687）五月，清军主动后撤20里，完全停止了对雅克萨的封锁，以示和解的诚意。七月，俄方谈判代表抵达蒙古色楞格境内，康熙命萨布素撤到瑷珲、嫩江一带，并将撤还大军的原因通知雅克萨俄军。

康熙倡议和谈与主动停火撤军的行动，不仅充分体现了他愿与沙俄谋求和解的诚意，而且为中俄双方和平解决边界争端创造了良好的氛围。

五、缔结条约

俄方虽然提出了和平谈判的要求，但并不像康熙那样有诚意，得知清廷已经停战撤军后，俄方仍向雅克萨增兵，到康熙二十七年（1688）秋，雅克萨俄军又增加到300多人。

康熙早就料到与俄方的谈判不会太顺利，将是一场长期而艰难的斗争，为了克服将领中日益滋长的麻痹松懈情绪，他于康熙二十六年（1687）十月二十四日再次下旨强调积贮粮食、永成黑龙江的重大意义。

果然，俄国使团因为雅克萨之围解除，对和谈采取了消极拖延的态度。俄国使者戈洛文率领使团抵达贝加尔湖东岸的乌的柏兴（今俄罗斯乌兰乌德）之后，在那里逗留了将近两年，主要忙于镇压蒙古各族的抗俄斗争，而不与清廷联系和谈事宜。

在此期间，康熙一再派人敦促。康熙二十七年（1688）二月二十三日，戈洛文派遣斯捷潘·科罗文到京，安排谈判事宜。俄国使团为了显示武力，加强自己在谈判中的地位，建议将谈判地点放在色楞格。

康熙表示同意，很快就组建了谈判使团。首席代表为领侍卫内大臣索额图，第二名代表是都统公佟国纲①，随行人员包括尚书阿尔尼、左都御使马齐、护军统领马喇等，并率八旗前锋兵200名、护军400名、火器营兵200名同往。

五月初二，清廷谈判使团出发。临行前，康熙发布谕旨，回顾两国冲突，是俄方侵犯我国边境、收纳我国逃人所致，因此责任在俄方。他还郑重申明清廷的严正立场：尼布楚、雅克萨、黑龙江上下及通此江的一河一溪，"皆我所属之地，不可少弃之于俄罗斯"，"我国逃人根特木耳等三佐领，及续逃一二人，悉应向其索还"，"如俄罗斯遵谕而行，即归彼逃人及我大兵所俘获、招抚者，与之划定疆界，准其通使贸易。否则尔等即还，不便更与彼议和"。

随后，索额图率领使团起程，行到喀尔喀蒙古②地区，当时正值噶尔丹③进攻喀尔喀土谢图汗④，路途受阻。康熙闻报，立即遣人召回使团，另与俄使商定会谈地点。

康熙二十八年（1689）四月初五，俄国信使洛吉诺夫到达京城，索额图与之谈判，双方商定新的会谈地点为尼布楚。清廷立即组成了新的谈判使团，成员包括索额图、佟国纲、郎谈、班达尔善、萨布素、马喇、温达等，较之前增添了更加熟知东北边界情况的重要将领郎谈、萨布素等人。传教士徐日升（葡萄牙人）、张诚（法国人）仍任译员，同年四月二十六日，使团出发。

康熙根据噶尔丹攻占喀尔喀的新形势，预见到与噶尔丹的战争将在所难免，为了避免将来两面作战的不利局面，粉碎噶尔丹与沙俄联盟的阴谋，他决定在领土方面做出重大让步，争取早日达成协议。因此，他

---

① 佟国纲：满洲镶黄旗人，佟图赖长子，孝康章皇后之兄，康熙的舅父。初隶汉军，康熙中改入满洲，袭一等公爵。历官内大臣、镶黄旗汉军都统、安北将军。康熙二十八年随内大臣索额图至尼布楚，与俄罗斯立约定界。

② 喀尔喀蒙古：蒙古六万户府之一，共十二部。地处今蒙古国杜尔格湖以东，木伦河以南、西乌尔特以南除外区域。

③ 噶尔丹：蒙古准噶尔部首领，也先的后裔，巴图尔珲台吉第六子。他征服哈萨克、灭叶尔羌汗国，称雄西域。

④ 土谢图汗：简称土盟、图盟，是清代、民国时喀尔喀蒙古四部之首。

向索额图等宣布了新的谈判方针：考虑以尼布楚为界，则俄罗斯遣使贸易无栖托之所，势难相通。初议时，仍当以尼布楚为界，若对方索求尼布楚，可以额尔古纳河为界。

六月十五日，中国使团抵达尼布楚，但俄方使团迟迟未至。索额图再次致函戈洛文，敦促他迅速前来会谈。但戈洛文屡屡无理生事，说中国使团军队过多，没有谈判诚意，看上去是来打仗的；还说中国使团驻地离尼布楚太近，要求中国使团退到额尔古纳河口。索额图遵照康熙的旨意，耐心申明己方的和平意愿，并严正驳斥俄方的无理要求，指出大清使团所带仅为侍人和派遣所用之官兵，并不是来打仗的，而是真心诚意来缔结和平条约；如果大清使团退到千里之外的额尔古纳河口将无法谈判。经过多次交涉，七月初四，戈洛文终于来到了尼布楚。

谈判地点在尼布楚城和河岸之间，临时搭设帐篷为会场。双方商定，在所有事情上，两国使臣应保持平等，任何一方都不能凌驾于另一方之上；双方各带300名卫士赴会，士兵只佩刀剑，不得携带其他武器；另在会场外各置500人的卫队。

七月初八，中俄双方开始正式会谈。在谈判过程中，俄方代表为夺取中国更多的领土，将他们过去制定的方案逐一抛出，漫天要价，并力图推卸战争责任，颠倒黑白地说康熙"未经宣布，突然派兵侵犯沙皇陛下国界"，首先挑起战争。沙皇为此派出"无数精兵，携带大批弹药"，前来"讨平敌人"，中国应赔偿俄国的"损失"。索额图针锋相对地指出"鄂嫩河、尼布楚系我国所属茂明安①诸部落旧址，雅克萨系我国人阿尔巴西等故居，后为其所窃据"。由于俄军入侵雅克萨等地，给当地居民造成严重危害，因此中国才被迫进行自卫反击战争。索额图根据事实揭露了沙俄侵略中国的过程，"细述其原委"，"力斥其侵犯之非"，并宣称圣上"并未谕令他们向沙皇方面割让一

---

① 茂明安：清内蒙古部名，首领为成吉思汗之弟哈撒儿后裔。原居呼伦贝尔，天聪七年（1633）率部归附后金。

寸领土，同时也没有让他们去侵占对方领土"。戈洛文理屈词穷，进而提出要以黑龙江为界的无理要求。索额图当即拒绝，谈判呈破裂状态。

第二天，双方代表举行了第二次会谈。戈洛文仍顽固地坚持俄国的侵略方针，胡说什么黑龙江这条河流"久已属沙皇所有"。索额图对俄方的方案表示坚决拒绝。戈洛文见第一个方案难以实现，又假装让步，抛出以牛满河为界的第二个方案，企图使清廷做出更大的让步。索额图根据康熙早日缔约划界的指示，一方面拒绝戈洛文提出的第二个方案，另一方面声明可以把原属于清廷的尼布楚让给俄国，即在石勒喀河北岸，两国以尼布楚为界；在石勒喀河南岸，以音果达河为界。

清廷在领土上的重大让步，让戈洛文很高兴，但为了获取更多利益，他故意纠缠，拒绝清朝使团的方案。戈洛文的蛮横无理和恶劣的态度，使谈判陷入僵局。

在与清朝代表讨价还价的同时，戈洛文暗中收买担任译员的耶稣会传教士徐日升、张诚等。他派人秘密与徐日升、张诚联系，"允诺给予大君主的恩典和赏赐"。"耶稣会教士欣然同意为了贿赂而为俄罗斯效劳"，表示"将在传递信件时报告必要的消息"。在谈判基本达成协议后，戈洛文又秘密向传教士贿赂貂皮、黑狐皮和银鼠皮等，要求他们在交换文本中写上清廷不得在雅克萨建造任何房舍，而"不必通知（清朝）使团，因为谁也不会知道他们在条约文本中用拉丁文写了些什么"。

双方代表经过长时间的往返交涉，清廷代表坚决拒绝俄国代表的无理要求。同时，生活在尼布楚一带的各族民众，继续掀起英勇的抗俄斗争，使沙俄侵占的这一带地方"到处都出现动摇"，这使戈洛文手忙脚乱，惊恐万分，从而有效地促进了中俄双方的谈判进程。

康熙二十八年（1689）七月二十四日，中俄终于达成协议，签订中俄《尼布楚条约》。条约共有六款，大意如下：

一、以格尔必齐河、额尔古纳河、外兴安岭为两国东段边界，以南归中国，以北归俄国。中段边界暂行有效，留待以后再议。

二、俄人应拆除在雅克萨所建城堡，俄国居民携带其所用之物退入俄国境内，两国猎户人等不得擅越边界。

三、互不收纳逃人，如有逃人进入，双方均应"械系遣还"。

四、已在中俄两国定居的双方居民，"悉听如旧"。

五、自和约签订之日起，双方居民持有往来文票（护照）者，可以过界往来，并可以贸易互市。

六、双方均应严守条约，避免争端。

条约最后载明：此条约将以满文、俄文、拉丁文在石上刊刻，置于两国边界，作为永久界碑。

《尼布楚条约》的缔结，使俄国取得了尼布楚周围及其以西原属于清廷的领土，巩固了自己在这一地区的殖民统治，并打开了与清廷通商的门户，在以后的对华贸易中获得了重大利益。清廷在领土方面做了很大让步，但也收复了雅克萨等长期被俄国霸占的领土，并以法律形式明确了双方东部国界，结束了战争，使东北边疆得以安定，这样就可以集中力量抗击噶尔丹的侵扰，进一步实现国家的统一。

《尼布楚条约》签订之后，康熙进一步建立和健全管理机构，充实防卫力量，加强边界与边境的管理。这些措施主要包括：在盛京、宁古塔、黑龙江分别设将军，并在黑龙江的瑷珲、墨尔根、齐齐哈尔、伊倭齐（今内蒙古莫力达瓦达斡尔族自治旗）等地新设管理机构，派兵驻防；在吉林的白都讷（今吉林松原）、三姓（今黑龙江依兰）、珲春等地设官驻兵，以加强对边界地区的管理；除了在东北地区继续编组"新满洲①"外，还特地在黑龙江地区配备大小战船120艘，承担巡边和战

---

① 新满洲：即伊彻满洲的汉译，旧满洲的对称，对努尔哈赤以后零星归附的东海各部，包括流居朝鲜的瓦尔喀，宁古塔东北、瑚尔哈河、松花江两岸的"三喀喇"（汉译三姓），以及索伦等部众补各旗披甲缺额者的称谓。入关后又分作两部：一居宁古塔以东，编为库雅喇世袭佐领；一居三喀喇与乌苏里江东西，编为伊彻满洲世袭佐领。

斗任务；界碑立定后，定期派人巡视界碑情况；进一步开发和建设边疆，发展当地生产，以保证东北地区的军需物资供应；加强对东北地区各少数民族的管理，发展产品交换市场，加强边境少数民族地区与内地的联系。所有这些措施，都为东北地区的安宁与发展起到了积极的作用。

第六章　征朔漠平定北疆

一、漠北枭雄

在康熙的英明领导下，大清帝国的边疆一步步地走向安定统一，收复台湾、戡定东北后，他又把目光投向了漠北边境，因为那里有个准噶尔部正逐渐崛起，成为一个与中央政权相对峙的强大政权，时时威胁着清王朝的社会稳定与安全。

准噶尔部与和硕特部①、杜尔伯特部②、土尔扈特部③同为厄鲁特蒙古④的分支，厄鲁特蒙古在元朝灭亡后迁到漠北，又称瓦剌。后来该部逐渐强大起来，并分成了四大部，迁居新疆一带。四部中，以准噶尔部最为强大。明末清初，准噶尔部台吉⑤哈喇忽剌率本部族东征西讨，四处拼杀，成为厄鲁特各部的领袖人物。哈喇忽剌死后，准噶尔部在他的儿子巴图尔珲台吉的领导下继续扩张，变得愈发强大。巴图尔珲在西藏

---

① 和硕特部：清代厄鲁特蒙古四部之一。初游牧于额敏河两岸及乌鲁木齐一带，明末固始汗率众徙牧于青海，后以维护黄教为名出兵入藏，占据青藏高原。部分民众跟着土尔扈特部西迁进入伏尔加河流域。

② 杜尔伯特部：清代厄鲁特蒙古四部之一，本隶属准噶尔汗国，游牧于额尔齐斯河畔，清乾隆年间迁科布多北境。

③ 土尔扈特部：清代厄鲁特蒙古四部之一。原游牧于塔尔巴哈台附近的雅尔地区，明末清初西迁至额济勒河（今伏尔加河）下游地区。

④ 厄鲁特蒙古：亦称"卫拉特"、"额鲁特"，清代对西部蒙古各部的总称。元代称之为斡亦剌，明代称瓦剌，有时也称四卫拉特。

⑤ 台吉：清朝对蒙古贵族的封爵名。位次于辅国公，分四等，自一等台吉至四等台吉，相当于一品官至四品官。

黄教①的帮助下，与宿敌喀尔喀蒙古握手言和，免除了自己的后顾之忧。他帮助和硕特部占领河套、青海之地，并在和硕特部从乌鲁木齐一带迁入河套、青海之后，趁机占领其原有领地，又将土尔扈特部没有迁走的部众及杜尔伯特部并入自己的部族。同时，他还刻意笼络远在伏尔加河下游的土尔扈特部台吉和鄂尔勒克，与他的女儿结婚，还将自己的孙女嫁给和鄂尔勒克的孙子，从而大大改善了两部的关系。准噶尔部实力的增长，也带动了其政治地位的提高。崇祯十三年（1640），作为厄鲁特四部的盟主，巴图尔珲台吉与喀尔喀蒙古王公在塔尔巴哈台举行会盟，参与会盟的还有青海和硕特部、伏尔加河流域土尔扈特部的代表，这也标志着准噶尔部的霸主地位被蒙古各部所认可。

顺治十年（1653），巴图尔珲去世后，他的儿子僧格台吉即位。这时，准噶尔贵族内部发生了争夺最高权力的斗争。僧格台吉平定众兄弟的叛乱，于康熙三年（1664）始掌实权。康熙九年（1670）冬季，巴图尔珲的庶长子车臣台吉在一些贵族的支持下发动政变，杀死僧格台吉，自立为台吉。不久，僧格台吉的岳父、和硕特部首领鄂齐尔图车臣汗亲自率领本部前来平乱，处死车臣台吉及其母亲布鲁特哈屯。由于僧格台吉的三个儿子策妄阿拉布坦、索诺木阿拉布坦、丹津鄂木布年龄还小，准噶尔贵族便拥立僧格台吉的弟弟噶尔丹为台吉。这样，朔北草原上又出现了一位叱咤风云的人物。

噶尔丹是巴图尔珲的第六子，僧格的同胞弟弟。据传噶尔丹出生时，阿尔泰山顶上曾出现五色祥瑞之光，奇特而瑰丽，巴图尔珲非常兴奋，认为这是贵子的征兆，这个孩子将来一定会大有出息，所以对他疼爱有加。后来，西藏达赖喇嘛特意派使者来到准噶尔，认定噶尔丹是当年尹咱呼图克图②的第三世化身，于是把年幼的噶尔丹带到西藏五世达

---

① 黄教：藏族地区喇嘛教的一派，藏传佛教格鲁派的俗称，因该派僧人头戴黄色僧帽而得名。

② 呼图克图：亦称明图克图，胡土克图，藏传佛教中大喇嘛的名号，俗称"活佛"。教中认为其身故之后能转生于世，永继佛号。尹咱呼图克图是藏传佛教格鲁源高僧。

赖阿旺罗桑嘉措处学经修法。这段经历与出生传说，对噶尔丹即位及即位后在信奉黄教的蒙古各部称霸起了重要作用。

在达赖喇嘛和第巴①桑结嘉措的大力支持下，噶尔丹于康熙十年（1671）回到准噶尔即位，并娶了兄长僧格的妻子阿奴塔娜为哈屯②，以巩固自己的统治。他很快将僧格的旧臣、部众以及一部分喇嘛归入自己属下，逐渐消灭车臣台吉的残余势力，不久又率领军队穿越天山，征服南疆回部。

噶尔丹聪明狡黠，娴熟弓马，长于谋略，而且野心勃勃，妄想能有成吉思汗那样的霸业，将进攻矛头直指中亚各国。蒙古部再次横扫中亚大陆，中国北部又崛起一个强大的地方政权，使清廷西北边疆备感压力。康熙十六年（1677），清靖逆将军张勇、川陕总督哈占、凉川提督孙思克等人联合上奏，说噶尔丹是北厄鲁特的霸主，兵多马壮，如果举兵进犯，就危险了，所以应加强西北边境的防御。当时清廷正忙于镇压"三藩之乱"，无力顾及边境之事，所以康熙只是下令守边将士严加防护，不要去过问和干涉厄鲁特的内部事务，这使噶尔丹愈发狂妄自大。康熙十八年（1679）九月，他借达赖五世所赐"博硕克图汗"之名派使节入贡。按清朝定例，擅称汗号者是不许纳贡的。面对噶尔丹的挑衅举动，康熙选择了忍让，准许其献纳。"三藩之乱"平定后，康熙才开始抵制噶尔丹的过分举动。

当时，噶尔丹为了获得更多的经济利益，每年都派大批使者到京城朝贡、贸易，而且人数逐年增加。这些出使队伍沿途抢掠马匹、牲畜，践踏庄稼，掳掠平民，抢夺财物，胡作非为，引起蒙古、汉各族民众的不满。而且在朝贡贸易中，清廷的支出庞大。各方面的因素促使康熙改变了对外藩来使不限人数的定例，规定自康熙二十二年（1683）起，各部入京贸易者不能超过200人。入贡人数的多少不仅直接影响到少数

---

① 第巴：官名。清朝西藏地方政府官员的一种，隶属于噶伦。设七品官十三人，如有缺出，由达赖喇嘛自行拣选。

② 哈屯：一作哈敦，蒙古语，娘子，王妃。

民族各部的经济利益，更是其政治地位高低的象征，因此，噶尔丹完全不把康熙的规定放在眼中，仍然我行我素，第二年又派了2000名使者入京。但清廷只准许其中的200人入京，其余的人全部遣回。这让噶尔丹大为光火，随即投靠了沙俄。

早在巴图尔珲、僧格执政时，沙俄政府便推行扩张政策，不断侵犯吞并准噶尔的牧地，武装移民，建立据点，同时派人前去诱降。但当时厄鲁特各部对沙俄一直持反抗态度，使沙俄的企图没能实现。现在为了与清廷抗衡，噶尔丹一反父兄的政策，向沙俄靠拢。康熙二十二年（1683），噶尔丹派70多人前往沙俄，含含糊糊地表示支持沙俄侵略黑龙江流域。而沙俄为了牵制清廷，打击反俄的喀尔喀蒙古，便积极提倡厄鲁特蒙古与沙俄建立联盟。噶尔丹得到沙俄的支持后，野心更加膨胀，为了建立西北霸权，补偿自己在入贡贸易中因限制人数而造成的经济损失，他将侵犯目标直指喀尔喀蒙古。

喀尔喀蒙古位于今蒙古国，过去是成吉思汗第十二世孙格埒森札·札赉尔珲台吉后人的属地。清初时期，喀尔喀蒙古形成车臣汗部、土谢图汗部、札萨克图汗部三大部。喀尔喀蒙古与清廷联系较早，双方一直保持着密切来往。顺治十二年（1655），清廷设立喀尔喀左右翼八札萨克①。喀尔喀的汗和济农②们接受了清廷赐予的札萨克，并向清廷朝贡，但喀尔喀部并没有向清廷臣服，清廷无权干预其内部事务。

康熙元年（1662），札萨克图汗部内部发生变乱，不少人畜流向土谢图汗部。内乱平息后，札萨克图汗成衮屡屡派人向土谢图汗索要自己的属民，但土谢图汗察珲多尔济极其蛮横，拒不归还。成衮无奈，只得派人向清廷请求帮助，希望清廷出面调停。当时康熙正忙于内部事务，无暇顾及喀尔喀部内部的争端，因此，成衮又转而向达赖喇嘛请求帮

---

① 札萨克：官员，蒙古语音译，意为藩封掌印，即一旗之长，掌一旗之政令。清朝内、外藩蒙古及哈密、吐蕃回部每旗设一人。

② 济农：蒙古语"晋王"的音译，"储君"或"副汗"的意思。

助，但土谢图汗根本不把达赖喇嘛放在眼里，达赖喇嘛多次劝阻也没有起到作用。成衮走投无路，只得寻求别的更加强大的支持者。当时土谢图汗和噶尔丹积怨已深。康熙十五年（1676），噶尔丹攻打和硕特鄂齐尔图汗时，察珲多尔济率兵援助鄂齐尔图汗；康熙十六年（1677），察珲多尔济的部下又抢劫了噶尔丹的入京使团，所以噶尔丹对土谢图汗部怀恨在心，现在札萨克图汗前来示好，他高兴不已，马上与之建立了联盟关系。随后，二者将矛头直指土谢图汗察珲多尔济。

康熙得知噶尔丹与札萨克图汗结盟后，心中开始警觉。喀尔喀与沙俄及厄鲁特相邻，战略位置十分重要。为了防止噶尔丹干涉喀尔喀蒙古内部事务，保持北疆的安定，平定"三藩之乱"后，康熙先后向喀尔喀两翼派出使臣，调解内部矛盾。同时又向达赖喇嘛传谕，令其派出使者协助喀尔喀两翼和解。

康熙二十五年（1686），执政第巴桑结嘉措以达赖五世的名义，派噶尔亶西勒图出面调解喀尔喀的内部争端。康熙也派理藩院尚书阿尔尼等人前往喀尔喀，与土谢图汗的弟弟西里巴图尔、札萨克图汗沙喇，以及活佛哲布尊丹巴①呼图克图会盟。会上，阿尔尼代表清廷令喀尔喀左右两翼汗、众济农②、台吉握手言和，并悬挂佛像，让众人发誓永远和睦相处。同时，阿尔尼又遵照康熙的旨意进行和解劝告。经过一番努力调停，喀尔喀各部重新团结起来。

康熙二十六年（1687）正月，喀尔喀两翼汗及七旗济农、诺颜③、台吉等合疏请上尊号。这意味着清廷加强了对漠北的控制。

漠北的发展形势让噶尔丹深感不安。为了制造新的争端，同年四月，噶尔丹向清廷表达了限制其入贡贸易人数的极大不满，又致书理藩院尚书阿尔尼，就喀尔喀左右翼会盟时，喀尔喀土谢图汗的弟弟在

---

① 哲布尊丹巴：清朝所封藏传佛教活佛呼图克图之一，与达赖喇嘛、班禅额尔德尼、章嘉呼图克图齐名。
② 济农：蒙古爵位名，地位仅次于汗。清朝征服蒙古后改称郡王。
③ 诺颜：蒙古语音译词，是领主的意思。

和哲布尊丹巴呼图克图与达赖喇嘛的使者噶尔亶西勒图相见时不按规矩就座一事挑起是非，还极力挑拨喀尔喀各部的关系。在致土谢图汗的书信中，他谴责哲布尊丹巴与噶尔亶西勒图在会盟中以敌礼相见，是越礼的；同时派手下车臣吴巴什到札萨克图汗部进行分裂性质的会盟。不久，噶尔丹又胁迫札萨克图汗部率军进驻三赫格尔（固尔班赫格尔），令右翼各济农、台吉、诺颜等随札萨克图汗环绕安营，以防土谢图汗来攻；又派遣上千名喇嘛，以佛事活动为名，游历喀尔喀各地，搜集情报。

面对噶尔丹的挑衅，土谢图汗察珲多尔济不顾康熙的劝告，又发动了攻打札萨克图汗部的战争。康熙二十六年（1687）冬，察珲多尔济得知噶尔丹离开了三赫格尔，便于第二年正月亲自率领1万人马袭击札萨克图汗沙喇。噶尔丹不知道沙喇已死，仍派其弟多尔济札布与沙喇联络，被土谢图汗察珲多尔济杀害，这就使噶尔丹找到了进军喀尔喀的理由。

康熙二十七年（1688）五月中旬，噶尔丹率领3万精锐，分兵三路进击土谢图汗部。当时土谢图汗部的主力部队正在抗俄前线，土谢图汗部两面作战，形势极其危险。开战之时，噶尔丹军队势如破竹，一路进击，先后打败卫征哈滩巴图尔、车臣诺颜部，收取达尔玛西里诺颜部。和托辉特①洪台吉罗卜藏之弟根敦额尔德尼台吉不战而逃，噶尔丹率兵沿杭爱山到土谢图汗部，昆都伦博硕克图率部溃逃。土谢图汗、哲布尊丹巴只好从抗俄前线抽调土谢图汗长子噶尔丹多尔济率5000人马回来抗击噶尔丹军。两军在特穆尔之地遭遇，噶尔丹多尔济军几乎全军覆没，只带了300多人逃跑。噶尔丹得知哲布尊丹巴躲在额尔德尼召②附近，便派大将丹津鄂木布、杜噶尔阿拉布坦率7000兵马直取额尔德尼召。噶尔丹本人则率主力军渡过图拉河，开往克鲁伦河，想寻车臣汗的

---

① 和托辉特：蒙古族部落名。外札萨克蒙古之一，有大和托辉特与小和托辉特之分，隶属喀尔喀札萨克图汗部中左翼左旗。

② 额尔德尼召：汉名光显寺，一座藏传佛教格鲁派寺院。

儿子乌默作战。哲布尊丹巴察知丹津鄂木布来攻，连忙带着土谢图汗的家眷及喇嘛班弟等900人连夜向南逃走。噶尔丹沿克鲁伦河追击，几百名前锋兵与车臣汗部遭遇，获得完胜。随后，他又乘胜越过克鲁伦河，扫荡车臣汗部，并广发招降檄文。土谢图汗部、车臣汗部在噶尔丹的逼迫下也向南逃亡。噶尔丹趁势南下，如入无人之境，穿过车臣汗部东部，进逼呼伦贝尔，离清朝的喀伦①只有七八天的路程了。

漠北烽火的燃烧、噶尔丹的入侵，使蒙古各部陷于水深火热之中。如此一来，康熙不得不把平定噶尔丹叛乱，解救蒙古各族的问题提上日程。

二、首征漠北

康熙二十七年（1688）秋，蒙古各部在哲布尊丹巴和土谢图汗察珲多尔济的率领下陆续进入大清国境内。他们请求清廷帮忙安置纷纷南下的蒙古流民，同时出兵帮助他们抗击噶尔丹的入侵。康熙得知这个消息后，即刻下令有关官员对蒙古各部流民予以赈济和安置，以解其燃眉之急。

康熙一向不主张以武力解决问题，认为战争必然给民众带来灾难，所以在蒙古问题上，他仍然主张以和平谈判的方式来解决。他多次晓谕噶尔丹，指出土谢图汗当初攻打札萨克图汗部是错误的，同时建议由达赖喇嘛派出使者，与清朝大臣一起前往蒙古，召集噶尔丹、土谢图汗与蒙古各部共同会盟，在会上令土谢图汗自陈其过，各部永议和好。康熙的建议可以说非常合情合理，但是噶尔丹自恃实力雄厚，兵强马壮，加上勾结了沙俄作为援助，他一心想要称霸蒙古，将漠西、漠北各部归于自己的统治之下，而后与清廷南北分治，所以他以各种理由拒绝了康熙的合理建议。

---

① 喀伦：满语音译，为哨卡、哨所。清代在东北、蒙古、新疆等边地要隘处设官兵戍守，并兼管地方税收等事。

对于如何铲除气焰越来越嚣张的噶尔丹，清廷的亲贵重臣们意见不一。有的提出，远劳师旅，不一定就能消灭他，主张听之任之，等他进攻京城再说。大将军费扬古则坚决主张出兵抵御，他说："噶尔丹狼子野心，既入犯，其志不在小，讲和恐怕难以满足他的欲望，只有痛剿才是最好的办法。"费扬古的主张与康熙不谋而合，为了铲除噶尔丹的势力，康熙决定诉诸武力，用战争彻底解决蒙古问题。

为了彻底平定噶尔丹叛乱，康熙做了大量的工作。康熙二十八年（1689）八月，康熙派理藩院尚书阿尔尼借助调解喀尔喀和厄鲁特矛盾之机，到噶尔丹军营中侦察，获得了大量的军事情报。不久，温达①又从自噶尔丹处逃出的俘虏嘴里获知，噶尔丹率领1万多人马沿克鲁伦河下游而去。为得到确切情报，康熙又派阿尔尼前去侦察噶尔丹的动向，并对阿尔尼说："如果噶尔丹随喀尔喀而来，就调所备兵马防御，并迅速上报。"康熙派往噶尔丹处的使者、喇嘛商南多尔济也从克鲁伦河奏报说："探知噶尔丹前一天在此驻留，粮食已尽，杀马为食。"康熙综合大量情报，详细了解了噶尔丹的军事动向。

此外，康熙还采取孤立打击噶尔丹，联络其政敌的策略。噶尔丹赐博尔塔拉②之地给僧格的长子策妄阿拉布坦，并派他管辖哈密、吐鲁番二城。噶尔丹向东扩张时，又让策妄阿拉布坦担任大本营科布多③的总管，负责噶尔丹后方的行政事宜。策妄阿拉布坦虽然受到噶尔丹的重用，但两人之间存在着不可调和的矛盾。僧格被害时，策妄阿拉布坦年纪还小，无法即位。而等他长大成人后，噶尔丹并没有让位的意思，这让他心怀不满。早年策妄阿拉布坦曾与和硕特部噶勒达玛次女阿海订有婚约，但噶尔丹对此置若罔闻，于康熙十八年（1679）强娶阿海为妻，这让策妄阿拉布坦更为不满。与此同时，噶尔丹对渐渐强大的两个侄子

---

① 温达：费莫氏，满洲镶黄旗人，官至大学士。曾随康熙西征噶尔丹。
② 博尔塔拉：位于新疆西北边缘，清朝属伊犁将军统辖。
③ 科布多：原为清朝城名，又称和卜多。科布多地区东接喀尔喀蒙古的札萨克图汗部，西通塔尔巴哈台、伊犁，南通迪化、巴里坤，北邻唐努乌梁海。现在分属蒙古国、中国、哈萨克斯坦和俄罗斯。

也存有戒心。康熙二十七年（1688），噶尔丹趁策妄阿拉布坦外出之际，杀死了索诺木阿拉布坦，这激起了策妄阿拉布坦的强烈反抗。他在父亲旧部的支持下，西走喀喇阿济尔干西里，打败噶尔丹的追兵，经乌兰乌苏（今大石头），占据吐鲁番城。康熙获知这个消息后，马上派达虎前去慰问策妄阿拉布坦，并赏赐御用各色缎20匹。策妄阿拉布坦也很愿意与清廷结盟，共同抗击噶尔丹。所以，噶尔丹与清军交战时，始终没有一个稳固的后方。

噶尔丹自恃有沙俄的支持，才如此有恃无恐，但他并没有料到这个盟友并不可靠。此前《尼布楚条约》的签订，已使沙俄获得了大片领土和通使贸易的巨大利益，加上经过两年战争，沙俄已经领教了清军的强大，不敢冒险撕毁条约，去打一场前途未卜的战争。在以后噶尔丹与清军的激战中，沙俄对噶尔丹始终冷眼旁观罢了。

为了取得战争的胜利，康熙在军备方面做了充分的准备。平定"三藩"、收复台湾，使他获得了丰富的战争经验，尤其认识了驿站的重要性，因此，在与噶尔丹正式开战之前，他派人修筑驿站，以便及时掌握前线战况。为了对付凶悍的厄鲁特骑兵，清军添置了新式火炮。康熙还命令发太仆寺骆驼1000多头，并修造几千辆大车，以运输粮草。

康熙二十八年（1689）十二月，噶尔丹粮食不足，为摆脱困境，他以追土谢图汗及哲布尊丹巴为名，再次率兵东进。第二年正月，噶尔丹部进入土谢图汗部，分兵两路。噶尔丹亲自率领主力攻克喀尔喀驻守的拖多额尔德尼洪台吉及其部众。二月，他征服喀尔喀策妄额尔德尼阿海车臣洪台吉、满珠西礼呼图克图及其部众。随后，他又南下与阿拉布坦率领的另一支军队会师于乌尔河上游巴颜乌兰山（今蒙古国克鲁伦河上游之北的巴彦乌兰山）。

为了阻止噶尔丹南下，康熙于二十九年（1690）三月派左右两路大军向图拉河①、克鲁伦河挺进，希望对噶尔丹形成夹击之势。右路军

---

① 图拉河：又作土拉河，在清土谢图汗部境内，今蒙古国的图拉河。

由理藩院侍郎文达、都统额赫纳率鄂尔多斯兵1500人，喀尔喀兵3000人，呼和浩特、四子部落①兵1500人；左路军由理藩院尚书阿尔尼率领1万人马。为防止噶尔丹沿克鲁伦河下游进入呼伦贝尔，阿尔尼派科尔沁亲王沙津率兵在科尔沁北面的索约尔济河流域设防。

　　康熙二十九年（1690），噶尔丹号称带兵4万沿克鲁伦河下游渡过乌尔扎河南下，扬言将"借兵俄罗斯，会攻喀尔喀"。六月，噶尔丹沿额尔古纳河前进，很快到达乌尔会河。康熙让阿尔尼紧随噶尔丹，只监视其军事行动，不必与其交锋，等待额黑讷及达尔汉亲王、班弟等蒙古兵及盛京、乌喇等满族兵聚齐后，再一同夹击噶尔丹。但阿尔尼骄傲自大，争功心切，竟置康熙的告诫于脑后，率部抢先出击。

　　六月初六，阿尔尼派蒙古勇士200余人袭击敌人的前锋部队，继而派喀尔喀兵500人从后面去驱逐护送牲畜辎重的敌兵。然而双方还没交锋，蒙古兵和喀尔喀兵就先去争抢敌人的男女、牲畜，使得清军阵脚大乱。阿尔尼见状，急令前队撤兵。噶尔丹迅速分兵两翼，严阵以待。阿尔尼又派次队继续向前进攻，厄鲁特军兵齐发鸟器猛射，清军惊恐万状，节节败退。噶尔丹趁势增派另一支队伍从山上绕出，向清军两侧进攻，清军大败而归，人员死伤不计其数。

　　康熙获知初战失利的消息，勃然大怒，以违命轻战以致败绩为由革了阿尔尼的职，降四级调用，以严肃军纪；随后又派出使者以阿尔尼违背圣旨轻战，非本朝之意等语劝噶尔丹，设法拖延其行动，使其不致远逃；同时迅速调动大军，以图彻底歼灭噶尔丹入侵之兵。

　　七月初二，康熙命两路大军北上歼敌，左翼以裕亲王福全②为抚远大将军，皇长子胤禔③为副，从古北口出发；右翼以恭亲王常宁④为安

---

① 四子部落：清代内蒙古部落名。成吉思汗之弟哈撒儿后裔诺延泰有四子，分牧而处，后成为部落名。天聪四年（1630）归附后金。顺治八年（1651）设旗。
② 福全：顺治次子，康熙异母兄，封裕亲王。
③ 胤禔：康熙庶长子，雍正长兄。因康熙前四子皆夭殇，故为皇长子。
④ 常宁：顺治第五子，康熙年间封恭亲王。

北大将军，简亲王雅布①、信郡王鄂扎②为副，从喜峰口出发；另有内大臣索额图、明珠、阿密达，都统苏努、拉克达、彭冲、阿锡坦等人随军参赞军务。七月初四，各路大军顺利会师，足有10万之众，是噶尔丹军的五倍。这次康熙吸取前次战役的失败教训，严令各路大军于巴林旗境内集结待命，不得违令擅进。

噶尔丹打败阿尔尼后，后撤休整。为了防止清军大规模反击，他有乘势退却之意，但在第巴桑结嘉措派出的使者鼓动下，他的头脑又发热了，遂率余部继续南下，企图捞取更多的利益。

七月初，噶尔丹经乌珠穆沁境，到和尔洪河（今锡林郭勒盟西乌旗境内）上游驻扎。此时清军内大臣阿密达部已在乌珠穆沁右旗南驻守。阿密达遵照康熙旨意，在接待噶尔丹来使时假称：圣上特遣皇长子与皇兄来和噶尔丹谈判，我们的军队不久就会撤回，并派人到噶尔丹部假装谈判，以使噶尔丹确信清廷没有开战的意思。噶尔丹信以为真，遂拔营依次经敖布喇克、布里图，越兴安山脉，到克什克腾旗境内弼劳古（今克什克腾旗经棚）驻扎。

噶尔丹的举动令康熙高兴不已，马上又进行了紧张的军事部署，下令诸军前往克什克腾境内等候。七月二十日左右，各路大军在克什克腾境内的土尔埂伊扎尔（今乌兰布通开发区）会集。为了进一步创造聚歼敌人的有利条件，康熙又设下圈套，以和谈为名，将噶尔丹诱到乌兰布通。他特意派出使者对噶尔丹说："博硕克图已靠近我境内，既然如此，不如再近一点到乌兰布通，各派重臣谈判。"乌兰布通一带牧场遍布，牲畜多达百余万头，这对极为贪婪的噶尔丹来说是一个巨大的诱惑。同时，乌兰布通距离清军最大的练兵场——木兰围场③只有40里，

---

① 雅布：郑亲王济尔哈朗之孙，和硕简纯亲王济度第五子，袭简亲王爵位，掌管宗人府，数次参与平定噶尔丹叛乱。

② 鄂扎：满洲镶白旗人，豫通亲王多铎之孙、信宣和郡王多尼第二子，承袭信郡王爵位。

③ 木兰围场：即今河北围场满族蒙古族自治县。清初为蒙古喀喇沁、敖汉、翁牛特诸旗牧地，周1300余里，东西300余里，南北200余里。康熙秋巡塞外，在此举行狩猎之典。

清军熟悉地形，而且方便物资补给。所以双方对这一地点均无异议。清军在乌兰布通布下了一张大网，只等噶尔丹上钩。

为了彻底歼灭噶尔丹部，不留余患，康熙于七月十四日亲赴前线，以便亲自制定方略。七月十六日，康熙到达鞍匠屯（今河北滦平县城），不幸身染感冒，但他不顾群臣劝阻，执意带病出征。几天后，他来到博洛和屯（今河北隆化县），因病情加重，不得不同意返回京城。临行前，他对前线的进攻、联络以及供应等细节都做了具体部署，并为军队增加了炮兵及鸟铳。

按照之前的商定，七月二十九日，噶尔丹率部沿萨里克河到达乌兰布通。乌兰布通林深树密，又处于京城通向漠北及俄罗斯的交通要道上，地理位置极其重要。噶尔丹虽然率兵到达这里，但对谈判一直心存疑虑，便带兵上山做好战斗准备。他将上万只骆驼的四足绑住，卧在地上，驼背上再垒上箱垛，把毡子浸湿，覆于箱垛上，并将骆驼像栅栏那样排列起来充作掩体。厄鲁特士兵躲在里面，向外施放火铳、弓箭，并用矛、钩刺杀冲近的敌兵。这就是历史上著名的"驼城"，被噶尔丹吹嘘为牢不可破。

八月初一黎明，福全指挥清军列阵前行，中午抵达乌兰布通，与噶尔丹部隔河布阵，以火器为前列，遥攻山林。噶尔丹部在树林里，隔河以"驼城"为屏障，向清军施放火铳、弓箭还击。炮轰之后，清军前锋5000余人、次队3000余人、两翼各2000余人在枪炮的掩护下展开攻击。清军右翼几次推进，均被沼泽所阻拦，不得不退回原地。清军左翼冒死前进，并在国舅佟国纲、佟国维[1]的统领下绕过湖泊，沿萨里克河冲锋。佟国纲、前锋参领格斯泰、前锋统领迈图都不幸阵亡。后续部队接力强攻，炮火齐发，终于切断"驼城"，与噶尔丹部展开了激烈的肉搏战，双方伤亡都很惨重。清军首先鸣金收兵。次日，裕亲王福全重

---

[1] 佟国维：太子太保佟图赖次子，孝康章皇后幼弟，康熙的舅父，孝懿仁皇后的父亲。先后两次随康熙征伐噶尔丹，获得胜利。

整军队再次拼死攻山，无奈噶尔丹率众居高临下，据险固守，清兵无法前进，福全只得下令撤军。

不过，噶尔丹也被清军的强大攻势吓坏了，他担心长期被围，粮草不继，必然会不攻自溃，于是下令伊拉古克呼图克图、济隆呼图克图等人下山，与福全会晤，表示自己无意与清廷为敌，甚至不愿再索取土谢图汗部，请求两军停战，修礼和好，并要求寻找一处水草丰美之地等候康熙的旨意。

福全信以为真，中了噶尔丹的缓兵之计，不但自己停止了进攻，还命令其他各路大军也停止出击。噶尔丹趁机逃脱，还抢掠了克什克腾旗三佐领，抢走2万多只羊、1000多头（匹）牛马。福全后悔莫及，马上派轻骑追击。噶尔丹为了防止清军追击，放火焚烧了所经的大草原，并放弃所有辎重，轻装北逃。清军追击不及，结果让噶尔丹逃脱，从而使乌兰布通大捷的战果付诸东流。

三、二次亲征

噶尔丹在乌兰布通之战中大败，率领2000残兵回到科布多，这才发现策妄阿拉布坦已经抢劫了他的营地，连他的妻子等家眷也被带走了。他气愤至极，一面集合旧部、休养生息，以图东山再起；一面乞求沙俄给予支持。康熙三十年（1691），噶尔丹多次派人出使沙俄。第二年，噶尔丹的使者阿钦哈什再次到达莫斯科，献上噶尔丹的亲笔信，要求沙俄给予兵员、枪支弹药方面的支援。

康熙三十三年（1694），康熙多次约噶尔丹参加喀尔喀会盟，以调解他和土谢图汗等人的矛盾，但噶尔丹始终置若罔闻，并蛮横地写信给清廷，声称一定要索取土谢图汗和哲布尊丹巴，否则将继续进兵喀尔喀。

噶尔丹虽然在乌兰布通遭遇失败，损失惨重，但他手中还握有数万兵力，回去后，他纠合残部，休养生息，同时得到了沙俄的大批军火援助。经过几年的休整，科布多地区呈现出食渐丰足、牲畜繁滋的形势，经济实力也恢复到了战前水平。康熙三十四年（1695），噶尔丹又向喀尔喀和清军发动了新的侵扰活动，并扬言在过冬后，将借俄罗斯鸟枪兵6万人，大举进攻漠南。

面对噶尔丹的再次进犯，康熙召集三品官以上武臣商讨征剿方案。武臣中仍有不少人主张不宜出击，理由是距离太远，而且部队要经过沙漠地带，不便于携带火器及运送粮食，纷纷劝阻康熙切勿轻举妄动。这时，将军费扬古再次申明自己的观点——武力征服。他认为噶尔丹为人狡诈，如果不及时根除，北部边疆将后患无穷。康熙十分支持费扬古的主张，又多次听取大学士们的意见，组织议政王大臣会议讨论，最终于康熙三十五年（1696）正月做出了出兵的决定，并决定再次亲征剿敌。

文武百官听说皇上又要亲征，纷纷上奏劝阻。康熙深知噶尔丹不是一般的贼寇，一天不铲除此寇，北疆一日不得安宁；而大臣们又贪图安逸，犹豫不前。为了鼓舞士气，带动百官，他早就有意亲征。上次乌兰布通之战，他因病中途而返，没有亲临前线指挥，致使噶尔丹逃脱，成了他的一大遗憾。所以他对群臣说："如果消灭此贼，中外都会得到安宁，不留后患。如果今日不除，日后设防，兵民会多受扰累。"大臣们见康熙心意已决，也不好再劝。

康熙三十五年（1696）二月，康熙下令发兵10万，分三路前进：东路由黑龙江将军萨布素统领东三省兵，越兴安岭出克鲁伦河进击；西路由抚远大将军费扬古、振武将军孙思克统领陕西、甘肃兵，由宁夏北越沙漠，沿翁金河（今蒙古国德勒格尔盖西）北上，以切断噶尔丹的后路；中路为主力军，由康熙亲自率领，由京城出独石口（今河北沽源南），直扑克鲁伦河一线，与东西两路军协同夹击。

康熙所率中路大军经过茫茫沙漠，历经广阔的草原，行程有数千里之遥。他下令征调了大批札萨克图部人作为向导，每两名士兵配一个民夫、一头毛驴，随军运输粮食、器材和御寒器具。

行军途中，康熙时刻关心士兵和马匹的休息情况。每逢行李运输迟缓、士兵们不能及时安营,他不到五更就起身,亲自督促运输兵丁行李的驼队早一点出发,使行李先到达宿营地。沿途遭遇大雨时,每到营地,康熙总是等士兵扎好帐篷都住进去后才进帐休息,宁可在雨中淋着,也不会先进帐篷。这使士兵们深受感动,士气高涨。

康熙在横渡沙漠的征途中,还写下了豪迈的《瀚海》一诗,诗云:

四月天山路,今朝瀚海行。
积沙流绝塞,落日度连营。
战伐因声罪,驰驱为息兵。
敢云黄屋重?辛苦事亲征。

这首诗反映了康熙不辞劳苦的无畏气概和战斗精神,也表达了他不愿兴兵的心声。

经过五十九天的艰苦行程,康熙率中路军于五月初五先抵克鲁伦河,经科图(今内蒙古苏尼特左旗北)继续前进,逐渐逼近噶尔丹部。按照原定计划,中、西两路大军应于四月二十七日在克鲁伦河巴彦乌兰会师,但西路军所经道路尽是荒漠沙碛,而且路途遥远。而且,噶尔丹为了防止清军从此处进兵,放火烧荒,所以西路军粮草不济、人马饥乏,行军十分缓慢。为此,康熙率领中路大军且行且止,以等待西路大军赶赴目的地,确保夹击成功。在康熙的督促下,西路军克服重重困难,于五月初抢先进入预定阵地。这时,根据道路里程推算,康熙确知西路大军已按期到达,便于五月初七向噶尔丹发动攻击。

噶尔丹一直不相信康熙会亲征,他说:"康熙不在京城安居享乐,却来到这样的无水之地,难道能飞渡吗?"但他从清军放回的俘虏那里得知康熙确实亲临前线。他急忙到一座高山上观望,只见对面河岸旌旗猎猎,军幔环城,四周布有栅栏,将士们军容严整,不由得惊慌失措,当夜便拔营逃跑。所以,等到康熙率兵渡过克鲁伦河,进抵巴彦乌兰时,那里已经成了一座空城。

康熙立即率领岳升龙①等三名总兵，选了精兵轻骑竭力追击，同时密令西路军统领费扬古，推进到昭莫多（今蒙古国乌兰巴托南）设伏堵截。康熙率部追击五天，终因粮草不继而被迫停止。

费扬古接到康熙的密令后，率部连夜狂奔，将士们得知皇上已经到了克鲁伦河，无不奋发。五月十三日，西路军终于先于敌人赶到了昭莫多。

在清军的大力追击下，噶尔丹溃不成军，经过数日奔逃，刚摆脱清中路大军的追击，又陷入其西路大军在昭莫多预先布置的陷阱中。

昭莫多，蒙古语为"大树林"的意思，位于图拉河上游，即今蒙古国首都乌兰巴托以南的宗莫德市。昭莫多背靠肯特山，南临图拉河，西临汗山，是兵家必争之地，明成祖朱棣曾在此大破阿鲁台②。因为这里有河流流经其间，林木繁多茂密，所以起名昭莫多。费扬古按照康熙的旨意，根据该地的天然地形，令孙思克率绿营旗兵居中，坚守小山制高点，扼险俯击。京城、西安之满族官兵，察哈尔右翼四旗、鄂尔多斯六旗、乌拉特三旗、茂明安旗、四子部落旗、喀尔喀右翼部等蒙古兵居东方列阵。历卫官兵、大同绿营兵及喀尔喀善巴③、衮布④、素泰伊勒登⑤三旗在西方沿河布阵。口袋布置好后，只等噶尔丹进入。

噶尔丹大队到达昭莫多后，立即向清军发起了猛攻。宁夏总兵殷化行刚刚率部登上小山制高点，敌军便几乎同时而至。清军凭借有利地形，从山上用子母炮轰击敌军。噶尔丹下令所有人舍骑仰攻，一时鸟枪、弓箭齐发，双方激战了一个下午，战事仍呈胶着状态。这时，殷化行见敌人阵后森林中人畜丛集，却久不出动，断定是噶尔丹后阵妇女老

---

① 岳升龙：字见之，清朝名将岳钟琪之父。官至四川提督，康熙五十一年（1712）病逝。

② 阿鲁台：鞑靼领导人，北元太师，属阿苏特部。先后拥立鬼力赤、本雅失里、阿台为可汗，自称大元朝太师，多次袭扰明朝边境。

③ 善巴：清初喀尔喀蒙古赛音诺颜部第四代首领。康熙封其为多罗郡王，兼札萨克。

④ 衮布：喀尔喀赛音诺颜部人，博尔济吉特氏，达延汗巴涂蒙克玄孙，涂蒙肯第十三子。

⑤ 素泰伊勒登：清朝蒙古王公，喀尔喀赛音诺颜部人，札萨克亲王善巴族弟。

幼、辎重所在，建议出动精骑抄袭敌人后方。费扬古依计而行，噶尔丹部众果然乱了阵脚。清军马上分两路反攻，噶尔丹部力不能支，全线崩溃。清军乘夜色急追30里，斩敌3000人，俘获其部子女、牛羊、辎重甚多。噶尔丹见大势已去，率领数骑再次逃脱，精锐丧失殆尽。

康熙得知昭莫多战役的胜利消息后，喜不自胜，立即传旨嘉奖西路军将士，同时留费扬古率兵戍边，并负责招降噶尔丹残部，他自己则班师回京。

康熙这次亲征意义重大，昭莫多一战几乎全歼噶尔丹军主力，此后，噶尔丹率残部流窜于塔米尔河流域，成为一群无家可归的散兵游勇，他的老家伊犁也被策妄阿拉布坦夺去，就连青海等地也开始反抗他，而他自身尚且难保，根本无力前往镇压。自此，噶尔丹再也无力与清军正面交锋。

四、漠北统一

穷途末路的噶尔丹本指望沙俄给予援助，但沙俄见他只有喘息之力，不能再成为自己要挟清廷的砝码，自然不会再收容噶尔丹，甚至懒得安慰他一下。噶尔丹的政敌策妄阿拉布坦在他东侵喀尔喀时也已自立为王，为了向清廷邀功，他还宣称要擒杀噶尔丹。南疆的回民过去受噶尔丹欺负，清军解救了回王阿卜都里什特父子，他们也想擒杀噶尔丹来报答清廷的搭救之恩，所以噶尔丹已走投无路。即便如此，康熙仍不敢放松，因为他深知，噶尔丹只要不死，一有机会必将东山再起，与清廷为敌，西北边患就不会解除。基于此，他调整了西北边境的部署。

在东部，因噶尔丹无力侵犯，只进行一般性防御，令黑龙江将军萨布素率1000多名黑龙江兵驻守科图，其余人员撤回；又令大将军费扬古分率500名萨布素兵及一部分蒙古兵前去侦察噶尔丹的行迹，同时加强西北地区的防卫。

为了防止噶尔丹逃往青海、西藏，昭莫多之战后，康熙对西北调整了部署，派兵把守额尔古纳、昆都伦、布隆吉尔等地；同时又派人前往青海，向和硕特部诸台吉传达谕文，告诫他们：如果噶尔丹逃来不将其抓获，或是抓获不报，清廷必定出兵讨伐。但青海诸台吉傲慢无理，声称遵照达赖喇嘛的意思，不会擒拿噶尔丹。哈密回部头领额贝杜拉达尔汉伯克过去向噶尔丹纳贡，并多次提供援助，昭莫多之战后，他担心清廷讨伐他，便派使者到京城纳贡归降，并表示愿意帮助清军捉拿噶尔丹。但康熙知道他并非真心归降。另外，噶尔丹失败后，策妄阿拉布坦也日益变得强大起来，他并不想让回部倒向清廷。所以，康熙想要彻底剿灭噶尔丹，处理好西北各部族之间的微妙关系，防止劲敌再起。

针对西北地区问题，康熙决定再次亲赴朔漠，他作了两步打算，先是亲自招抚，如招抚不成，再进行第三次亲征。康熙三十五年（1696）九月，康熙率领2000名八旗兵，以行围打猎为名，进行西巡。到达怀来城（今属河北）后，康熙派人向大将军费扬古送去招抚噶尔丹的敕书，命他进行广泛宣传；并要求费扬古不要急于出兵，先频繁地派准噶尔部的降人回去做招抚工作。在招抚过程中，康熙采取了攻心为上的策略。早在西巡之前，他便将陆续来降的暂留张家口的1500多名厄鲁特蒙古人编入上三旗佐领；不愿入旗或迁入内地的也不强留，派人送往费扬古军前，并给予一匹马送回原地，让他们向噶尔丹转达康熙谕旨，劝噶尔丹投降。对厄鲁特部降人首领则封以高官，先后有1500多人前来投降，噶尔丹更加孤立了。

对于已经和噶尔丹分裂的丹津鄂木布、丹津阿拉布坦各部，康熙采取了与噶尔丹不同的策略，重在离间他们与噶尔丹的关系。康熙特命喀尔喀和硕札萨克图亲王策妄扎卜的长史马尼图等人携敕书前往招抚，改变了以降人递送信文的做法，既显示了招抚的诚意，又使他们觉得受到皇帝的重视。为了防止他们不降，康熙还允许他们投靠策妄阿拉布坦，但不允许他们再做别的选择，否则就派大军征剿。由此可见，康熙对丹津鄂木布和丹津阿拉布坦并不抱太大希望，只是想让他们彻底摆脱噶尔丹，以达到削弱噶尔丹的目的。

在行招抚之计的同时，康熙并没有放弃武力征剿。喀尔喀多罗贝勒根敦带青表示愿意擒拿噶尔丹以表忠心，康熙指示说：如果捉到噶尔丹，不必献俘，可以就地处决。同时，鉴于噶尔丹在库伦伯勒齐尔一带流窜，居无定所，粮草不继，冬季到来时必会逃窜到哈密，所以，康熙命孙思克率兵赶赴甘肃，到副都统阿南达处预备；又派将军博济挑选2000名西安兵前往阿南达处，与孙思克一起打探噶尔丹的消息，即行剿灭。阿南达遵照旨意，在西北各路备兵。他设法招抚从青海逃向哈密附近的噶尔丹内弟噶尔丹多尔济，并派人晓谕哈密回部首领额贝杜拉达尔汉伯克与噶尔丹多尔济相互配合，不管噶尔丹逃到二者哪一方，另一方都要出兵援助。除此之外，阿南达还亲自到肃州与提督李林隆商议，备绿营兵2000人，在额济内、昆都伦等处探听消息，李林隆则防守边界。

在清廷的军事包围和经济封锁下，噶尔丹走投无路，只得派格垒沽英等20人前来乞降，以作缓兵之计。十一月二十五日，康熙在东斯垓（今准格尔旗境）接见格垒沽英，历数噶尔丹屡次挑起边衅的罪行，指出噶尔丹穷蹙败亡，完全是咎由自取。他让格垒沽英转告噶尔丹："令其亲身来降，否则朕必往讨！朕在此地行猎待尔，限七十日还报，如过此期，朕即进兵！"与此同时，噶尔丹已被清军及西北各部族军队合围在一个角落里，不可能再死灰复燃，只等清军明年春天出兵征剿。

康熙这次西巡历时三个多月，招抚了噶尔丹的众多部众，阻断了噶尔丹的外援。他重新部署了西北的兵力后，于十二月回京。

为了全歼敌寇，招徕蒙古，震慑西藏、青海，康熙三十六年（1697），康熙第三次亲征漠西。此次出征，康熙断定噶尔丹穷困已极，不会再率兵骚扰，因而两次向费扬古传谕，不必先行进兵，等他到达宁夏后再相机征剿。三月下旬，康熙到达宁夏。这时，西藏第巴桑结嘉措、青海蒙古各部听说康熙再度亲征，纷纷请罪。康熙利用这一大好形势，亲自部署两路出兵事宜：一路出嘉峪关，由孙思克、博济率2000

西安满兵及甘肃绿旗兵，带四个月的口粮，到布尔吉尔阿南达处；一路出宁夏，由费扬古率喀尔喀蒙古及黑龙江、察哈尔兵，连同各旗蒙古汗、王、贝勒、贝子、公、台吉等愿意效力者，每人各带四个月口粮，在郭多里巴尔哈孙之地会合。同时，康熙再次派使者颁发敕文，令噶尔丹归降。

在清廷强大的军事压力下，噶尔丹的部众各自打起了小算盘，有的投降了清廷，有的弃噶尔丹而去。噶尔丹内外无依，处境非常窘迫，手下不足300人，每天靠猎杀马驼为食，并处于清军与西北各部的包围之中。噶尔丹欲投西藏，闻甘肃有清兵扼守，撤到克萨图库里克时不敢前行，因资用乏绝，于是派自己的儿子塞卜腾巴珠去哈密征集军粮。塞卜腾巴珠到达巴尔思库尔地方时，被哈密回部首领额贝杜拉达尔汉伯克之子郭帕伯克擒住。

这时，噶尔丹已是众叛亲离。一向忠于他的丹济拉已同他脱离，他两次相召，丹济拉均不予理睬。噶尔丹派人去召唤另一亲信杜哈尔阿拉布坦，没想到杜哈尔阿拉布坦反而夺走来人的马驼。其他厄鲁特喀尔喀各部，或争先充当向导带领清军深入平叛，或侦察噶尔丹动向及时上报，更有出兵配合清军征剿的，比如，喀尔喀贝勒根敦带青向康熙表示"愿以擒杀噶尔丹首自效"。噶尔丹的侄儿策妄阿拉布坦与阿玉哥分别发兵会集于阿尔泰山以南驻扎，四面设哨或埋伏，并向清廷保证："噶尔丹若进逼我土，必竭力擒剿。"

在"仅余孑身，率领数人随处飘遁"的穷迫情势下，噶尔丹"惊闻清军到来，寝食俱废，反复思维，无计能逃"，被逼于闰三月十三日至阿察阿穆塔台地方饮药自尽。

不久，噶尔丹的部下丹济拉等人，携带噶尔丹尸骸，及其女钟齐海，共300户归降清廷。五月，康熙凯旋。

至此，由噶尔丹挑起的前后持续近十年的西北叛乱终于结束。康熙三次亲征，深入沙漠，不仅扫除了漠北和西北地区的不安定因素，而且以民族和解政策妥善地处理了同蒙古诸部的关系，实现了统一漠北蒙古的目的，使北方边境得以安宁。康熙三十六年（1697），清廷遣送喀尔喀各部重新返回原来的牧场，又在科布多、乌里雅苏台等地派驻将军和参赞大臣，进一步加强了对蒙古的统治。

五、怀柔政策

在中国历史上，为了防御外族入侵，保证边境安全，大多数朝代都在北部边境修筑了长城，只有清朝例外，这是为什么呢？正如康熙所说："本朝不设边防，以蒙古部落为屏藩耳。"平定噶尔丹后，康熙采取民族和解政策，使蒙古各部很好地团结在一起，在北疆筑成一道抗击沙俄南侵的铜墙铁壁，使之成为比长城更为坚固的防备力量。

对于蒙古各部，康熙采取的方针政策是"乱则声讨，治则抚绥""宣威蒙古，并令归心"。平定噶尔丹后，蒙古各部只有准噶尔部策妄阿拉布坦仍与清廷保持朝贡关系，其他各部都得到了统一。为了对蒙古各部进行有效的管辖与治理，康熙采取了一系列措施，包括推行旗盟制度、确定"兴黄教[①]以安众蒙古"的国策、与蒙古上层世代联姻等。

盟旗制度的推行，起源于清朝入关前的皇太极时期。为了在战略上完成对明朝的包围之势，皇太极对蒙古各部，或以武力征服，或以联姻劝降。经过他的不懈努力，东到吉林、西到贺兰山、南邻长城、北到瀚海的漠南蒙古各部先后归降。为加强管理，皇太极将满洲八旗军政合一、兵民合一的组织形式推行到漠南蒙古各部，在漠南蒙古地区分旗设盟，并设理藩院监督管理，这就是盟旗制度。

天聪、崇德年间，后金在漠南蒙古编置十九旗，每旗从旗下王公贵族中挑选一人，由皇帝任命为札萨克。札萨克是世袭封建领主，又是后金的官员，代表后金管理一旗的事务。

[①] 黄教：格鲁派，藏传佛教教派之一，"格鲁"为藏语"善规"之意，因宗喀巴创建甘丹寺传教，又名"甘丹派"。该派僧人戴黄色僧帽，故又称黄教。

为了加强对各旗的管理，皇太极还在各旗实行会盟制度，在每旗之上设正、副盟长各一人。盟是旗之上的行政机构，盟长不能直接管辖、干预各旗内政，但必须代表理藩院对盟内各旗实行监督。盟长定期召集各部札萨克到盟所，商量确定盟内事务，包括简军实、阅边防、理诉讼、审丁册。后金通过会盟的形式检查各旗执行法令的情况，有效地加强了对蒙古各部的管理，牢牢地控制了蒙古。

清朝入关后，各代帝王继续推行盟旗制度，顺治年间在漠南蒙古地区又增编了二十四旗，至此，漠南蒙古已达六盟四十三旗。康熙深知盟旗制度对加强中央政权的好处，即位后继续推行盟旗制度，在漠南蒙古地区又增编五旗，并把这一制度推广到漠北喀尔喀蒙古。

喀尔喀蒙古两翼长期处于矛盾冲突之中，康熙二十五年（1686），康熙派理藩院尚书阿尔尼与达赖喇嘛的代表噶尔亶西勒图共赴漠北举行会盟，以解决喀尔喀蒙古两翼的纠纷问题。经过清朝官员的调解，两翼各汗与台吉都表示遵从康熙的旨意，和睦相处，并在达赖喇嘛代表噶尔亶西勒图和喀尔喀宗教领袖哲布尊丹巴面前共同盟誓。会盟之后，康熙为了更加有效地管理蒙古喀尔喀诸部，将原来的八旗改为十四旗。但是不久后，由于噶尔丹的干预，这次会盟宣告失败。喀尔喀部时常遭到噶尔丹的骚扰与掠夺，为维护国家主权，保护喀尔喀属民，康熙果断地收纳喀尔喀难民，将他们安置在漠南蒙古的苏尼特、乌珠穆沁、乌喇特等地游牧。

康熙二十九年（1690），清军在乌兰布通大败噶尔丹后，康熙派人敕谕噶尔丹，重申喀尔喀蒙古与清廷的归属关系，并于第二年四月在多伦诺尔（今内蒙古多伦）再次举行会盟，由漠南、漠北蒙古共同参与，康熙亲自主持，以进一步团结蒙古各部，孤立噶尔丹。喀尔喀蒙古各部请求清廷按照漠南蒙古的制度统一管理喀尔喀各部，康熙便命原理藩院尚书阿尔尼等前往喀尔喀蒙古分编佐领，拨给游牧地方，在原二十二旗的基础上又增编十二旗。康熙在喀尔喀蒙古增编札萨克的同时，还宣布废除济农、诺颜等称号，除车臣汗、土谢图汗仍留汗号外，其他一律改为清朝爵位。消灭噶尔丹后，喀尔喀蒙古部众回到漠北，康熙据其贵族战功及在战争中支援清军牛马羊的情况，于康熙四十年（1701）又在喀尔喀增置二十旗。到康熙末年，喀尔喀蒙古已达六十九旗。

康熙在推广盟旗制度的同时，还不断加以完善。除由朝廷任命旗长、定期举行会盟外，他还不断完善各札萨克的职责，以确保朝廷的有效管理。

除了推行盟旗制度，康熙还继续奉行清初以来各帝王尊崇黄教的政策。"兴黄教以安众蒙古"是清廷既定的国策，也是根据客观实际情况决定的。明万历六年（1578），达赖三世索南嘉措①和漠南蒙古右翼土默特的俺答汗②在青海湖东面的仰华寺会面，达赖三世向10万余人讲经传法，此后，黄教在蒙古兴盛起来。俺答汗在归化城建立寺院，喇嘛教僧人不断前来布教。万历十五年（1587），控制喀尔喀蒙古左翼的阿巴岱噶勒照台吉到归化拜见达赖三世，达赖三世给阿巴岱上"汗"号。阿巴岱回喀尔喀蒙古后推广黄教。从此，黄教传入喀尔喀蒙古。顺治六年（1649），哲布尊丹巴呼图克图改崇黄教，黄教在喀尔喀蒙古取得了统治地位。在噶尔丹兴兵作乱的关键时刻，哲布尊丹巴率众归附内地，表现了对清王朝的忠心。因而，康熙尊重蒙古民众的宗教信仰，并利用黄教为自己的统治服务。

长期以来，黄教的唯一中心在拉萨，哲布尊丹巴的地位不及达赖喇嘛派出的僧侣代表。因此，在库伦伯勒奇尔会盟时，哲布尊丹巴与达赖喇嘛的代表噶尔亶西勒图平起平坐，竟被噶尔丹视为"非礼"，作为兴兵的一个借口。当时，西藏第巴借达赖五世的名义，暗中支持噶尔丹，与

---

① 索南嘉措：西藏拉萨堆龙人，为第三世达赖喇嘛，是西藏、青海和蒙古在历史上的重要人物。明代蒙古俺答汗赠他以达赖喇嘛（大海般的上人、大师）的尊号。他推进了格鲁派（黄教）与蒙古的联合。

② 俺答汗：明朝土默特部重要首领，孛儿只斤氏，成吉思汗黄金家族后裔，瓦剌绰罗斯·也先家族后裔，达延汗孙。明朝嘉靖年间崛起，初期游牧于今内蒙古呼和浩特一带，后逐渐强盛，成为喀尔喀右翼蒙古首领。控制范围东起宣化、大同以北，西至河套，北抵戈壁沙漠，南临长城。

清廷对立，因此，多伦会盟①时，特封哲布尊丹巴呼图克图为大喇嘛，掌管漠北黄教事务，"哲布尊丹巴呼图克图成为黄教的第三大活佛"。多伦汇宗寺建成后，由哲布尊丹巴主持，成为寄居于漠南蒙古喀尔喀蒙古部众的宗教中心，影响遍及大漠南北。哲布尊丹巴回漠北以前，从康熙三十年（1691）到三十四年（1695），每年秋天都会率蒙古贵族到木兰围场朝见康熙；康熙"或间岁一巡，诸部长于此会同述职"。

喀尔喀蒙古返回漠北后，清廷拨白银 10 万两，兴建库伦庆宁寺，该寺遂成为漠北宗教中心。康熙三十六年（1697），康熙命章嘉呼图克图居多伦汇宗寺，以后又为他建多伦善因寺；康熙四十四年（1705），封章嘉为"灌顶普善广慈大国师"，让他总管蒙古、京城、盛京、热河、甘肃及五台山等地黄教寺院。于是，达赖、班禅、哲布尊丹巴、章嘉四大活佛分掌前藏、后藏、漠北、漠南教务。这四大活佛都直辖于清廷。这样一来，既保护了黄教，又分割了黄教势力，削弱了西藏达赖喇嘛对漠南、漠北蒙古的控制能力和政治影响，收到了分而治之的政治效果。

康熙尊重蒙古的宗教信仰，但也不无原则地迁就，对其不利于清廷统治之处进行了限制和诱导。比如，严禁喇嘛将家奴或内地家人作为班弟（即小喇嘛），以限制不服兵役、不从事生产劳动的喇嘛人数；禁止喇嘛以修庙宇为名侵占民田，或诈称呼图克图转世，坑骗牧民财产。为改变蒙古牧民迷信喇嘛"至破荡家产不以为意"的风气，指示"教养蒙古"的官员："蒙古唯信喇嘛，一切不顾，此风极宜变易。倘喇嘛等有犯法者，尔等即按律治罪，令知惩戒。"对于西藏和准噶尔利用达赖喇嘛之名进行欺骗、反对朝廷的活动，康熙坚决与之进行斗争。

在康熙对蒙古实行的各项怀柔政策中，最值得称道的是他继承了清廷入关前与蒙古联姻的政策。满蒙通婚是清代的基本国策，早在清兵入

---

① 多伦会盟：又称七溪会盟、多伦诺尔会盟，是康熙为加强北方边防及对喀尔喀蒙古的管理，于康熙三十年（1691）在多伦诺尔（多伦）与蒙古各部贵族进行的会盟。

关前就与漠南蒙古贵族联姻,将公主和皇室宗女嫁给蒙古王公,并娶蒙古贵族之女为后妃。这种结合是双方的政治需要,清廷通过它加强巩固对边远地区的蒙古各部的控制,蒙古贵族则利用额驸和皇亲的地位发展自己的势力。

康熙即位后,为了经营北疆,继续奉行满蒙联姻政策,先后将两位科尔沁贵族之女纳入宫中为妃,同时将自己的四个公主、一个侄女和若干孙女以及宗室的女儿陆续嫁到蒙古草原,以巩固清廷与蒙古的政治联盟。不仅如此,他还把这一政策推行到喀尔喀蒙古和厄鲁特蒙古,从而与蒙古各部的王公贵族都建立了不同程度的姻亲关系,使蒙古各部进一步成为清廷"结以亲谊,托诸心腹"的依靠力量。康熙三十六年(1697),康熙第六女和硕恪靖公主与喀尔喀蒙古势力雄厚的土谢图汗部联姻,通过这一桩婚事,康熙牢固地把土谢图汗部掌握在自己手中。此后,又有康熙的孙女、胤祥①之女和惠公主下嫁喀尔喀左副将军、亲王丹津多尔济的长子多尔济色布腾;康熙第十女和硕纯悫公主下嫁喀尔喀蒙古赛音诺颜部部长善巴堂弟策凌,授策凌和硕额驸,赐贝子品级;策凌之弟恭格喇布坦尚郡主,为固山额驸。

平定噶尔丹后,康熙把满蒙联姻的目标进一步推向漠西蒙古。早在康熙六年(1667),厄鲁特蒙古之一部和硕特部即与清廷建立了姻亲关系,当时,固始汗②之弟色棱哈坦巴图尔之孙伊思丹津为众兄弟所逼,只身来到京城,康熙下诏封其为多罗贝勒,并许其娶公主为妻,授以多罗额驸,并赐田产、仆属,隶属蒙古正白旗。消灭噶尔丹后,康熙进一步对厄鲁特蒙古实行怀柔政策。噶尔丹之子塞卜腾巴珠被俘时年仅14岁,授一等侍卫,康熙四十五年(1706),康熙命阿达哈哈番③觉罗长

---

① 胤祥:康熙第十三子,生母为敬敏皇贵妃章佳氏。他与雍亲王胤禛(即雍正)关系最为亲密。由于他对雍正朝的治绩助力甚大,遂得世袭罔替的铁帽子王,是清朝有史以来第九位铁帽子王。

② 固始汗:厄鲁特蒙古所属的和硕特部首领。

③ 阿达哈哈番:清代爵名。顺治四年(1647)定名。乾隆元年(1736)定汉语为轻车都尉,满文如旧。

泰之女，照镇国公女例，"授为乡君①，妻之"，噶尔丹的侄孙丹津阿拉布坦之子策灵旺布、塞卜腾扎布，都与清皇室结亲，被封为和硕额驸。

康熙在漠北与漠西推行联姻制度，进一步团结了蒙古各部的王公贵族，使他们对清廷产生了很强的向心力，对稳定北部边防和西北边疆都产生了重大影响。

在康熙对蒙古各部所采取的各项措施中，木兰秋狝②和巡幸避暑山庄也发挥了重要作用。康熙二十一年（1682），清廷在蒙古昭乌达盟（今内蒙古赤峰境内）、卓索图盟、锡林郭勒盟与察哈尔蒙古东四旗交接处建立木兰围场，围场东西宽300里，南北长约200里。由于围场位于漠南蒙古的中心地带，北控蒙古各部，南拱京城，地理位置十分重要，又是清代前期京城通往漠南蒙古、喀尔喀蒙古、东北黑龙江及尼布楚城的重要通道，所以康熙几乎每年都到围场行围射猎，一是为了锻炼八旗子弟骁勇善战的能力，二是利用秋狝时蒙古各部贵族扈从围猎之机，接见蒙古各部上层人物，加强清廷与蒙古各部的联系，使蒙古王公"畏威怀德"，以达到充备边防、巩固基业的目的。

避暑山庄的建立与木兰秋狝有着直接关系。每年一次的秋狝规模盛大，万余军马长途行军，中途停歇时需要有固定的储存物资的场所。所以，从康熙四十一年（1702）开始，康熙在京城至木兰围场途中建立行宫，热河行宫便是其中之一，康熙亲笔为其题名"避暑山庄"。避暑山庄包括宫殿区和苑景区两大部分，总面积约560万平方米，于康熙五十二年（1713）基本完工，初具规模。乾隆时期进行过一次大规模扩建，最终成为今天我们看到的样子。

避暑山庄不仅是康熙的行宫，也是他处理民族事务、加强北部边防的政治中心。他常在此接见蒙古贵族与蒙古各部官员。随着蒙古各部相继来归，觐见者越来越多，康熙每年都要在避暑山庄停留数月甚至半

---

① 乡君：中国古代妇女封号。唯镇国公、辅国公女格格及贝勒侧室之女称"乡君"。
② 木兰秋狝：清代皇室权贵的秋季围猎盛事。

年，处理各种民族事务，使这里成为清廷的第二个政治中心。为了团结蒙古各部，康熙还在修建热河行宫的同时，在其外围建造了外八庙。这些庙宇大多数是清廷在处理北部、西北部边疆和西藏事务的过程中，供前来承德朝见皇帝的各少数民族贵族居住而建造的，具有强烈的民族色彩。可以说，避暑山庄的建立对康熙怀柔蒙古有着极其重要的作用。

通过以上种种手段，康熙对蒙古恩威并施，因其教不改其俗，齐其政不易其宜，加强了对大漠南北及青海蒙古的管辖和治理，密切了蒙古诸部和清王朝的关系，在北方筑起了一道遏制沙俄入侵的坚固城墙。

第七章 兴黄教整治西藏

一、西藏形势

康熙平定"三藩"、收复台湾,接着又征服了噶尔丹,使中国出现了空前的大一统局面,清王朝的中央集权也随之发展到了顶峰。就在讨伐噶尔丹的过程中,康熙发现了西藏存在的问题。

清朝继承明代对西藏的统治,其中宗教发挥了重要作用。清初,清廷从当时西藏的实际出发,一方面敕封和硕特蒙古领袖固始汗为"遵行文义慧敏固始汗",让他以汗王身份代表清朝中央管理西藏地方。另一方面则给予黄教领袖以崇高的荣誉。顺治九年(1652年),清廷成功邀请五世达赖进京,并予以册封为"西天大善自在佛所领天下释教普通瓦赤喇怛喇达赖喇嘛"。自此,"达赖喇嘛"的封号被正式确定下来,也进一步明确了清朝在西藏地方的主权。

当时黄、红两教的势力较大,各以前后藏为基地。宗喀巴圆寂后,他的弟子克珠节为第一世班禅,另一弟子根敦朱巴[①]为实际上的第一世达赖,承其衣钵,后实行"灵童"转世相承的制度。"灵童"是按照达赖临死时所指示的地点、方向以及达赖逝世时同时出生的婴儿等条件,由达赖的弟子寻找确认的。灵童长到一定年龄,实行坐床典礼[②],到18

[①] 根敦朱巴:意为"僧成",是藏传佛教格鲁派创始人宗喀巴大师的大弟子之一,后藏扎什伦布寺的创建者。后来被追认为第一世达赖喇嘛。

[②] 坐床典礼:藏传佛教活佛继承的仪式。按照该教转世的制度,每一活佛圆寂之后,他所"转世"的"灵童",到一定年龄须经坐床仪式,才能成为真正的继承者。

岁成人后，才正式承袭达赖的职位，这就是达赖转世活佛的继世制度。当时索南嘉措被指定为第三世达赖喇嘛，同时追认哲蚌寺前任寺主根敦嘉措为第二世达赖喇嘛。为了恢复原有地位，红教在宗喀巴死后，联络喀尔喀蒙古到青海一带扫除黄教势力。黄教为了生存，只得向厄鲁特蒙古寻求支持。厄鲁特蒙古的和硕特部首领固始汗便移帐青海，与支持红教的喀尔喀蒙古进行斗争，结果固始汗获胜。

  清朝建立后，历代帝王都极其尊重达赖喇嘛。因为达赖不仅是西藏政治、宗教领袖，而且他所推行的佛教格鲁派得到蒙古各部的普遍信仰。尊重他，不仅能结好西藏，而且可以借此抚绥蒙古，对扩大和维护清朝的统治有着积极意义。

  早在崇德四年（1639）十月，皇太极就遣使致书于西藏"掌佛教大喇嘛"，表达了慕名聘请高僧"宣扬佛法，利益众生"之意。与此同时，固始汗联络达赖、班禅及藏巴汗，共同遣使朝贡，称皇太极为"曼殊师利大皇帝"。皇太极盛情款待了他们。崇德六年（1641），固始汗受五世达赖罗桑嘉措和四世班禅密诏，率兵入藏，于第二年推翻噶玛政权，杀死藏巴汗。从此，黄教势力大兴，不仅在前藏、后藏奠定了坚实的基础，而且传播到西康（今西藏东部昌都地区）、阿里（西藏西部）、青海等地。清初，信仰黄教的地区和人口相当广大，黄教在漠北、漠南蒙古以及西藏等地区威信很高。

  很快，在固始汗的支持下，五世达赖罗桑嘉措自任西藏法王，下设第巴一人，总理政事。达赖执政前，历代达赖都住在哲蚌寺的甘丹颇章①。当时拉萨并不是西藏的首城。五世达赖命第巴桑结嘉措在拉萨大修布达拉宫，先后兴建白宫、红宫及上下经殿房舍。完工后，五世达赖移驻布达拉宫，拉萨成为西藏首城。达赖虽然取得了西藏地方政权，但固始汗没有离开西藏，实际上掌控着那里的军政要务。

---

  ① 甘丹颇章：五世达赖喇嘛在拉萨哲蚌寺的寝宫，在布达拉宫重建之前，五世达赖喇嘛一般住在这里。当时固始汗授予达赖执掌西藏的政教大权，甘丹颇章也随之成了西藏政府的同义语，史学界故称其为"甘丹颇章政权"。

顺治四年（1647），达赖、班禅各遣使献金佛、念珠，表颂功德。次年，顺治遣使携书问候达赖，并再次敦请。顺治九年（1652），达赖抵京朝觐，顺治派和硕承泽亲王硕塞①等出边外迎接，并修筑黄寺为其下榻之处。第二年，达赖喇嘛等返藏，临行前，顺治赐册封达赖刻有满、汉、蒙古、藏四种文字的金册金印，印文是"西天大善自在佛所领天下释教普通瓦赤喇怛喇达赖喇嘛之印"。

康熙本人对宗教并不太感兴趣，但仍恪守先朝尊崇达赖、抚绥蒙古的既定国策，不时遣使前往西藏看望达赖、班禅，温旨存问，赏赐贵重礼品。他还规定从打箭炉（今四川康定）的税收中，每年拨赐达赖白银5000两作为僧众养赡，另外每年赐班禅茶叶50大包，作为寺院僧众熬茶之用。达赖、班禅也经常遣使进贡，对清廷十分敬重。

康熙尊重黄教和达赖喇嘛，但并不盲目迁就达赖个人的意志和行为，而主张以宗喀巴道法为准绳，团结与统一藏蒙各派政治势力。

固始汗在接受清廷册封的第二年，即顺治十一年（1654）病逝，他的后继者达延汗生性懦弱，使黄教逐渐取得了蚕食西藏政权的机会。康熙七年（1668）达延汗和第巴陈列嘉措同年去世，随后五世达赖掌握了第巴的权力。第二年八月，五世达赖正式将自己的亲信罗桑金巴任命为第巴，其后接任的是五世达赖提名的桑结嘉措。

桑结嘉措与噶尔丹是同窗，早年在西藏出家时，与噶尔丹同拜五世达赖为师，所以他们很快勾结起来，桑结嘉措企图借助噶尔丹的势力，将西藏的和硕特蒙古势力驱逐出去。康熙二十一年（1682），五世达赖罗桑嘉措圆寂。桑结嘉措秘不发丧，想借此机会把西藏统治大权抓在自己手里，抵制和排斥和硕特达赖汗②的控制。他找来与五世达赖相貌酷似的帕崩喀寺的喇嘛江阳扎巴，让他穿上达赖服装，坐在

---

① 硕塞：号霓庵，镶红旗人，皇太极第五子。顺治八年（1651）晋封和硕承泽亲王，掌管兵部、宗人府，并与多罗谦郡王瓦克达同为议政王。

② 达赖汗：固始汗之孙。固始汗死后，其子达延汗继承汗位，达延汗死后，其子丹增达赖继，称达赖汗。

布达拉宫的宝座上伪装五世达赖，但不与外人接触；宣布达赖要长期静坐，修炼密法，一切由第巴代行、代达。桑结嘉措一再假传五世达赖之言，恣意妄为，为反对和硕特汗而对抗清廷，暗中与噶尔丹相勾结，支持其侵犯喀尔喀蒙古，并派遣所谓达赖喇嘛的使臣济隆活佛作为噶尔丹的辅弼。

为了骗取清廷的信任和掩盖自己的政治野心，康熙三十二年（1693）冬，第巴桑结嘉措以达赖的名义遣使进贡，并为自己请封。此时康熙还不知道达赖五世已不在人世，虽然怀疑第巴偏袒了噶尔丹，但念及达赖喇嘛自受封以来，一直恭顺职贡，现在他已年老，乞封第巴，不便拒绝，遂于次年四月封第巴为土伯特王，授予金印，印文是"掌瓦赤喇怛喇达赖喇嘛教弘宣佛法王布忒达阿白迪之印"，即封第巴掌管黄教法王名号。这之后，第巴继续徇庇噶尔丹，遣使奏请不要革除噶尔丹汗号，并公然要求清廷撤走青海等处戍兵。康熙对此严词驳斥，一针见血地指出他是为噶尔丹，而不是为国家着想，明确宣布："我之守戍，为保吾土。今噶尔丹仍索喀尔喀不已，则朝廷不仅不当罢戍，且当备师。如噶尔丹来，即行剿灭。"

康熙三十五年（1696），清军在昭莫多大败噶尔丹，从缴获物中发现了第巴桑结嘉措与噶尔丹的往来文书，又从投降战俘中得知达赖喇嘛早已圆寂，于是，康熙决定遣使进藏，以察虚实。同年八月十一，康熙遣理藩院主事保住等人送敕书给班禅和达延汗的后继者达赖汗，向他们揭露第巴桑结嘉措勾结噶尔丹、欺骗朝廷的罪行；同时表彰并鼓励他们与清廷同心同德，与违反宗喀巴之道的恶端邪行进行坚决的斗争。

敕书中，康熙还给第巴指出了改过自新之路："你果然改过，仍想遵宗喀巴之道，当奏明达赖喇嘛已故始末；尊奉班禅呼图克图，使之主喇嘛教，应朕之召，使之来京；将济隆呼图克图交给朕处理；将青海博硕克图济农所娶噶尔丹之女解来。如此则朕仍待你和从前一样优厚。否则，朕必发云南、四川、陕西等处大兵，如同破噶尔丹之例,或朕亲征,或遣诸王大臣讨伐你。限于明年正月来奏,否则将后悔莫及。"

康熙三十六年(1697)二月初六,康熙行兵宁夏,一为最后剿灭噶尔丹,二来趁机对青海和西藏形成威慑。二月初八,保住奏报说,第巴答应了皇帝谕令所言诸事。由于康熙信中曾点明青海台吉向背,关键取决于达赖和第巴,所以第巴明确表示:"青海八台吉都是达赖喇嘛的弟子,愿为皇上效力,并无二心,臣可以保证他们不会背叛皇上。"第巴的恭顺态度令康熙感到很满意,决定宽宥其罪,以促成青海和西藏问题的和平解决。到达宁夏后,康熙又派保住等人前去告谕第巴:"以后你应当更加恭顺,勿违朕旨。朕完全宽恕你从前的罪过,嘉惠如初,如此则使你那里的人民蒙利,你的荣华富贵也可获长享。"同时让保住转告第巴:"皇上统领大兵,已临宁夏,因前事四款你肯遵旨,皇上大悦,故不进兵。"如此看来,康熙在处理第巴桑结嘉措的问题时,采取了古代帝王惯用的恩威并施方针。

康熙宽宥第巴的正确政策,促进了青海问题的顺利解决。起初青海各部台吉听说康熙亲自出师宁夏,深受震动,先后移营而去;后得知第巴效忠清廷,康熙宽宥其罪,遂解除疑虑,纷纷要求朝见,请求归顺。

康熙三十六年(1797)十一月二十七日,康熙在保和殿接见了来朝的固始汗第十子青海扎什巴图尔台吉等,充分肯定了固始汗和扎什巴图尔对清廷的忠诚。同年十二月,康熙阅兵玉泉山,特邀扎什巴图尔前去观看,使其亲睹清朝兵威。次年正月,康熙诏封扎什巴图尔台吉为亲王,分别封其他台吉为贝勒、贝子,并予以殊荣,令随驾巡游五台山,赏赐马驼,派兵护送他们返回青海。以扎什巴图尔亲王为首的青海众台吉,从此逐步摆脱了对达赖喇嘛的依附地位,为清廷安定西藏做出了重要贡献。

二、真假达赖

西藏问题并不仅限于西藏领土主权,还涉及西藏内部教派之间的矛盾以及对西藏产生过深刻影响的蒙古各部之间的矛盾斗争。首先，长期以来，西藏地方势力与和硕特汗之间存在着争夺西藏统治权的斗争；其次，固始汗死后，青海众台吉与在西藏的和硕特汗为争权夺位而产生矛盾；最后，青海众台吉之间的政治倾向性，有时亦出现分歧。

这些矛盾、分歧和斗争，在一段时间里，反映在拥戴哪个达赖喇嘛的问题上，都攻击对方拥立的是假达赖喇嘛，于是真假达赖之争由此拉开了序幕。

第巴桑结嘉措在康熙三十六年（1697）公布五世达赖去世的消息，同时宣布转世灵童已找到，即康熙二十二年（1683）降生、年已15岁的仓央嘉措①。康熙三十六年（1697）十月二十五日，桑结嘉措正式迎仓央嘉措至布达拉宫坐床，是为六世达赖喇嘛。康熙授给印信、封文，予以承认。然而，第巴桑结嘉措的政敌和硕特汗却表示反对，视仓央嘉措为假达赖喇嘛。和硕特汗与甘丹颇章政权之间的矛盾由来已久。桑结嘉措自担任第巴伊始，就对蒙古汗干涉西藏政务心怀反感，受封土伯特王以后，他更急于独掌西藏大权，摆脱和硕特汗。

康熙四十年（1701），达赖汗去世，其长子旺札勒即位。康熙四十二年（1703），达赖汗次子拉藏汗②毒死旺札勒，夺得汗位。拉藏汗与第巴桑结嘉措的关系日益恶化，双方终于发生军事冲突。康熙四十四年（1705）七月，桑结嘉措兵败被杀。拉藏汗另立隆素为第巴，向康熙陈奏假达赖喇嘛情由及事件经过，说仓央嘉措不是真达赖灵童，耽于酒色，不守清规，请予"废立"。

拉藏汗的主动靠拢让康熙意识到，以拉藏汗来稳定西藏局势不失为一个不错的策略，于是派遣护军统领席柱、学士舒兰前往西藏，封拉藏汗为"翊法恭顺汗"，赐其金印，同时执行拘押六世达赖仓央嘉措的使

---

① 仓央嘉措：门巴族，生于今西藏门隅地区，幼年时当过牧童，法名罗桑仁钦仓央嘉措，西藏历史上著名的诗人、政治人物。

② 拉藏汗：和硕特汗国最后一任汗王，固始汗曾孙，达赖汗朋素克之子。康熙五十六年（1717），准噶尔部策妄阿拉布坦出兵拉萨，杀死拉藏汗。自此以后，和硕特汗国在西藏的影响力消失，而开启清廷加强治理西藏之端绪。

命。康熙四十五年（1706）十月，仓央嘉措在清军的护送下起程赴京，行到西宁口外时病发身亡。这样一来，拉藏汗便得到了重新寻求六世达赖喇嘛的机会。他遵旨选立波克塔山的胡必尔汗伊西嘉措①为六世达赖喇嘛，迎到布达拉宫坐床。但他的做法遭到了拉萨附近的格鲁派三大寺院（哲蚌寺、色拉寺、甘丹寺）的僧侣及青海众台吉的反对，拉藏汗在西藏的统治从一开始便面临着很大的危机。

康熙仔细分析了西藏当时的情况，一方面积极稳住拉藏汗作为清廷代理人的地位，一方面派内阁学士拉都浑率青海众台吉的使者前往西藏，对伊西嘉措进行勘验，初步确立了伊西嘉措的地位。康熙四十八年（1709），清政府又以达赖喇嘛尚且年幼，青海众台吉等与拉藏汗不和，西藏事务不宜让拉藏汗独自管理为由，派侍郎赫寿②前去管理西藏事务，头衔为"前往西藏协同拉藏汗办理事务"。清廷设置驻藏大臣便由此开始。

第二年三月，由拉藏、班禅、赫寿共同奏请，康熙正式赐给伊西嘉措六世达赖的册命，并赐以金册、金印。由于西藏的形势极其复杂，康熙五十二年（1713）正月，康熙又派人到西藏正式册封五世班禅罗桑意希③为"班禅额尔德尼"，并赐金册、金印，通过确立班禅的宗教领袖地位，暂时缓解了西藏内部的宗教危机。

然而，事情并没有结束，拉萨三大寺上层喇嘛又在伊西嘉措之外找了一位名叫格桑嘉措④的幼童作为仓央嘉措的转世灵童，并联名奏请康熙承认格桑嘉措为真达赖喇嘛的转世灵童。

康熙认为，青海众台吉和拉藏汗都是固始汗的子孙，应使他们和睦

---

① 伊西嘉措：出生于门巴，又称门巴喇嘛。
② 赫寿：舒穆禄氏，满洲正黄旗人。初由笔帖式入内阁侍讲，累迁至内阁学士，户部左侍郎、漕运总督，官至两江总督。
③ 罗桑意希：藏传佛教格鲁派大活佛，第五世班禅额尔德尼。分管后藏部分地区政教事务的大权，大大分散了达赖在后藏政教方面的权力，常驻扎什伦布寺。
④ 格桑嘉措：藏传佛教格鲁派领袖达赖七世。乾隆十六年（1751），清廷令他掌管地方政权，黄教的政教合一从此开始。

相处，如果将格桑嘉措留在青海，他们兄弟之间难免会起争端，于是特派侍卫阿齐图等前去，谕令将理塘的格桑嘉措送至西宁口内的寺庙居住，置于清军的武力控制之下。同时，遣主事众佛保往班禅处，问格桑嘉措是真是假。康熙五十四年（1715）四月，众佛保取回班禅印文，认定理塘的格桑嘉措是假的。康熙部署侍卫阿齐图，传召青海两翼诸贝勒、台吉等会盟，当众宣示皇上仁爱之意及班禅送来印文，下令将格桑嘉措送至西宁口内红山寺居住。

但青海众台吉对此意见不一。贝勒色卜腾扎尔等认为应遵旨将格桑嘉措送至西宁口内；而贝勒察罕丹津①等则借口格桑嘉措年幼未出痘，今年不宜出行，拒绝交出。据传察罕丹津还想出动兵力，联合罗卜藏丹津②等盟誓，攻取遵守清廷旨意的贝勒色卜腾扎尔等，然后将格桑嘉措以武力送往西藏，强行登上达赖喇嘛禅榻。

康熙意识到了事态的严重性，果断决定增兵西宁，如果察罕丹津真的肆意猖狂，即行征讨；另谕四川松潘预备兵马，如闻察罕丹津有送格桑嘉措的消息，便从后面追剿。察罕丹津等得知清廷有备，不敢妄动，于康熙五十五年（1716）三月主动将格桑嘉措送到康熙指定的西宁口内红山寺居住。康熙继续采取调和态度，为促进青海众台吉的团结，稳定青海局势，于同年闰三月重新任命两翼首领，令罗卜藏丹津、察罕丹津、达颜管理右翼事务，额尔德尼额尔克托克托奈、阿喇布坦鄂木布管理左翼事务；同时派公策旺诺尔布、侍卫布达理同郎中长受、主事巴特麻等至青海会盟，让他们永远和睦相处；另选拔驻扎西宁的西安满族兵500名，由侍卫阿齐图、护军参领钦第由率领往青海西北形胜要地噶斯口（柴达木西北部）防守，以防策妄阿拉布坦派人侵扰青海，抢夺格桑嘉措。

---

① 察罕丹津：青海前首旗首任札萨克，筹建了今天格鲁派黄教著名寺院拉卜楞寺，并成为拉寺寺主。

② 罗卜藏丹津：青海蒙古和硕特部右翼首领，固始汗之孙，固始汗庶子达什巴图尔之子，承袭亲王爵位。雍正年间发动叛乱，被年羹尧等率军镇压。

为稳定边疆形势，防止策妄阿拉布坦乘隙而入，康熙对青藏各派之间的斗争基本采取调解态度，尽可能消除矛盾，至少不使事态扩大；原则上承认既成事实，支持一切忠于清廷的派别，体现了封建君主所共有的是非标准；对于达赖喇嘛，能维护则尽量不替换。

三、发兵援藏

尽管康熙极力调和西藏内部矛盾，但西藏形势十分复杂，各派都力图拥立自己的达赖喇嘛，为己所用，增强自己的政治权势和经济利益，以战胜对手。

在拉藏汗处于严重政治危机之中的时候，取代噶尔丹的准噶尔部首领策妄阿拉布坦认为夺取西藏权力的时候到来了。桑结嘉措被杀不久，他曾试探性地派人去西藏迎请仓央嘉措到准噶尔部讲经传教，但遭到了拉藏汗的拒绝。之后，他改变策略，转而拉拢拉藏汗，以消除其戒心。他提议与拉藏汗结为儿女亲家，康熙五十三年（1714），他将拉藏汗的大儿子噶尔丹丹衷约到伊犁（今新疆伊宁），与自己的女儿博托洛克结婚。与此同时，他又秘密联络拉萨三大寺与黄教上层喇嘛，表示要推翻拉藏汗并废掉其所立"假达赖喇嘛"，迎请格桑嘉措到拉萨坐床，这使三大寺僧人迅速地站到了他那一边。他们秘密派出一批年轻的僧人到准噶尔，成为准噶尔进攻西藏的有力向导。

康熙五十五年（1716）十一月，策妄阿拉布坦派堂弟策零敦多布等，借护送丹衷夫妇回西藏省亲之名，率一支6000人的队伍秘密向西藏进发。同时，他又派一支300人的小分队前往青海突袭塔尔寺，计划把格桑嘉措强行带到那曲，与策零敦多布的军队会合，再以护送格桑嘉措到布达拉宫坐床的名义进军拉萨。

策零敦多布队伍的出现令拉藏汗措手不及，仓促间，他急令手下年轻精干的将领颇罗鼐征集卫藏官员开赴藏北。此时，他还一心抱着和谈的念头，结果贻误了战机，加上准噶尔军的宣传攻势瓦解了西藏军队的斗志，拉藏汗军迅速败散。策零敦多布很快占领了拉萨，杀死拉藏汗，在大规模的抢掠洗劫后,建立了以达克咱(即达改哇·拉嘉热丹)为第巴的亲准噶尔政权。而后,准噶尔军攻向前藏,企图一举占领西藏,并长期控制。消息传到京城,康熙震惊无比。康熙五十七年(1718),他命令侍卫色楞统领军队紧急前往西藏救援。

色楞所率军队由满兵、绿营、土司①之兵及自西宁调往之兵组成,共2400人,可以说兵少力弱。远途援藏,英明的康熙为什么只派了这么一支队伍呢?这主要是因为西藏地方遥远,交通不便,信息不畅,使得康熙对敌情掌握不准确,对战局的估计过于乐观。之前有情报说进藏的敌军兵力达6000,甚至1万,但不久青海亲王罗卜藏丹津又报告说,策零敦多布只带了3000人,而且这3000人中,厄鲁特蒙古兵少,乌梁海兵居多,只到了2500人。康熙此由断定,敌军经过长途跋涉,到西藏后又遭到顽强抵抗,肯定是兵困马乏,除阵亡病死的,实际人数未必有2000人。因此,这支部队的处境肯定不会太好,他命令色楞"自分攻取,败兵力不支;撤兵而回,也没生路"。另外,他又想到了两年前策妄阿拉布坦偷袭哈密之事。当时清军以200人打败了2000多人,这使康熙认为现在攻打西藏的敌军又非过去侵犯哈密的军队可比。所以,他没有仔细研究可能出现的问题与困难,非常自信地认为200多人足以应对。他对大臣们说:"对手的军队既可以到藏,我们的军队也可以深入到他们的领域。兵不在多,200多人即可破之。既然200多人足矣,那么2400人更是稳操胜券了。"

康熙的乐观情绪也影响了他的侍卫色楞。色楞本是个盲目自信、急于求成之人,五月十二日,他不等西安将军额伦特的策应部队赶到,就率军越过青藏交界处的穆鲁乌苏(今青海通天河),一路孤军深入藏地。这时,准噶尔军一直佯装败退,引诱清军深入,并在那曲喀喇乌苏埋伏精锐兵士严阵以待;同时胁从数万藏兵,一半人马据河抵抗清军,一半人马潜出绕到清军背后截击其粮道。清军遭到准噶尔兵的伏击,突围不成,相持了一个多月,终于弹尽粮绝,于九月全军覆没,主将额伦

---

① 土司:又称土官、酋,元、明、清三朝对少数民族地区世袭地方官的统称。

特和色楞战死。

首战告捷让策妄阿拉布坦志得意满，更加不把清廷放在眼里，遂命令策零敦多布继续向东挺进到喀木地区，企图争夺四川的巴塘、理塘等地，然后再进取青海、云南等。准噶尔部的嚣张气焰震慑了青海王公和一些满汉大臣，他们认为西藏地处偏远，地势险要，不宜进兵。但康熙却不这样认为，他决定充分备战，以求克敌制胜，对西藏实现由间接控制到直接管理的转变。

康熙五十七年（1718），康熙总结刚刚失利的战争教训，决定增派京营满兵，发往甘肃等地驻扎，以备调遣；然后任命皇十四子胤禵[①]为抚远大将军，先派出两批部队开赴前线，分别驻扎在庄浪（今甘肃平凉）、甘州（今甘肃张掖）。同年十二月，胤禵率第三批部队赴西宁驻扎，康熙同时以四川巡抚年羹尧[②]为四川总督，负责督办设立进藏驿站，保证进藏官兵的粮饷供应；此后又增派1000名荆州驻防满兵到成都；调江宁、浙江满兵由都统武格等率领，开赴云南中甸一带驻扎。

为了进一步孤立准噶尔的势力，康熙积极争取青海蒙古王公。康熙五十七年（1718）九月，曾被清廷奉赐为贝勒的察罕丹津等来朝请安。康熙认为，察罕丹津虽然在拥立理塘的格桑嘉措时有些过错，但他最后还是服从了朝廷的决定，现在准噶尔入侵西藏，拉藏汗被杀，人心浮动，察罕丹津能认清时局，向朝廷效命，是值得赞赏的，于是降旨晋封他为多罗郡王。康熙这样做意在稳定青海形势，团结一切可以团结的力量，最大限度地孤立策妄阿拉布坦。康熙五十八年（1719）二月，康熙又命令都统法喇、副将岳钟琪率满汉官兵招抚巴塘和理塘，为进藏开辟道路。

康熙五十九年（1720）正月，康熙命胤禵率兵从西宁移驻穆普乌苏，管理进藏军务及粮饷，居中调度，分三路大军进藏平叛。其中，中

---

① 胤禵：康熙第十四子，雍正同母弟，后改名为允禵。雍正登基后将他远派守皇陵幽禁，后又改为圈禁。直至乾隆即位后，他才恢复自由。

② 年羹尧：清汉军镶黄旗人，字亮工，康熙进士，历任四川总督、川陕总督、抚远大将军，还被加封太保、一等公。

路由皇侄延信为平逆将军,率1.2万人出青海,进军喀喇乌苏;南路由噶尔弼为定西将军,与云南都统武格率1万人,从巴塘进兵;北路由将军富宁安、傅尔丹率2.5万人,分别从巴里坤、阿尔泰出兵,配合出击,牵制前来救援的敌兵。

同年二月,康熙册封格桑嘉措为"弘法觉众第六世达赖喇嘛",派中路军护送他入藏。把护送达赖喇嘛和进兵西藏驱逐准噶尔人连在一起,并以"护送"为名进军,很容易被蒙藏人民接受。春夏之交,由噶尔弼率领的南路大军从甘孜地区出发,没有遇到准噶尔的任何抵抗,顺利进抵拉萨;延信率领的北路大军也在这一年进入西藏,在藏北当雄一带击溃策零敦多布部,于九月进入拉萨。

九月十五日,满汉大臣、蒙古各部首领、西藏黄教上层喇嘛、贵族齐聚拉萨布达拉宫,为达赖喇嘛格桑嘉措举行隆重的坐床典礼。由策妄阿拉布坦挑起的西藏叛乱就此平息。

康熙对于西藏问题的处理体现了他非凡的智慧,他充分尊重该地区民众的宗教信仰自由,但对其中的分裂活动则坚决打击,果断派兵入藏平叛,加强对西藏的管理,有力地维护了国家的统一与边疆的安宁。

四、安藏举措

西藏叛乱平定后,康熙采取了一系列措施来加强对西藏的管理,首先组建由清军统帅延信将军领导和主持的临时军政府,并着手进行消除和清算准噶尔部策妄阿拉布坦势力的工作,公开处决了在策妄阿拉布坦占领期间担任第巴并与准噶尔部合作的达敦巴和另两位噶伦[①];将拉藏汗所立的达赖喇嘛伊西嘉措押解到京城;还清除了拉萨三大寺和扎什伦布寺中的准噶尔喇嘛,将其中的5人斩首,其余全都监禁。

---

① 噶伦:官名。亦称噶布伦、噶布隆,清代西藏最高行政长官,受驻藏大臣及达赖喇嘛管辖。

康熙六十年（1721），康熙重新组建西藏地方政府，采取"噶伦共管"制度，废除了西藏地方政府中独揽大权的第巴一职。最初任命的3名噶伦是康济鼐①、阿尔布巴和隆布鼐。隆布鼐是拉萨东北一带的贵族，原在拉藏政权中任职，清军入藏后他主动归顺清军，并担任清军向导，立下了不朽之功，被康熙封为"辅国公"。康济鼐被任命为首席噶伦，并封为贝子。康熙六十一年（1722）春，根据康熙谕旨，在3名噶伦之外，又加上达赖喇嘛的辅佐，共同管理当地事务。噶伦共同办事，消除了长期以来青海和硕特蒙古对西藏事务的影响，调动了西藏各地贵族的积极性。更重要的是，由于新政府官员都由朝廷直接任命，使得西藏地方政府和朝廷之间的联系大大加强，为日后雍正、乾隆两帝继续经营西藏奠定了坚实的基础。雍正十年（1732），清廷又任命2名噶伦，即颇罗鼐②和扎尔鼐。这样，一个完全由清朝一手组建并由清朝直接控制的西藏地方政府建立起来了。

为了进一步加强对西藏的管理，维护当地的安定，康熙还建立了驻兵制度。他派满族、蒙古及绿营兵，共4000人驻藏，由公策旺诺尔布署理定西将军印务，统辖驻藏兵马，额驸阿宝、都统武格均参赞军务。这是清廷在西藏驻兵的开始。

驻兵制度是清廷治藏措施的重要内容，是清廷在西藏进一步开展政治、军事工作的继续和发展，直接体现了清廷对西藏行使主权的力度和层面，具有深远的意义。它保卫了边疆，巩固了国防，安定了西藏，强化了西藏地方对中央政府的向心力，促进了西藏地方政治、经济、军事和文化的积极发展，为维护祖国统一和民族团结做出了重要贡献。

另外，为了保持与拉萨驻军的联系及通信往来，清廷还在巴塘、

---

① 康济鼐：西藏贵族，本名镇南结布，后藏人，原为拉藏汗的女婿、阿里三围的噶伦。在清廷委任的西藏首届噶伦政府中担任首席噶伦，后因位居第二的阿尔布巴作乱而被杀，引发卫藏战争。

② 颇罗鼐：西藏贵族，在担任拉藏汗秘书时曾配合阿里总管康济鼐出兵策应进藏清军，清廷平乱后担任仔本（审计官），掌管财政。后来因政绩优秀突出而被封为郡王。

理塘、昌都和洛隆宗（今洛隆县）等处留驻军队，并将西藏东南部连同巴塘、理塘及打箭炉置于四川总督的统辖之下。同时，清廷还在西藏通往准噶尔的各个要道路隘严设喀伦（即哨所），每年夏季组织藏族武装巡逻防范。

为纪念安藏战役维护祖国统一和安定西北边疆的重要意义，康熙六十年（1721）九月，各部蒙古王、贝勒、贝子、公、台吉以及西藏各部酋长合书上奏，呈请在拉萨立碑，"以纪盛烈，昭垂万世"。康熙允准了他们的奏请，并制碑文。在碑文中，康熙回顾了西藏地方政府和清廷80年间相互往来的密切关系。在碑文最后，康熙对国内各民族团结统一的美好前景进行了展望。这块纪念碑是康熙出兵安藏成就的写照，历经200多年的风雨吹打，至今仍屹立在西藏拉萨布达拉宫前面。

安藏是康熙一生中最重要的业绩之一。这一事件发生在他的晚年，由于疾病、立储等事的打击与折磨，他的身体与精神都大不如前，在处理此事的过程中也做出过一些错误的决策，使清军蒙受了一些损失，但是，为了祖国的统一和国内各民族的团结，他不气馁、不退缩、不放弃，排除各种干扰，花费了近二十年的心血，终于完成了历史赋予的这一伟大使命。

康熙六十一年（1722），在京城内外士庶百姓欢庆安藏胜利的日子里，康熙以无限开朗的情怀写下了欢迎平藏大军凯旋的诗篇：

去年藏里凯歌回，丹陛今朝宴赏陪。
万里辛勤瞬息过，欢声载道似春雷。

第八章 察吏治奖廉惩贪

一、亲察官吏

作为一个勤勉励志的帝王，康熙一面戡乱平叛、维护边疆安宁，一面勤勤恳恳地处理国内政务，其中，整顿吏治是他最显著的政绩之一。因为他深知，一个国家最难治的不是百姓，而是官员，官员治不好，国家机器就运转不灵，整个国家将面临危机。因此，他一直很重视对官员的监管与考察。

康熙考察官吏的途径很多，比如制定了京察制度，采取职能部门考察、亲察、密奏等措施。明代时，朝廷对官吏的考察通常有京察、大计和军政等几种措施。京察即考察京官，六年一次；大计为考察外官，三年一次；军政是考察武官，五年一次。届时，由在京三品衙门堂官以上，地方督抚及提督、总兵自陈功过，吏部、都察院开列事实具奏候旨。其下属官员，分别由京堂、督抚、提督填注考语，造册送吏部、都察院。上述被考察官员，凡清廉自守者荐举卓异，贪酷不谨者予以论劾，然后分别按例升赏、降革。清承明制，继续沿用这几种办法考察官员，但康熙并非一味地继承旧制，而是根据具体情况进行了改进。

因为原制度历时已久，有些流于形式，督抚和提镇对大计、军政不认真负责，工作不够细致，甚至推诿塞责，使得真正的贪官危害地方而得不到惩治，真正的清官得不到庇护和表彰，因此，康熙在大计、军政之外，又实行了"两年举劾"之制。

这种制度由军政长官举劾属下功过，分别奖惩。因京察间隔时间较长，康熙传谕各衙门堂官，对属下随时甄别、指参，以示劝惩。同时，他还提出建立注册考核制度，规定部院官员因病因事不上衙门的，均需注册，以此区分勤惰。通过注册，康熙掌握了官员的出勤情况，康熙五十三年（1714）二月，翰林等部门告假的官员达三分之二。康熙据此决定，翰林院里的修撰、编修、检讨、庶吉士①、教习进士以及科道官员等有告假还乡养病的，就让他们解职回家。

在考察官员的诸多方式中，康熙经常通过亲自接触官员来进行考察，其办法很多。总督、巡抚及各省其他文武大吏离京赴任前，向皇帝告别，称陛辞。陛辞时，康熙会有针对性地与他们研讨问题，提出要求，做初步考察。

康熙十八年（1679）八月二十六日，山东巡抚施维翰②陛辞，康熙问道："你有什么要陈奏的吗？"施维翰答："臣只是一介庸愚之人，蒙皇上特恩提拔，担此重任，自奉命以来，无不惶恐，哪敢不尽心力以图报答皇恩呢？"康熙说："但凡总督、巡抚上任，朕都有谕旨，勉励他们尽职尽责，但他们到了地方，很少有遵行的。"施维翰说："臣做了多年的官，对民间利弊很熟悉，如今到了地方，誓不敢有败检之事。如果臣有不称职之处，任凭皇上重罚。"随后，君臣二人讨论了该地防止兵丁变乱一事。

康熙二十四年（1685）二月十三日，漕运总督徐旭龄③陛辞，康熙将他召到榻前，徐旭龄对康熙的信任和重用感激不已，君臣二人一起研究了禁陋规、节冗费、整理官吏队伍等问题。康熙知道徐旭龄任山东巡抚居官清慎，鉴于以前几任漕督俱不称职，故将他升任此职，并对他说："源洁则流清。你作为地方大吏，务必端正自己的言行，做好表率，

---

① 庶吉士：亦称庶常，明、清两朝时翰林院庶常馆学员。

② 施维翰：清顺治九年（1652）进士。历任监察御史、山东巡抚、浙江总督，殁于福建总督任，谥"清惠"。

③ 徐旭龄：字元文，号敬庵，顺治十二年进士。历任刑部主事、礼部郎中、湖广道御史、巡视两淮盐道，累官至漕运总督。

这样属下便不会干坏事。"徐旭龄很感激康熙知遇之恩，提出了一套禁陋规、节冗费的计划，回奏说："官吏营私正如钱粮火耗，臣在山东曾严厉禁止。眼下漕运方面的陋规，巧立名目，积习相传，不胜枚举。比如漕运过淮，按例应当盘验，于是经管官史专事需索，以致旗丁穷困，盗卖漕粮，使国家税收遭受损失。臣到任后，将彻底清厘，以解除军民之困。至于额设标兵6000人，臣所在衙门没有防守之责，可以酌情裁减，以节省军费开支。前任漕督是满官，所以一切本章都由笔帖式翻译。臣用汉字，奏疏只用汉字，所设笔帖式也应当裁撤。官省则弊亦省，似于地方有益。"康熙听了赞赏道："这些应行事宜，你到任后即具本来奏，朕自允行。"

同一天，康熙召见了新任广东提督许贞，研究缉捕广东盗贼问题。许贞过去是郑成功的部将，降清后授左都督，驻赣县垦荒。耿精忠叛乱时，他起兵剿贼，屡立战功，授为总兵，后晋升提督，以骁勇善战著称。康熙对他说："你在江西立下卓著战功，朕为了嘉奖你，升你为广东提督。近来听说广东盗贼没有平定，你应该特别留意缉捕，以安定民心。"许贞回奏道："广东一地溪水很多，盗贼出没其中，最难捕治。臣将设法打造小船，或3里或5里设置水路塘兵，昼夜巡逻放哨，如此盗贼必将平息。"康熙听了甚为满意。

通过陛辞时的初步考察，康熙对新任官员上任前的思想动向有了初步了解，而官员对新任职务的首要问题也有了思想准备。不过，这样的亲察有一个前提，那就是康熙首先要了解地方情况，能够提出中肯的、关键性的、具体的要求。地方官赴任后，仍有不定时奉召陛见，"以地方情形及兵民生计，面加咨询，具有深意"。州县官员、地方武职人员赴任前，康熙也下令引见，"亲验补授"，发现庸劣之人立即罢斥。康熙引见的官员甚多，诸如补武职人员、被参官员、保举人员、卓异、行取人员、世职官员、荐举官员、升补官员等，俱令引见。

康熙很重视接见效果，一旦发现效果不佳，便立即停止。如各省的布政使和按察使，原来沿袭明朝旧制，大计之际来京朝觐，以间阎（民间）之利病上陈。后来他发现，朝觐之期，官员借机摊派，大小相循，私相交际。察吏的目的本是为了安民，如此摊派就成了扰民，这就违背了亲察的本意。另外，布政使、按察使专理钱谷、刑名，离任朝觐多有不便，且条奏不过细事塞责，并无民生利弊大事。因此，康熙于康熙二十五年（1686）三月决定："各省藩、臬及各府佐贰官①员入觐之例，通行禁止。"

还有一次，康熙亲阅刑部秋审重囚档案，发现九卿阅视档案不认真，阅看了几个月，竟然没有发现一点错误；刑部刊此档案"先不详审，殊属不合"。此类文书关系人命，康熙认为不能有半点差错，遂令都察院"严加议处"。此外，凡专务逢迎、以谬言相奏、冗长浮泛之类的奏章，康熙都一一指出，有的甚至给予处分。

康熙执政期间曾六次南巡，多次东巡盛京、吉林，西巡宁夏、山陕，北巡蒙古，还经常巡视京畿周围等。他每次出巡，各有视河、谒陵、狩猎、避暑等具体目的，但以周览民情、察访吏治为经常性任务。康熙八年（1669）二月，康熙巡行京畿，发现通州知州欧阳世逢、州同②李正杰庸劣无才，副将唐文耀不娴武事，俱令革职，并追究直隶督抚不早行参奏之责。康熙二十三年（1684）十一月，康熙第一次南巡，在江苏宿迁发现漕运总督邵甘上任以来没有做过一件好事，而且多有不谨之处，遂将其撤职。康熙二十八年（1689），康熙第二次南巡，返京第二天便根据自己所掌握的情况，任免了一批高级官吏。如杭州副都统朱山，庸劣而且年迈，令其解任；漕运总督马世济，体弱多病，而且才能平庸，令其原品休致，随旗上朝；原河道总督靳辅，实心任事，劳绩昭然，因此复其原品；等等。康熙出巡时亲察的特点是察吏与察访民情、听取民间反映相结合。他曾深有体会地说："凡居官贤否，唯舆论不爽。果其贤也，问之于民，民自极口颂之；如其不贤，问之于民，民必含糊

---

① 佐贰官：主官的副职或辅佐官的统称。
② 州同：官名，清代知州的佐官。属于直隶州的，相当于"同知"。

应之。官之贤否，于此立辨矣。"这是他多年考察官吏的经验总结。

为了全面准确地把握世情，康熙晚年时比较注意了解和考察部院司官。这些司官虽然官位不高，但潜力较大，日后可以委以重任。康熙对他们寄予厚望，有意多加了解和培养。对满族司官，令他们轮班佩刀，在侍卫处行走，"如此贤否始见"。按清朝旧例，满族官员不分文武，出征时均在夸兰大章京等处行走。康熙让满族司官佩刀，有参照旧例之意。部院汉司官等，康熙认为"应照现今翰林官分班行走例，令伊等分班引见"，后来具体规定为"汉官每遇奏事，派六员引见"。对于轮班引见的部院司官，他还"出题考试"，据说"完篇者居多。即不能诗文之人，所书出身履历亦甚明顺"。通过这些办法，康熙对部院司官的情况有了较为详尽的了解。这一办法后来逐渐演变成一种密奏制度。

二、密折制度

为了强化自己的专制统治，康熙新创了一个信息传输的渠道——密折，以此加强对官吏的监察力度。

清朝入关后，遵照明朝旧制，将大臣们上传朝廷的文书分为两种：题本和奏本。题本奏报公事，用印；奏本奏报私事，不用印。总院衙门及京官题本送到内阁，称为部本；京官奏本及外省督抚、将军题奏本章都送到通政使司，由通政使司呈送内阁，称为通本。内阁收到这两个渠道呈送的本章后，根据具体情况，分别翻译并代替皇帝拟出处理意见，然后呈给皇帝审核。皇帝批阅后再返回到内阁，交六科发抄，然后分发有关衙门执行。如果发往外省，就由各省驻京提塘官①前往有关衙门领出，交驿递发出。

朝廷通过以上两种上行文书，传递了大量的信息，对朝廷与地方的

---

① 提塘官：官名，简称"提塘"，多数省每省一人，由各省督抚选派武职一人（由兵部任用）驻京，掌管传递部院等衙门与本省有关来往文书。

沟通起到了重要作用。但是，这两种文书也存在着弊端。题奏本章都有字数限制，对所奏事件无法进行详细的陈述；上行下达时经过了诸多机构，而且附有开载内容提要的贴黄和递送各有关衙门副本的揭帖，保密性太差；文书在呈送皇帝之前必须经内阁票拟，皇帝批阅后又需要交由六科发抄，程序相当烦琐，效率很低，而且使最高统治者在处理国事时始终处于被动地位；对一些敏感问题，臣下上奏和皇帝下旨都无法畅所欲言，对君主集权极其不利，还给内阁大学士弄权留下了可乘之机。鉴于此，康熙亲政后便创造了一种新的上行文书——奏折。

奏折，又称折子、奏帖、折奏，专指受皇帝指令的官员单独向皇帝密报，由皇帝直接批谕，再批发奏报人的折式文书。最初只限于满官使用，用于请安、谢恩、庆贺之类，不涉及国家政治生活。康熙二十年（1681）左右，朝廷官员开始以奏折奏报政事，使用人员也从满官扩大到汉官。有的是有关机构和官员主动具折言事，有的是应皇帝要求而具折汇报情况。这种文书形式因不需要内阁翻译而直达御前，而且没有字数限制，能够详细地报告实际情况，所以自从使用后有逐渐增加的趋势。

在使用奏折的过程中，康熙发现这种形式具有极高的保密性，于是使用得更为频繁，使其得到了更为迅速的发展。从康熙三十年（1691）开始，康熙便谕示一些臣工以奏折密陈政事。最初被赋予这一权力的只是在外任职的少数皇室家奴和个别亲信臣工，如江宁织造曹寅①、苏州织造李煦②、工部尚书王鸿绪③等。康熙三十二年（1693）六月，康熙谕示苏州织造李煦："凡有奏帖，千万不可让人知道。"康熙四十四年（1705）谕示工部尚书王鸿绪："京中有可闻之事，卿可密奏于请安封

---

① 曹寅：字子清，号荔轩，又号楝亭，正白旗内务府包衣，世为康熙近臣，官至江宁织造、两淮巡盐御史。《红楼梦》作者曹雪芹祖父。

② 李煦：字旭东，康熙的亲信，任苏州织造达三十年之久，负责为皇帝和百官制作服装。

③ 王鸿绪：字季友，号俨斋，康熙年间进士，官至工部尚书。曾任《明史》总裁，左都御史、户部尚书等。

内上奏，不可让人知道。如有泄露，影响会很大。小心！小心！"此类奏折及其朱批谕旨关系到君臣、主奴之间的秘密往来，通常是无话不谈，康熙既可通过这种形式获知地方较深层次的情报信息，也可通过朱批不加掩饰地提出一些具体要求，使执行官员容易领会和贯彻执行。因此，康熙四十年（1701）之后，康熙又将使用奏折之权授予一些地方官员，官员不仅可以以此上奏四季民生、粮价情况、盗案情况等，还可以刺探各级官员隐秘政声等情况。康熙四十九年（1710）十二月，康熙谕示福州将军祖良璧①了解"总督居官怎样"；康熙五十二年（1713）七月，又密谕贵州巡抚刘荫枢②，"前任提督做官、为人怎样，卿可密折奏闻"。

由于奏折事关机密，康熙特地制定了几条制度，比如具折人必须亲自书写密折，或者让自己的子弟书写。对曹寅、李煦、王鸿绪等人都要求他们亲自手写；对贵州巡抚刘荫枢则谕示"以后凡奏折，必须你亲手写来奏闻"。康熙五十年（1711），他又下谕旨："今后满汉文武大臣的请安折子，都要亲手缮写并密封；如果自己不能写，就让子弟缮写，并将子弟的名字写明。如果有事上奏，就在请安折子里具奏。"对于这种密折，康熙始终坚持自阅自批，以防泄密。康熙五十四年（1715）十月，康熙称："各处奏折所批朱笔谕旨，都出自朕手，无代书之人。这次出巡，朕的右手有疾，不能写字，便用左手执笔批旨，绝对不会假手他人。所以所奏之事，只有朕和原奏人知道，如果有泄密发生，也是原奏者没有保守秘密。朕听政已经很多年了，从来不会把事情轻易告诉他人。"

奏折绕过通政使司、内阁，另辟进折途径。凡外省奏折到京，或京官奏折，可以直接到宫门呈递，以直达御前。比如，康熙驻跸畅春园或秋围木兰时，上奏之人就到畅春园或热河进折。奏事官员分别由侍卫、

---

① 祖良璧：祖泽洪之子，袭父爵。从征噶尔丹，擢西安副都统，官至福州将军。
② 刘荫枢：字乔南，康熙进士，历任知县、吏部给事中、刑部给事中、户部郎官、云南布政使、贵州巡抚。

太监组成，负责接折并转递御前。有时，康熙还专门召见外省来进折的官员，以核实真伪并询问相关情况。奏折批复后，也不经内阁、六科等机构，而是直接交兵部捷报处，由驿递发出，交有关官员执行。

正因为有以上诸多制度保障，康熙年间虽然具折官员一增再增，但奏折的传递始终畅通无阻，也极少发生泄密的情况，此举进一步加强了康熙对各级官员的监察和对全国情况的了解。

康熙中期后，康熙还允许外地将军、督抚、提镇、总兵等高级地方官员和中央部院官员一样，遇到紧急、重要、疑难事件时，可以绕过通政使司和内阁，使用奏折奏报情况，以直达御前。康熙很喜欢这种上奏形式，因为它能让皇帝在地方官员正式题本之前提前了解地方情况，预先做好部署。康熙四十年（1701）后，这种文书形式在地方官员中得到普及。大致的程序是，但凡地方有紧急、重要、疑难事务，多由督抚、提镇等地方官员具折向康熙请旨，朱批允准后，再正式具题交相关部院，完成公文批准手续并正式执行。后来，对于一些情况极为紧急的奏折，如果等朱批允准后再正式具题，会贻误时机，于是，康熙就直接将奏折交阁部议行或直接敕部遵行，从而使其与题本一样成为正式公文使用。

密折制度对康熙较快地获取地方信息、加强监察工作、提高中枢决策准确程度都发挥了重要作用。

经由康熙提倡，康熙后期，奏折的使用范围和数量有了更大的发展，但此时的密折制度还处于早期发展阶段，因为当时的奏折还只是题奏本章的附属品；除个别奏折因为内容重要、紧急而交部议行外，大部分请旨奏折仍然需要具题；另外，当时奏折的相关制度还很不健全。直到雍正时期，奏折制度才正式形成，并发挥更加重要的作用。

雍正即位以后，进一步发展并完善了密折制度。他不仅将奏折人的范围扩大到各省督抚以下的布政使、按察使，而且特许某些道员、知府以及总兵官以下的副将密折奏事。密折奏事向更低级官员的扩展，不仅扩大了皇帝了解政情，尤其是地方政情的渠道，而且使其所了解的政情更接近基层、更详细具体。与此同时，雍正还制定一系列保密制度来加强奏折的保密性。比如将特制的"折匣"发给奏折人,并配有锁匙,只能由皇帝及奏折人开启;不许奏折人将所言之事与他人商议,严禁将折子上皇帝的朱批密谕相互传看、私下讨论,一旦发现,将按泄露军机律治罪。为了能够随时了解、督促和检查奏折之朱批实施的情况,雍正先是实行朱批奏折的回缴制度,此后,随着宫中档案管理制度的建立,又命将朱批奏折在发还前登记录,副本存档备查。密折制度至此达到了完备的程度。

三、奖励清官

自古以来,吏治的优劣都是国家盛衰治乱的关键因素,关系着民心的向背和统治的安危。康熙深谙治国之道,自然非常重视官吏的操守问题,他考察官吏的主要内容是奖廉惩贪,且"以奖励廉洁为主"。康熙认为,"居官既廉,办事自善,即钱粮稍有未完,百姓自为彼勉力急供",因此,他把清廉作为用人的首要标准,并以廉吏事迹激劝百官,以澄清吏治、扭转贪风。

早在清朝入关初年,多尔衮与顺治就很注重表彰廉吏,树立榜样。当时涌现出了一批以清廉著称的官吏,比如,掌管刑狱的刑部员外郎毕振姬,被称为"清操绝世",独居陋室,官至布政使,"不染一尘,归日一仆一马,了无长物"。中下级官吏中有白登明,在知县任上时勤劳任事,"停止增派河夫",以治绩优异擢为江南太仓知州,颇得人心,他死的时候"贫无余资,州人醵金以殓"。

康熙深知表彰清官的积极作用,亲政后采取了各种措施大力表彰清廉为官之人。康熙十八年(1679)十月,以清廉敢言著称的都察院左都御史魏象枢[①]上疏,一次便提名了10多名清廉的官员,包括原刑部侍

[①] 魏象枢:字环极,顺治年间进士,官至左都御史、刑部尚书。以敢言著称,屡上疏论时政、请禁革,参贪官、举廉吏,多被采纳。

郎雷虎、原户部侍郎班迪、原兵部督捕侍郎达哈他等。康熙接到奏疏后，予以高度重视，立即宣布将已被革退的雷虎授以内阁学士兼礼部侍郎，将已降级的班迪改令随旗上朝，其他人等也都令吏部迅速提出处理意见。

　　康熙认为，惩贪与兴廉是整饬吏治的两个不可分割的部分，二者相辅相成，缺一不可。因此，平定"三藩之乱"后，他更加积极地表彰清官，多次下令臣下举荐清官。康熙二十三年（1684）五月，康熙告谕大学士等："当官应以清廉为要，九卿如果发现清廉者，应积极举荐，不要拘泥于京内京外、官大官小。"在他的督促下，大小官员陆续推举了一批清官，包括直隶巡抚格尔古德①、吏部郎中苏赫、范承勋②、扬州知府崔华③等。康熙二十九年（1690），吏部打算从现任知县中挑选一些人担任科道官，康熙以科道官关系重大为由，再次下令各级官员择贤举荐。这次被举荐的有清苑知县邵嗣尧、三河知县彭鹏等。

　　对于真正的清官，康熙发现一个表彰一个，不仅口头称赞，而且不断提拔，对他们始终信任有加。第一个得到康熙大力表彰的清官便是历史上著名的于成龙。

　　于成龙是山西永宁人，顺治十八年（1661），45岁的他被授予广西罗城知县。临行前，他给朋友写信说："此行绝不以温饱为念，所自信者，'天理良心'四字而已。"罗城地处深山，瘴气盛行，是瑶、壮等少数民族杂居之地。于成龙的县衙就设在丛林之内，他每天接待百姓，问民疾苦，任内"洁己爱民，建学宫，创养济院，任事练达"。康熙六年（1667），于成龙升四川合州知州；康熙八年（1669），升湖广黄州府同知；康熙十三年（1674）二月，升武昌知府，后任黄州府知府，不久又升任福建按察使，被荐为"廉能第一"，而后升布政使；康熙十

---

① 格尔古德：钮祜禄氏，字宜亭，满洲镶蓝旗人。历任内院副理事官、内阁学士、直隶巡抚。

② 范承勋：字苏公，号眉山，隶属汉军镶黄旗。大学士范文程第三子，福建总督范承谟之弟。历任内阁学士、云贵总督、都察院左都御史、兵部尚书，加太子太保。

③ 崔华：字莲生，顺治年间进士，历任浙江开化知县、江南扬州知府、两淮盐运使。

九年（1680）迁直隶巡抚。上任后，他是非分明，支持廉洁官吏，劾奏贪黩县令。康熙得知于成龙的事迹后，于康熙二十年（1681）二月初五在懋勤殿亲自召见他，表彰他说："你是当今清官第一，实属难得"，赏赐百金、良马等，以此嘉奖其廉能。于成龙每次提出免税、赈灾的要求，都能得到康熙的同意，这也是他鼓励清官的一种方法。同年年底，他提升于成龙为江南江西总督。于成龙很感激康熙的知遇之恩，到江南后更加勤奋，诫属吏，革加派，剔积弊，治事每至达旦，"官吏闻风改操"。

于成龙善于化装私访，以考察官吏，了解民情。江南官吏得知他这一行为后，只要遇到白髯伟貌之人，便互相转告，循规蹈矩。士大夫家减车马随从，婚嫁不用鼓乐，豪猾率家远遁。经过于成龙几个月的治理经营，江南政化大行。于成龙每天吃粗米、青菜，被当地人称为"于青菜"。遇到荒年，他便以屑糠杂米为粥，不仅"举家食之"，而且用来待客，并说："如法行之，可留余米赈饥民也。"然而，他这样的清官竟也遭到别人的弹劾，以致部议令其退休。幸好康熙明察，特诏留任，康熙二十三年（1684）于成龙兼摄江苏、安徽两巡抚事。同年四月十八日，于成龙去世。署中官员去他家吊唁，看到他家中的遗物只有床头一个破箱，里面有一套官服、官靴，以及瓦缸中精米数斛，精盐豆豉数罐而已。康熙闻讯，无限感慨地称于成龙为"天下廉吏第一"，遂加赠太子太保，谥"清端"，荫一子入监读书，并御书"高行清粹"四字为祠额，及楹联赐之。

百姓听说于成龙病死，罢市聚哭，家家绘像设案进行祭祀。康熙叹息道："于成龙因在直隶政声显著，朕特选他出任江南总督。听说上任以后，他变得不如从前好了。至病故后，才知道他居家清廉，甚为百姓所称道，或许于成龙向来所行耿直，与之不合之人挟仇陷害、造谣诬蔑，是不肖之徒嫉妒他，居官能如于成龙者有几人？"

由于康熙奖励清官，为官吏树立榜样；扶正抑邪，引导官吏走正道，因此清官不断涌现。继于成龙之后，又出现了著名清官傅拉塔。

傅拉塔，伊尔根觉罗氏，镶黄旗人，历任内阁中书、内阁侍读、御史、陕西布政使副都御史、工部侍郎、吏部侍郎，康熙二十七年（1688）四月，升任两江总督。临行前，康熙叮嘱他："你去上任，要洁己行事。前几任江南总督没有超过于成龙的，你就以他为榜样吧。"傅拉塔上任后，清理弊政、黜斥贪墨，处理刑狱尤为明慎。当时赣县（今江西赣州）知县刘瀚芳私征银米10多万石，并蠹役不法。其上司赣南道、布政使、按察使等曲为庇护。傅拉塔奏请康熙允准，将他们全部罢免。他奏报大学士徐元文①和他的兄长原任刑部尚书徐乾学②纵容子弟招权罔利，将其降调侍郎。胡简敬在沭阳居乡不法，巡抚洪之杰徇私袒庇，傅拉塔先后疏劾，分别予以惩治。广东巡抚江有良与巡盐太常少卿沙拜互讦，傅拉塔受命审理，最终二人都以受贿罪夺官。康熙三十三年（1694），傅拉塔上疏奏免除淮、扬所属州县荒地的赋税，户部讨论后没有同意，康熙特命免征。同年闰五月，傅拉塔在任上去世，康熙接到他的遗疏，痛心不已，对大学士等说："江南江西总督居官清廉者，自于成龙以来，只有傅拉塔一人。傅拉塔和而不流，不畏权势，能体悉朝廷委用之意，爱恤军民，甚属可嘉。"康熙破例派人赴江宁致祭，赠太子太保，授骑都尉世职，令其子承袭。当地人怀念傅拉塔，在江宁为他建神祠。康熙四十四年（1705），康熙第五次南巡，经雨花台，赐御书"两江遗爱"匾额，令悬于傅拉塔之祠堂。

康熙采取积极态度培养清官，还是很有成效的。他曾让于成龙荐举廉洁可为大用之人。于成龙升任两江总督，临行前荐举数人，其中一个是通州知州，也叫于成龙，被称为小于成龙。

小于成龙，字振甲，汉军镶黄旗人，康熙七年（1668）任直隶乐亭知县，次年署滦州（今河北滦州）知府，康熙十八年（1679）升通

---

① 徐元文：字公肃、号立斋，探花徐乾学、徐秉义之弟，兄弟三人皆官贵文名，号称"昆山三徐"。顺治十六年（1659）进士第一，授翰林院修撰。康熙年间历任国子监祭酒、左都御史、文华殿大学士兼翰林院掌院学士。

② 徐乾学：字原一、幼慧，号健庵、玉峰先生，康熙年间历任日讲起居注官、《明史》总裁官、侍讲学士、内阁学士、左都御史、刑部尚书。

州知州。他政绩其实一般,但老于成龙细心察吏,"识其贤",上疏举荐他为可用之才。不久,江宁知府员缺,康熙擢小于成龙补其缺,然后在使用中培养。康熙二十三年(1684)十一月,康熙南巡至江宁,经察访与在京所闻无异,证实小于成龙廉洁,特予以嘉奖,赐亲书手卷一轴,并于当月擢升他为安徽按察使。同年十二月返京后,康熙专门召见小于成龙的父亲、原任参领于得水,赐貂裘,奖励其教子有方,令继续勉励儿子"殚心竭力,始终如一"。针对"汉军居官每赴外任多带仆从,奢侈浪费,唯务黩货累民,恣肆放逸,未能谨守法度"等情形,康熙又谕八旗都统、侍郎诸臣,有子弟外出为官,务必贻书训勉,效仿小于成龙洁己爱民的行为。

康熙二十五年(1686)二月,小于成龙升任直隶巡抚。他上任后,发现弭盗之方在力行保甲,故连上几疏,康熙予以支持。康熙二十六(1687)四月,康熙以小于成龙廉能称职、诚心爱民、洁然自守,特旨嘉奖,加太子少保,并赐鞍马、银两等。

当然,廉吏并非完美无缺,小于成龙荐举官吏常以亲疏为准,举荐之人并非全都廉洁。为此,康熙批评他"滥举""有负职守"。在治河问题上,小于成龙与靳辅发生分歧,康熙让他们二人进行辩论,据理明辨是非。但小于成龙竟与人私下结伙,在治河工程中采取不合作的态度,康熙知道后,削其太子少保,但给予改正机会,让他继续担任原职。康熙二十九年(1670),小于成龙升任左都御史兼镶黄旗汉军都统。后来,他又调任河道总督,才发现自己过去的错误,这才采取靳辅的方法治河,并向康熙承认了错误。廷臣主张惩戒小于成龙过去妄奏之罪,议夺其官,但康熙仍"命留任"。康熙三十七年(1698),小于成龙以总督衔管直隶巡抚,修浚浑河,康熙改河名为永定河。后小于成龙复为河道总督,因病告假,康熙命他在任调治,并派医生前去夜视。康熙三十九年(1770),小于成龙病卒,康熙赐祭葬,谥"襄勤"。

康熙还发现和培养了张鹏翮、彭鹏、郭琇、陈瑸等廉吏。康熙二十三年(1684),两江总督于成龙去世,消息传至京城,康熙临朝痛悼,问九卿等:"今天下清廉官如于成龙者有几?"廷臣提出7人,其中便有当时任山东兖州府知府的张鹏翮。这年秋天,康熙南巡路过兖州,有意观察,发现张鹏翮果然"居官甚善",从此不断提拔他,他后累迁至浙江巡抚、兵部侍郎、左都御史、两江总督、河道总督、吏部尚书等职。

彭鹏是福建古田人,他担任三河县知县时,康熙谒陵往返,"稔知其贤",后其累升至广西巡抚,调广东,卒于任所。康熙褒奖他"实心供职,克尽勤劳"。

郭琇是山东即墨人,任江苏吴江知县。康熙南巡经过吴江,"百姓俱称其贤",所以特旨升他为御史,后来他疏劾大学士明珠、余国柱①等,声震朝野,升左都御史,后任湖广总督。

康熙晚年发现了杰出的清官陈瑸。陈瑸是广东海康人,康熙四十八年(1709),任四川提学道,为官不讲排场,只有一人相随,衣物仅堪使用,但对公事竭尽所能,又杜绝请托,一意甄拔人才。康熙发现后,向四川全省官吏公开表彰陈瑸操守廉洁的事迹。任台厦道②时,他将应得银3万两全用于公事;署总督印务,应得银两也分毫未取;超擢偏沅巡抚,他单骑带着行李赴任,僚属都没有认出他就是新来上任的巡抚。陈瑸认为:"贪取一钱即与千百万无异",所以不义之财一钱不取,衣食住行都十分俭朴。莅事后,屏贿赂,革火耗③,劾罢累民之横役、贪官。康熙五十四年(1715)十一月,陈瑸入觐,康熙向众臣介绍他说:"此苦行老僧也。"同年十二月,陈瑸调任福建巡抚。康熙五十七年(1718)十月,陈瑸病故,康熙赞其廉能,追授礼部尚书,照尚书例议

---

① 余国柱:字两石,顺治九年进士,康熙年间官至武英殿大学士、吏部尚书。他在朝为官三十六年,前三十二年清正廉明,励精图治,立下了不朽功勋;后四年结党纳贿,参与明珠朋党倾轧,最后被罢官思过,发送家乡病终。

② 台厦道:为康熙二十三年(1684)至雍正五年(1727)清朝管辖台湾的行政区名称、最高地方政府官署,或实际地方统治者官职简称,之后台厦道分出台湾道,最大区别是台湾与福建厦门地区分治而管辖,道署衙门也从厦门移至台南。

③ 火耗:明清附加税之一,原指碎银熔化重铸为银锭时的折耗。清初火耗各地不一,有高至百分之五十者,甚至解运往返费用,皆摊入其内。

恤，荫一子入监读书，"以示优礼清廉大臣之意"；赐给他的谥号和于成龙、傅拉塔一样，也是"清端"。

康熙赞誉清官，宣传清官，鼓励官吏们争当清官。从他亲政开始的几十年里，整个官场的贪贿之风受到了遏制，政治渐获清明，呈现出清官辈出的局面，成为康熙盛世的一个显著标志。

四、严惩贪官

康熙通过表彰清官，为大小官员树立榜样，同时也从未放弃对贪腐的治理。他对贪官的痛恨，不亚于明太祖。他曾说："今朕恨贪污之吏，更过于噶尔丹。"从亲政开始，他就加大对贪官污吏的打击。平定"三藩之乱"后，他整饬内外官员重在处理侵蚀兵饷及入官财物等重大贪污案件。

其中一个重要案件是宜昌阿、金儁贪污逆产案。当时，户部侍郎宜昌阿被派往广东察看尚之信家产，他伙同广东巡抚金儁侵蚀兵饷及入官财物，又收受尚之信、商人沈上达贿赂的财物，共计白银89万余两，因担心沈上达事后告发，将其谋害灭口。案发后，经半年多的审理、讨论，康熙二十三年（1683）五月十八日，宜昌阿、金儁与郎中宋俄讬、员外郎卓尔图，以及尚之璋、宁天祚、王瑜等，依拟应斩，道员王永祚依拟应绞，"俱监候秋后处决"。命差审理此案的刑部侍郎禅塔海，未审出谋害沈上达之事，被"革职"。

另一重大案件是蔡毓荣贪污逆产案。蔡毓荣是汉军正白旗人，吴三桂叛乱时任湖广总督，后被授绥远将军总领绿营官兵，与定远平寇大将军贝子彰泰从湖广一路进入云南。攻克云南省城昆明时，蔡毓荣将吴三桂应入官的家财人口据为己有，并大量馈送贝子及其他大臣。

康熙对蔡毓荣的贪污行为早有耳闻，曾在康熙二十三年（1684）二月对工部官员说："此前用兵之时，蔡毓荣每于销算估计营造等事，多行浮冒侵渔入己，云南军前官员孰有不得其财者。"康熙二十五年（1686）十月，蔡毓荣改调兵部侍郎。同年十二月，此前奉命出差云南的侍卫纳尔泰，向领侍卫内大臣佟国维告发蔡毓荣向他行贿白银900余两；内务府新从云南归旗的革职知州文定国，也检举蔡毓荣隐匿应入官妇女及徇纵逆党等事。康熙闻奏，下令将蔡毓荣及其子蔡琳革职拿问，并谕令刑部尚书禧佛等："如此大恶之人若不来回惩治，何以警戒其余官员？你们要详加严审，务必将其事情详细查明。"

但审理此案阻力重重，因为蔡毓荣行贿范围颇广，牵连甚多，包括大将军贝子彰泰，以及几乎所有大臣。而蔡毓荣本人除上述揭发的问题之外，仅供得黄金200两、白银8000两。康熙对这一审理结果极不满意，知道这与实际情况相差甚远，系"瞻徇党类"，但因证据不足，又涉及过多满人大员，不便一概处理，所以也无法严惩蔡毓荣。结果是："蔡毓荣从宽免即处斩，籍没家产，着枷号三个月，鞭一百，并分家子，发往黑龙江。"刑部官员因"不秉公研讯，律拟失当，显系徇庇"，分别受到处罚。

康熙二十三年（1684），康熙下令编制《大清会典》，把贪酷列为考察官吏"八法"的第一条，从法律上规定对贪官污吏从严惩处。他第一次考察官员就惩治了贪官污吏133名。

除了严审重大侵欺逆产案外，康熙还时常派人清查各省钱粮，着手解决和防止督抚侵欺挪用库存银两，以完作欠，蒙混销算诸弊。这样做虽然对在外高级官员"不无被罪"，对国家却十分有益。康熙在巡视京畿途中对大学士明珠说："财赋出于闾阎（平民），凡查核钱粮，必彻底澄清，不致以完作欠，额外科派，方于小民实有利益。"结果查出广西巡抚施天裔将康熙二十年（1681）、二十一年（1682）存贮的仓库银米"捏称民欠具题"，加上"在山东居官二十余年，居官殊无善状，乃善为营私之人"，照例革职。

康熙三十六年（1697）平定噶尔丹叛乱之后，康熙察吏安民的重点为反对横征科派，激变百姓。官吏贪污，必然以各种名目增加百姓负担。康熙亲征噶尔丹时曾两次西巡，远抵宁夏，周览山陕沿边形势，询问民间疾苦。他发现当地"兵民筑土屋以为居，耕沙碛以为业，生聚之计甚属艰难"；而官员则十分庸劣，"文则加征无艺，武则侵扣月饷"。山陕百姓"交纳钱粮，其火耗有加至二三钱不等者"。康熙十分震惊，质问官员："山西一个小省，科派竟达百万，百姓如何负担得了？"因此，早在康熙三十五年（1696）年底，康熙趁山西巡抚温保丁忧解职之机，将内阁学士倭伦升补，并传谕："不要仿效温保所为，马上赴任"；康熙三十六年（1697）闰三月，又以年老体衰、不能胜任为由，将陕西巡抚党爱、按察使纳垒解职。

康熙三十六年（1697），山西蒲州府（今山西永济）发生民变，百姓被迫逃入山中，康熙急派官员前去招抚，并于五月十二日将山西百姓极为痛恨的原巡抚温保、布政使甘度革职，严拿至京，交与刑部议处。他对大学士们说："今噶尔丹已平，天下无事，唯以察吏安民为要务。官吏是否贤明与民生休戚相关。"至七月二十三日，又将甘肃巡抚郭洪革职交刑部，问拟枷责，命发黑龙江当差。这样，康熙在短短半年的时间里，便将山西、陕西、甘肃三地巡抚及部分布政使、按察使予以撤换，以惩戒私派，安定民生。这三地的督抚藩臬均为满人，康熙如此大批处置满人高级官员，表明了他察吏安民的决心。

继蒲州民变之后，康熙三十六年（1697）、康熙三十七年（1698）两年之间，全国各地发生多起民变。这些小规模的民变虽然很快便被镇压或招抚，却令康熙深感不安，进一步推动了他的察吏活动，一旦发现地方官吏有虐民劣迹，不待激变，就予以撤换。比如，山东饥馑，百姓乞食，巡抚李炜竟不奏闻，康熙以"不知抚恤百姓"罪将其革职；直隶巡抚沈朝聘以老病令其退休，命原河道总督于成龙"以总督管直隶巡抚事"；云贵总督王继文来京陛见，因未陈奏属官贤否及小民疾苦，令其退休；山西新任巡抚倭伦，包庇属下知府亏空库银仓米，降三级调用；原山西太原府知府赵风诏，巧立税规，勒索银两，私吞银17.4万余两，被拟斩立决。由此可见，康熙重视民生、民变而对官吏要求甚为严格，不仅严惩私派勒索百姓者，而且不关心民间疾苦者也受到了相应的处罚。

实际上，康熙从严整饬吏治并不过分，在位期间曾多次大量蠲免钱粮、赈济灾荒，民生应当有所改善，但实际上小民很少得其实惠。康熙三十八年（1699）二月至五月，康熙在第三次南巡时发现浙江百姓的生活大不如前。在他看来，旧欠已尽行豁免，灾荒已普遍赈济，百姓的生活应该比过去丰足。为何反而不如从前呢？经调查研究得知"皆因府、州，县官私派侵取，馈送上司"，或上司因事借机索取。对于微小易结的案件，往往牵连多人，拖延不决，强行索要或讹取。督抚对这些情况都十分清楚，却不整治坏人坏事，察实参奏，反而荐举行贿官员，纠劾廉正官员，以至于民生失所。回京第二天，针对上述情况，康熙向大学士、九卿、詹事、科道等官征求解决办法，他语重心长地说："若各省督抚都能体会朕爱民至意，实力奉行，自然吏治澄清，万民乐业。科道不畏人，不徇情，能将不肖官员察访纠参，则官员也会有所忌惮。现在怎样做才能永革横派，严禁贿赂以察吏安民，尔等会同确议具奏。"大学士等遵旨会议，并经康熙批准，发布谕旨：督抚必须"洗心涤虑，正己率属；凡有贪污害民官员，不时查参；地方应革积弊，尽行革除。如该督抚仍照前因循，专恃虚文塞责，徇庇属员，或被科道纠参，或被受害人首告，将该督抚等一并从重治罪。"此类谕旨以后不止一次发布。如此看来，康熙确信民变的根源在官而不在民。

康熙晚年，处理了一桩重大案件，即噶礼、张伯行①互参案。噶礼是正红旗人，清王朝开国功臣何和礼②四世孙。康熙三十八年（1699）

---

① 张伯行：字孝先，号恕斋，晚号敬庵。康熙年间进士，官至礼部尚书，以清廉刚直著称。其政绩在福建、江苏最为著名。去世后，清廷追赠其为太子太保，谥"清恪"。

② 何和礼：满洲正红旗人，清朝（后金）开国名将。原为栋鄂部首领，后归附努尔哈赤，随其统一女真各部，并娶其女为妻，被尊称为栋鄂额驸。后金建立后，何和礼为五大臣之一，参与了萨尔浒之战、沈阳辽阳之战，官至三等总兵官。

七月至康熙四十八年（1709）四月，噶礼在山西巡抚任内，因贪得无厌、加派私征、虐吏害民而屡遭御史劾奏。因噶礼矢口否认，康熙未加深究，当诬告处理，将御史等分别革职降调，并于康熙四十八年（1709）七月提升噶礼为两江总督。此后噶礼更加肆无忌惮，上任数月便将江苏巡抚、布政使、按察使等官一律劾罢，并与新任巡抚张伯行发生矛盾。康熙五十一年（1712）正月，张伯行上疏参劾，告发他在辛卯（康熙五十年）科场案中，以银50万两，徇私贿卖举人，不肯审明实情；"自履任后，所辖两省文武属官，逢迎趋附者，虽秽迹昭彰亦可包荒藏垢；守正不阿者，虽廉声素著难免吹毛索疵"。噶礼知道后，反而参劾张伯行七项罪行，并否认得银50万两之事。

康熙将此案先后交尚书张鹏翮、总漕赫寿、尚书穆和伦①及张廷枢②审理，除张鹏翮外，其余三人都偏袒噶礼。康熙对此十分不满，知道这件事已经不仅仅是贪污案件，而且涉及满汉关系，必须明确表态，于是他对九卿等说："对于噶礼的操守，朕是不信任的，如果没有张伯行，则江南地方必受其盘剥一半。如果让噶礼与之比武，定不能及。朕已心疑噶礼，二人互参一案，朕初次遣官往审，为噶礼所制，不能审出，再遣大臣审，与前次无异，你们应能体会朕保全清官之意，使正人君子无所疑惧，天下太平。"但大臣们再议时，仍不愿承认偏袒了噶礼，为了平衡就把张伯行拉来陪绑，两人一起革职。

康熙早就知道张伯行为官清廉，是一位有名的清官，见此情形不得不亲自审理此案。他说："你们都不保举张伯行，朕来保举。将来他居官清正，天下人以朕为明君；他若贪赃枉法，天下人笑朕不识人。"康熙五十一年（1712）一月十二日，他判定"张伯行仍留原任，噶礼依议革职"，最终使清官得以扬眉吐气。

---

① 穆和伦：喜塔腊氏，满洲镶蓝旗人。历任兵部笔帖式、内阁学士、工部侍郎、礼部尚书、户部尚书等职。

② 张廷枢：字景峰，号息园，康熙年间进士。历任内阁学士、吏部侍郎、刑部尚书、工部尚书等职。

康熙爱护清官，是尊重民意的体现。他对噶礼的人品始终有所怀疑，有一次，他向噶礼的母亲询问噶礼的情况，噶礼的母亲揭发了儿子贪赃枉法的罪行。噶礼丧心病狂，竟然要鸩杀老母，事发后，被康熙赐自尽，妻亦从死，养子"干泰发黑龙江，家产入官"。

康熙察吏安民，费尽苦心，取得的效果对其一生的统治事业有着重要意义。他长期坚持整饬吏治，及时掌握情况，明辨是非功过，实行奖惩，以正抑邪，使官吏受到约束和引导，防止了事态的进一步恶化。同时，他革除一些恶吏，提拔清官，使官吏队伍多少有所改善。他以民生好坏作为考察官吏优劣的标准，推动了察吏工作的发展与完善，在一定时期内使某些地区的百姓生活水平有所提高。

第九章 重经济抚农恤商

一、重农轻赋

在整饬吏治的同时，康熙也很重视发展经济。经过明末清初的社会动乱，社会经济遭到了严重破坏。以耕地面积为例，康熙即位时，全国耕地面积约为549万顷，加上官庄、屯田等，也只有580万顷，比明万历年间减少了150万顷。康熙深知治国安邦离不开农业，因而极其重视农业的发展，采取各种措施积极发展生产，恢复经济。

康熙熟谙历史与国情，在《农桑论》《重农桑》等文中，精辟概括了国以民为本、民以食为天、食衣来自农桑的道理。他说："农者所以食也，桑者所以衣也，农事伤则饥之源，女红废则寒之源。"因此，国家不能不关心民生，不能不重视农业，百姓叛乱基本上都是因为吃不饱饭引起的，历史的教训不容忽视，何况"国家赋税皆出于农"。所以，要想国家安定，必须重视农业发展。

认识到农业的重要性后，康熙采取了各种措施来奖励农耕，恢复和发展残破的社会经济。由于连年战争，大量的土地抛荒，无人耕种。顺治时，朝廷也采取了一些奖励垦荒的措施，但收效并不明显。到康熙初年，全国的荒芜田地仍然很多。比如，四川是李自成、张献忠余部坚持抗清的主要战场，由于清军的屠杀，直到康熙十年（1671）仍然处于有可耕之田、无可耕之民的状况。东南沿海、两湖、两广、云贵等地的情况也差不多。毫无疑问，垦荒已成为康熙年间发展社会经济、保障百姓生活，进而稳定封建统治的重中之重。为提倡和鼓励百姓垦荒，康熙采取了一系列措施。

首先是官贷牛、种。要开垦荒地，必须有耕牛、农具、种子等基本生产手段和投资。顺治年间，朝廷下令对流民垦荒而无力者贷以牛、种，但因当时朝廷财政紧张，根本无法执行。到康熙年间，官贷牛、种才得到有效实施。康熙四年（1665）五月，清廷决定对湖广归州（今湖北秭归境内）、巴东、竹山等州县的流民贷以牛、种，让他们垦田；康熙六年（1667）八月，下令安顿驻扎在河南、山东、山西、江南等省的投诚官兵开垦荒地，每人给50亩，"预支本年俸饷，以为牛、种"。"三藩之乱"后，官贷牛、种得到推广。康熙二十二年（1683），河南巡抚王日藻提出开垦当地荒地的首要措施，就是把仓储积谷借给百姓，作为牛、种的费用。

有些地主将土地撂荒，一旦农民将它们开垦起来，地主便以产权所有前来索要，或干脆不许农民开垦。针对这种情况，康熙明文规定："凡土地有数年无人耕种完粮者，即系抛荒，以后如已经垦熟，不许原主复问。"农民获得土地后，生产积极性大大提高。

为了保证军粮供应，康熙还亲自部署边疆屯田。康熙二十五年（1686）三月，他命副都统马喇赴黑龙江督理农务，嘱咐道："农事关系兵饷，须积贮充足……尔等前往，务期农政修举，收获饶裕，年胜一年。"康熙三十一年（1692）二月，他命都统瓦代等往蒙古达尔鄂莫等地耕种。针对边外气温低的特点，他指示要及时广播麦种，深耕田垄，勤谨耘耨，耨时不要用土压住草根，以免其重新发芽；耕种太稠密，禾苗虽可观，但收获少，稀疏耕种反而有好收成。康熙三十二年（1693）二月，他命内大臣公坡尔盆等去归化（今内蒙古呼和浩特）等地督耕，因该地风寒，特别叮嘱：田垄要高；一般作物不收，种早熟的麦与荍麦、大麦、穈黍有益；可问当地人宜种何谷。当他得知该地缺乏耕牛、农具后，立即指示所用耕牛从御厂内取用，耒耜等铁器则支用库银制造，从驿站运送。

抛荒田地从开垦到成熟，通常需要两三年甚至更长的时间，农民开垦出荒地后，官府立即起科①，会使农民的收入锐减，甚至不够征收，影响垦荒的积极性。所以，历代统治者往往放宽荒地开垦的起科年限。顺治年间，为了鼓励垦荒，朝廷先后规定三年起科、六年起科。但由于连年战争，财政入不敷出，朝廷为了摆脱困境，总是随时随地颁布新令，加紧催征，使得放宽起科年限的规定形同空文。到康熙年间，随着战争的平息，放宽起科年限才逐渐落实下去。康熙十年（1671），朝廷决定放宽至四年起科，第二年又决定宽延到六年起科。到康熙十二年（1673）十一月，康熙考虑"小民拮据开荒，物力艰难"，恐催科期迫，反致失业，又决定："嗣后各省开垦荒地，俱再加宽限，通计十年方行起科。"之后因"三藩"叛乱，筹饷紧迫，十年起科的规定未能认真执行。平叛期间，基本是三年起科。康熙十八年（1679），朝廷宣布对开垦的荒田实行六年起科。收复台湾后，康熙下令对回乡复业的闽、浙等省沿海农民实行五年起科，个别地区如特别困难，也可推迟起科。康熙朝对土地从未进行大规模丈量，所谓清查也不严格，全靠自报。如果业主隐瞒土地，后来自首，只从自首之年起科。康熙的基本宗旨是放宽对新垦土地的起科年限，从而调动农民垦荒的积极性。

康熙年间，垦荒积极、踏实，加上政治形势渐趋稳定，因此收效较大。据《大清会典》记载，康熙二十四年（1685）全国民田总数增至608万顷，雍正二年（1724）达到683万顷，其中还不包括将近40万顷的军漕屯田、17万顷的内务府官庄和八旗庄田，以及各省的"在官地亩""学田"等。从康熙中期起，不少人在山区荒岛从事开垦，更有大批农民从山东、河北、山西、陕西等省到蒙古、东北地区开垦荒地。因此，康熙后期，全国田地总数实际已经达到甚至超过明朝万历初年的水平。耕地面积迅速增加，流移农民与土地重新结合，使残破的小农经济结构得到了恢复。

---

① 起科：对农田计亩征收钱粮。

在大力发展农业生产的同时，为了减轻百姓负担，使他们安居乐业，康熙还努力改进地丁银①征收办法。由于清代土地、人丁数字极为混乱，不便以降低每亩、每丁单位税额的办法来减轻赋役剥削，于是，康熙决定以蠲免钱粮的办法来推行轻徭薄赋的政策。

据记载，康熙在位六十一年，先后在全国二十多个省蠲免税粮、丁银、逋赋达545次。这些蠲免措施大致可以分为灾荒蠲免、逋欠蠲免及大规模普遍蠲免三类。

灾蠲是清朝赈灾措施的一个重要方面。凡地方遭遇风、火、水、旱、虫、雹、霜、雪、地震等自然灾害，除赈济外，还根据受灾程度分等蠲免田赋。顺治年间一般受灾"八分至十分者，免十之三；五分至七分者，免十之二；四分者，免十之一"。康熙年间进一步放宽。康熙四年（1665）三月，朝廷为防止地方官报灾迟误，或者先征后蠲，使蠲免有名无实，决定"以后受灾州县，将本年钱粮，先暂行停征十分之三，候题明分数照例蠲免，庶小民得沾实惠"。这说明最低蠲免分数是十分之三，遇到重灾则全部蠲免。

逋欠蠲免是蠲免多年积欠的赋税。康熙朝大规模普遍蠲免是在平定"三藩之后"着手进行的，当时国家政治、经济状况刚刚好转，康熙便立即想到大规模普免钱粮。

这个蠲免政策得到了普遍的赞美，但是康熙清楚地知道，问题并没有完全解决，其中丁银一项矛盾就很突出。到康熙五十一年（1712）二月二十九日，康熙采取果断措施，宣布实行"滋生人丁永不加赋"的制度，这样把全国丁银总额基本固定下来，从中央到地方都不得随意增加，使广大农民的负担相对稳定，减少逃亡，有利于生产。

康熙一向把救灾视为"养民"之举，他牢记明朝末年官员匿灾不救，以致农民饥饿而造反的历史教训，要求及时报告灾情，对地方官员

---

① 地丁银：指清代实行的赋税制度。康熙时，规定以康熙五十年（1711）的人丁数作为征收丁税的固定丁数，以后滋生人丁，永不加赋。雍正时，又实行"摊丁入亩"，把丁税平均摊入田赋中，征收统一的地丁银，成为清代划一的赋役制度，叫"地丁银"制度。

匿灾不报极为痛恨,认为"自古弊端,匿灾为甚"。因此规定,凡报灾迟延者都要受到处罚。康熙三年(1664),山西省太原、大同二府所属五十州县发生严重旱灾,督抚隐瞒灾情不报,照常迫逼百姓如数上缴钱粮,直到许多百姓"饥馑至极",再也无法隐瞒,才于次年二月奏请蠲免钱粮。康熙十分气愤,除派人采取紧急措施,用地方储存的一切钱粮米谷赈济外,又下令吏部将该督抚"议处具奏"。此后因隐瞒灾情不报而受罚的督抚屡见不鲜,有的甚至因此降五级调用。

每当发生灾荒,康熙都想方设法赈济。康熙三十年(1691)陕西西安、凤翔等地发生旱灾,地方官员没有呈报,救灾不及时,致使大批灾民流离他乡。康熙深感忧虑,决定蠲免第二年应征银米,并从山西拨银20万两,派人前去赈济。接着,他又调拨宁夏仓粮15万石、襄阳仓粮10万石,送到潼关;从山西拨银10万两,接济陕西军需民食;使流落四方的饥民均就地赈济,"令各得所",然后将赈济过的流民人口数目造册题报。在这次灾荒中隐瞒灾情、防救不力的官员均被他革职。次年四月,为吸引流民回原籍,康熙再次下令动支户部库银100万两,送到陕西供应军需和赈济饥民。

如此大力赈济,但情况并没有根本好转,康熙深感焦虑,决定停止元旦筵宴,以表轸念陕西灾民之意。康熙三十二年(1693)正月,应四川、陕西总督佛伦①之请,他将西安、凤翔二府额销盐引"暂减一半"。

这些措施的实行,扭转了农业生产凋敝、国库亏空、财政困难、民生贫困等情况,改善和扩大了农业生产,调整了社会负担和分配关系,使社会进入发展的良性轨道。通过改革赋役制度、赈灾等措施,调整了各阶级的关系,人民负担相对减轻,既照顾了地主阶级的利益,巩固了清王朝统治的阶级基础,也在一定程度上改善了农民的处境,从而有利

---

① 佛伦:舒穆禄氏,满洲正白旗人。历任刑部侍郎、左都御史、工部尚书、内务府内管、山东巡抚、川陕总督、礼部尚书、内阁大学士等职。

于社会生产的发展和阶级矛盾的缓和。在这个过程中，康熙所表现出的"养民"原则和改革精神是值得钦佩的。

二、利商恤商

康熙即位之初，从父辈手中接过来的工商业同样是个烂摊子。强索贱卖、关卡林立的现象普遍存在，商民不但"有输纳之苦，有关津之征苦，有口岸之苦"，而且由于官吏又有溢额加级的规定，拼命勒索，使得商民"不苦于关，而苦于关外之关；不苦于税，而苦于税外之税"。在官府和不法官吏的压榨下，清初工商业一片萧条。

康熙亲政不久，"三藩"叛乱，关津之征仍旧沿袭旧制。平息"三藩之乱"后，康熙认识到这种做法是"重困商民"，有害于国家，必须坚决改变。他说："重困商民，无裨国计，种种情弊，莫可究诘。朕思商民皆吾赤子，何忍使之苦累？今欲除害去弊，正须易辙改弦。所有现行例收税溢额，即升加级记录，应行停止。"康熙认为，只有农业与商业共同发展，才能达到国家兴盛的局面。为了发展工商业，繁荣经济，他提出了"利商""恤商"的口号，先后采取了一系列的措施。

一是废除手工业者的匠籍。匠籍，即官府为手工业者专立的户籍。元朝把手工业者编为"匠籍"，使之沦为工奴，子孙世代继承其业。明朝时，手工业者的地位有所提高，在籍的工匠除按国家规定每年定期服役外，还可以独立经营自己的手工业，产品也可以自由出售。明朝中期后，匠籍制度又有了变革。嘉靖八年（1529），明朝廷下令匠户交纳班匠银，取消工匠轮班服役的制度。清朝初年，匠籍混乱，清廷无法按籍征收班匠银，于是在顺治二年（1645）宣布除豁直省匠籍，免征京班匠银。顺治十五年（1658），清廷下令恢复班匠银。康熙即位后，全国各地匠户逃散，匠籍名存实亡，班匠银根本无法征收，面对这一局面，康熙果断地决定将班匠价银改入条鞭征收。这一诏令下发之后，各地陆续将班匠银摊入地赋中征收，匠籍也随之废除。这一措施的实行使手工业者的人身依附关系进一步松弛，有利于手工业的大力发展。

二是极力反对各种增加商税的行为。康熙二十一年（1682），两淮巡盐御史堪泰请求每斤盐加课银三钱，康熙批示："如果按照你所说的做，必然会使商民交困，朕不批准。"潼关税额原为7000多两，康熙十九年（1680）遣郎中敦多礼督征，收税银4万多两。康熙二十一年（1682）谕令："数年以来，秦省兵民苦于转运，潼关税收依照旧额"，撤回税监。康熙二十五年（1686）六月，闽海税务督理吴什巴在福建省看到贸易之人都不是本地人，要求康熙批准按广东关榷一例"丈船抽税"，康熙批示道："凡收海税官员，因系创行设课，希图盈溢，将出入商民船只任意加征，以致病商累民，亦未可定。着严加申饬，务令恪遵定例，从公征收，无滥无苛，以副朕轸恤商民至意，所请不准行。"随后，两淮盐课减征20万两，并谕大学士等说："广东海关收税人员搜检商船货物，概行征税，以致商船稀少，关税缺额。且海船也有从外国来的，如此琐屑，觉得很不得体。着减税额三万二百八十五两。"

三是惩治不法官吏。当时一些官员往往利用手中的权力对工商业者进行勒索，为了保护工商业者免受不法官吏的盘剥，康熙颁布了一些法令，比如，禁止官吏扰害行户，并以之作为整饬吏治的一条标准；禁止官吏封征商船运兵作战，但允许漕船捎带商人货物等。康熙年间，官吏因扰害工商业者而被治罪的例子屡见不鲜，比如康熙六年（1667），安徽滁州全椒县知县因克扣铺户（杂货铺、布铺、酒铺、猪肉铺）银两而被发配宁古塔；康熙四十二年（1703），山西河东盐院承差[①]景仕诈害商民被参革职；恭顺侯吴维华因请征房号银而被下刑部议罪。

四是统一度量衡。康熙二十三年（1684），康熙下令统一制钱的重

---

① 承差：吏名。清代总督、巡抚衙门承担书写文稿等事吏人的总称，也叫经承。

量，规定每钱约重一钱，每钱一串值银一两；康熙四十三年（1704），康熙宣布废除盛京金石、金斗、关东斗，规定各省一律改用底面平准的升、斗，并亲自校准了铁升、铁斛。康熙五十七年（1718），他又规定称以 16 两为 1 斤，升以 13 号砝码为准，并通行全国，这无疑消除了商品交换中由于度量衡不统一而造成的障碍，在一定程度上促进了全国商业的繁荣。康熙制钱，南起云贵，北至喀尔喀蒙古、黑龙江两岸，皆畅通无阻，内河上下商贾无不称道。

五是注意发挥商人的作用。康熙四十八年（1709）夏，户部议复：浙江巡抚黄秉中等疏言，浙江省宁波、绍兴二府人稠地窄，连年薄收，米价腾贵；台州、温州二府上年丰熟，米价颇贱，请给殷实商民印照，将台州、温州之米从内洋贩运到宁波、绍兴，令沿海防汛官兵验照放行，以浙省之米接济浙省之民，实有裨益，应如所请，从之。

六是竭力禁止兵痞抢勒商民。康熙二十二年（1683）八月，谕令荆州将军葛尔汉："自将领以至兵丁，宜严行禁饬，凡市肆要地，毋得侵占。"康熙三十五年（1696）十月，谕令内大臣等："明日到归化城停止围猎，归化城商贾丛集，恐仆从或行骚扰……着副都统阿迪严行禁止。"由此可见，康熙不仅禁止地方官兵掠夺商人财物，还特别留意不让自己的亲兵勒索商人，一旦发现此类事情，将严厉惩处，毫不宽容。

七是严厉禁止关津故意延误商人过关时间。康熙二十八年（1689）二月，康熙南巡时，沿途咨访商人并谕随从大臣说：各处榷关，原有则例，朕舟行所至，咨访过关商民，每不难于输纳额税，而以稽留关次，不能速过为苦。榷关官员，理宜遵奉屡颁谕旨，恤商惠民，岂可反贻之累！自今应力除积弊，只征正额，不许旁收，否则延误了商人过关时间，将予以从重处分。他要求："凡商民抵关，交纳正兑，即与放行，毋得稽留苛勒，以致苦累，违者定行从重处分。朕早廷孜孜，唯冀官吏军民士农商贾无一人不获其所，故于民生吏治……务极周详。"

康熙针对工商业所采取的各项措施，使康熙朝的社会经济有了一个较大的发展。康熙初年，苏州"六门紧闭，城中死者相枕藉""机工星散，机户凋零"；松江"布号纷纷歇业"。到康熙中期，苏州已经面貌一新，"郡城之户，十万烟火""阊门内外居货山堆，行人流水"；汉口"舟车辐辏，百货所聚，商贾云屯"。即使边远地区的东北宁古塔亦"商贾大集""街肆充溢""货物商贾络绎不绝"。

农业、工商业的发展，使加强商品经济交流成为需要和必然，全国形成了一个巨大的市场，互通有无，彼此促进，从而使清王朝成为一个经济繁荣、政治统一、国力强盛的国家。

三、治理河务

为了发展社会生产，改善百姓生活，康熙不仅重视农业，扶持商业，蠲免赈济，还花大功夫治理河务，兴修直省水利。

在中国历史上，黄河经常泛滥成灾，有史料记载的就高达1500多次，给沿河地区的百姓带来了巨大灾害，严重影响了国计民生，也威胁着封建王朝的长治久安。因此，自古以来，统治者都极其重视黄河的治理工作，而康熙也是历史上治河成绩相当突出的一位帝王。

黄河为什么容易泛滥成灾呢？黄河水有"一碗水，半碗泥"之说，大量泥沙淤积在河床中，每年河床平均升高约10厘米。如此天长日久，泥沙不断淤积，以致下游河道成为高出两岸平地的地上河，地上河全靠人工筑堤来束水，一旦河堤年久失修，遇到雨季、汛期，就很容易冲决改道。黄河泛滥决口，势必影响淮河、运河。而元代以来，国家的政治、经济中心分居南北，每年大量的钱粮必须由运河从南方运到京城等地。因此，清代以前，历朝都治理过黄河，但主要还是以济运通漕为目的，因而治理得很不彻底，致使河南、苏北一带水灾连年，民生艰苦。

清朝初期，为了加强对黄河的治理，自顺治元年（1644）起清廷即沿袭明制,设立河道总督,掌治河渠,综其政令。同时,清廷还调发数万丁夫治理黄河。但都因措施不力,旋筑旋决,黄河决堤更为严重。据统计,顺治在位期间,黄河决口达20次之多;从康熙元年(1662)到康熙十五年(1676),黄河决口45次。黄河为患,不仅影响漕运,更给广大人民带来极大的痛苦。

康熙亲政之初,以"三藩及河务、漕运为三大事,夙夜仅念","书而悬于宫中"。每逢发生水灾,他便派人巡视河工,绘图上奏,及时掌握情况,详细研究古人治河的经验,采取相应对策。但那时国家财力仍不充裕,尚不能进行全面治理,只能为保证运道,搞一点应急的小型工程,开支稍大的工程都无法进行。

几年之后,国家财政状况逐渐好转,康熙便着手准备治理黄河。康熙十一年(1672)六月,他命工部会同河道总督、漕运总督,共同商酌治理黄、淮、运河汇合部——清口,以防水患。康熙十二年(1673)十月,批准工部议复河道总督王光裕的奏疏,于清口筑坝,"以遏浊流"。到了年底,由于吴三桂等人叛乱,康熙必须集中一切人力、物力进行平叛战争,治河一事又无暇顾及。此后几年河决不断,至康熙十五年(1676),各处又发大水,黄、淮再次并涨,终于酿成了一场更大规模的灾难。江南财赋重地被淹,运道受阻,对支持平叛战争极为不利。因此,尽管国家财政仍然比较困难,康熙还是决定抽出部分银两全面治理黄河。康熙十六年(1677),他下令升任安徽巡抚靳辅为河道总督,从此,黄河的治理进入一个新的阶段。

靳辅,字紫垣,汉军镶黄旗人。顺治九年(1652),他以官学生考授国史馆编修,后改内阁中书,迁兵部员外郎;康熙初年,自员外郎回迁至内阁学士;康熙十年(1671)授安徽巡抚,政绩优著。康熙十五年(1676),康熙以其实心任事,加兵部尚书衔,不久又将其升擢为河道总督。靳辅感激皇帝的知遇隆恩,孜孜图报,康熙十六年(1677)三月受命,四月初六就赶赴宿迁总河行署就任。他上任之初,除随时向幕宾、优秀水利技术专家陈潢①请教之外，还"遍历河干，广咨博询"，进行了为期两个多月的实地考察，无论绅士、兵民还是工匠夫役，凡有一言可取、一事可行者，无不虚心采纳。经过两个多月的调查研究，在陈潢的协助下，靳辅心中有了全面治河的大概方略，并拟《经理河工八疏》呈交皇帝。

靳辅的治河方案坚决贯彻"一劳永逸"、全面修治的方针，因此得到了康熙的大力支持。康熙十七年（1678）正月，经议政王大臣等议复，康熙批准实行，支给正项钱粮250余万两，限定三年告竣。

在康熙的大力支持下，靳辅的治河方案开始实施，各工并举：挑清口烂泥浅引河四道，挑清口至云梯关河道，创筑关外束水堤1.8万多丈，塞堵王家冈、武家墩大决口16处；创建王家营、张家庄减水坝2座，筑周桥翟坝堤25里，加培高家堰长堤，山阳（今淮安区、清浦区、清河区全部及洪泽县、阜宁县、滨海县三县的大部）、清河（今江苏淮安淮阴区）、安东（今江苏淮安涟水县）三县黄河两岸及湖堰大小决口尽予塞堵；塞堵杨家庄决口，增建高邮南北滚水坝8处、徐州长樊大坝外月堤1689丈；塞堵宿迁徐家湾、萧家渡决口。工程至康熙二十二年（1683）四月基本完成，河归故道，下游山阳、高邮等七州县的民田，皆出水可耕。

靳辅治河虽然成绩显著，但也遇到了很大困难，主要是又遇到了两次大水，河道一再决口，于是便有人试图借机全盘否定治河成就。康熙二十一年（1682）五月初八，康熙根据靳辅的要求，派户部尚书伊桑阿②、左副都御史宋文运③等4人前往江南勘阅河工。巡视官员还没出

---

① 陈潢：字天一，号有斋，清朝治河名臣，自幼不喜八股文章，年轻时攻读农田水利书籍，并到宁夏、河套等地实地考察，精研治理黄河之学。河督靳辅聘其为幕客。在他负责治河期间，黄河安澜无患。

② 伊桑阿：伊尔根觉罗氏，满洲正黄旗人，历任礼部主事、内阁学士、礼部侍郎、工部尚书、户部尚书、兵部尚书、礼部尚书、文华殿大学士等职。

③ 宋文运：字开之，顺治年间进士，历任山东滋阳知县、刑部主事、吏部主事、吏部员外郎、吏部郎中、鸿胪寺少卿、光禄寺卿、顺天府府尹、都察院右副都御史、刑部左侍郎加太子少保等职。

发，候补布政使崔维雅①奏呈所编辑的《河防刍议》《两河治略》二书，并条议二十四款，对几年来的治河成就一概予以否定，主张拆毁所有工程。康熙命令勘阅河工的大臣带领崔维雅，"会同总河靳辅确议具奏"。临行前，康熙对他们说："治河不在空言，而在实行，慎未可轻言河工之易也。尔等前去务与靳辅共同商酌，加意看验，勿各执己见。凡有会议事宜，必逐一陈奏。"康熙虽然有所告诫，但伊桑阿等人还是极尽挑剔之能事，验看之后，便以崔维雅条陈的24款质问靳辅。

靳辅毫不气馁，逐一答复、批驳，有理有据，使伊桑阿等感到如果按照崔维雅所议来修建治河工程，也很难保证一定能够成功。这时，不少人建议皇帝换掉靳辅。康熙认为，如果再用他人，"则旧官离任，新官推诿，必致坏事"，因此想继续任用靳辅，让他完成治河任务。康熙二十一年（1682）十一月十七日，九卿等遵旨商议伊桑阿勘察河工后所奏事项，建议将靳辅等人全部革职，戴罪赔修，限六个月完工。最后，康熙决定："靳辅仍着革职，戴罪督修；修筑各官，俱着革职，戴罪监修。"崔维雅的条奏二十四款遭到彻底否决。康熙二十二年（1683）七月，各项工程相继完工。同年十二月，康熙复任命靳辅为河道总督。

按说靳辅治河是比较成功的，但是淮扬的水灾仍然存在，为了查明原因，康熙开始了南巡之旅。康熙二十三年（1684）九月，他东巡山东，登泰山之后，车驾驻于郯城红花铺，并接见了靳辅等人。十月十八日，康熙以"黄河屡岁冲决，久为民害，欲亲至其地，相度形势，察视河工"，驻跸江南宿迁（今江苏宿迁）。十月十九日，康熙行至桃源县众兴集，临阅黄河北岸的肖家渡、九里冈等，充分肯定了黄河堤岸的巨大作用，并嘱咐靳辅时加维修。康熙乘舆自宿迁至清河，所过之处，见河工夫役十分卖力，特地停下车驾亲加慰问。返京后，他决定马上采取

---

① 崔维雅：字大醇，号默斋，顺治三年举人，历任潜县教谕、河南仪封知县、开封南河同知等职。善于治水，三任河职。

两项措施：一是控制减水坝，凡能危害百姓利益者，一概不再新设；一是开浚下河入海口。

然而，以明珠为首的大学士、九卿及靳辅等治河官员，从上到下有组织地抵制开浚下河方案，只因康熙决定将开浚下河这一工程交由安徽按察使于成龙督理。明珠、靳辅等人把河工系统视为独立王国，不容他人介入，为了独占肥缺，他们有组织地抵制、干扰皇帝的命令，展开了长达数年之久的纷争。康熙当然无法容忍这种侵犯皇权的专擅行为，后来罢免了明珠、靳辅等一批官员。

康熙撤掉靳辅之后，朝野之间刮起了一股彻底否定靳辅之风，以往凡是由他完成的治河工程全是错的，必须废掉。这股风极易造成混乱，使河工遭到破坏，以致影响漕运。康熙二十七年（1688）四月，康熙特派学士凯音布等前去看阅靳辅于被撤职前刚刚完成的中河工程。为了考察这条中河工程的意义和价值，康熙采纳九卿等官的建议，于康熙二十八年（1689）正月初八进行第二次南巡，命靳辅、于成龙随行，"躬历河道，兼欲观览民情，周知吏治"，到浙江绍兴会稽山亲祭禹陵而返，三月十九日回京。

两次南巡使康熙对靳辅有了更深的了解，返京后，他于三月二十一日御门听政时宣布："朕南巡阅河，闻江淮诸处百姓及行船夫役，俱称颂原任总河靳辅，感念不忘。而且靳辅疏理河道及修筑上河一带堤岸，于河工似有成效，实心任事，克著勤劳。前革职属过，可照原品致任官例，复其从前衔级。"这是对靳辅治河才能的充分肯定，同时反映了康熙的求实精神。

平定噶尔丹叛乱后，康熙又把治河提上了日程。当时河工中最棘手的问题是上河、下河的关系。康熙研究靳辅的治河经验，并总结自己多年的治河实践，形成了新的认识——"上河既理，则下流自治"，应集中主要精力治理上河。治理上河的关键在于解决黄水倒灌问题。基于这一治河理论，康熙三十八年（1699）二月，他开始第三次南巡，对治河做了具体部署：一，深浚河底，即将清口以西的河道浚直，用急流之水冲刷淤沙，达到浚深河床的目的，使河水低于洪泽湖水面，从而免于倒灌；二，改修清口，将黄淮之堤各迤东弯曲拓筑，使之斜行旁流，避免黄河倒灌；三，拆毁董安国修筑的拦黄坝，保持黄河下流的压力，迅速排出高邮、宝应一带的积水。

这次南巡，康熙甚至提出使黄河河道北移的设想，以保清水即淮水通流。从这一点上讲，康熙的治河思想已经超越了靳辅。靳辅治河，只重视筑堤束水攻沙，而很少顾及下河百姓的利益；康熙则提出新的浚直河道的方法，而且想方设法治理下河积水，并首次提出使河道北移，从而解决清口一带的水患等，既要治河济运通漕，也要保护民生，体现了他的宽广胸怀。

但是，于成龙并没有从速施行康熙的这些部署，尽管康熙多方催促，直到康熙三十九年（1700）也没有取得多大进展，这令康熙十分不满。同年三月，于成龙病故，康熙将江南江西总督张鹏翮调任河道总督，从此河工进入一个新阶段。

张鹏翮遵照康熙的谕旨，大力治河：拆拦黄坝，挑浚河身，以便与上流宽深相同；在张福口开引河，引清水入运抵黄，建河闸以时启闭；疏浚芒稻河（位于扬州东南部）使其畅通，并疏浚凤凰桥引河及双桥、湾头二河，都汇入芒稻河入江；开浚引河、运口，培修河岸堤坝……这些工程到康熙四十一年（1702）基本完成，并在当年的防汛中发挥了巨大作用。

为了对张鹏翮三年来所建河工加以验收，康熙四十二年（1703）正月，康熙开始了第四次南巡。验收结果令康熙很满意，只做了一些微小的调整和补充。康熙奖励张鹏翮的治河之功，赐其特制《河臣箴》《淮黄告成诗》，并赐其父"神清养志松龄"匾额。

同年秋，张鹏翮又移建中河出水口于杨家楼，清水畅流敌黄，于是海口大通，河底日深，黄水没有了倒灌之忧。

为了实地考察河南口改建工程，康熙四十四年（1705）二月，康熙第五次南巡，对张鹏翮的改建表示了肯定，同时提醒张鹏翮不要被成绩冲昏头脑。此后，张鹏翮与江南江西总督阿山①为防治洪泽湖水侵入泗州（今江苏泗县）、盱眙，想在泗州之西开河，使淮水分流，减弱上流水势。这是一项新工程，张鹏翮等人不敢擅作主张，便请康熙前来视察定夺。

康熙四十六年（1707）正月，康熙第六次南巡。经过实地考察，他认为若按张鹏翮等人的想法会破坏民田房舍，而且要毁掉许多坟冢，过于残忍，予以训斥，并提出了新的措施。他的决定令当地百姓群情欢悦，不胜感激。

康熙不仅重视对黄、淮、运河的全面治理，还对另外一些大河也进行了修浚，比如永定河。永定河原名无定河，是桑干河的下流。无宁河时常溃决改道，为害颇大，但历代统治者都不大重视。靳辅治理黄河取得巨大成绩后，康熙开始重视无定河的修浚，康熙三十一年（1692），他采取直隶巡抚郭世隆②的建议，疏浚永清东北的无定河故道，使顺流归淀；康熙三十七年（1698），又以保定以南诸水与浑水港湾，势不能容，时有泛滥，御驾亲临实地考察，而后任命于成龙为河道总督兼直隶巡抚，治理无定河，取得了显著成绩。康熙非常满意，亲改无定河为永定河。

纵观康熙的治河过程，他的功劳是巨大的，治理思想也是积极的。他把治水当作立国之本，既要求制止水患，还要变害为利；既安定漕运，还保证民生，为以后雍正、乾隆两代兴修水利打下了良好的基础。

四、开矿禁矿

康熙初年，开矿问题依然没有引起统治者的注意，依然沿袭顺治年

---

① 阿山：伊拉哩氏，满洲镶蓝旗人。历任吏部笔帖式、刑部主事、户部员外部、翰林院侍讲、户部侍郎、左副都御史、翰林院掌院学士、江南江西总督等职。

② 郭世隆：字昌伯，汉军镶红旗人。历任礼部员外郎、内阁学士、直隶巡抚、闽浙总督、两广总督、湖广总督等职。

间的禁矿政策。比如，康熙十一年（1672）六月，康熙认为京城德胜门外的33座新煤窑、10座旧煤窑正处于"都城来脉，风水所关"的局面，遂下令封闭，并限期一个月拆毁填平；康熙十年（1671），浙江山阴县（今绍兴市辖区）又有人采矿，当地官府下令永禁开采；康熙十三年（1674）又有人合伙开采很早就被封禁的陈家岭官山，第二年官府宣布照旧严禁；康熙十七年（1678），有人以修大能仁寺的名义开凿应蒙山，官府仍然禁止。不过，当时并非一味地禁绝开矿，在执行过程中还是有一定弹性的，因为金、银、铜、铁等矿是铸造货币、日用器皿等的必需材料，不能完全禁止。所以，康熙十四年（1675），清廷定开采铜、铅之例，下令：各省产铜、黑白铅处，如果有本地百姓愿意开采，该督抚可委派官员监督开采。第二年，清廷派官监视山西应州边耀山煎炼矿银；康熙十九年（1680）下令各省开采所得金银，四分解送户部，六分抵还工本。康熙初年的矿业开采限于金、银、铜、铅等少数矿种，而且矿场都由官营或派官监督，并加以高额征科，使开矿无利可图。

随着国内形势的稳定，社会经济的恢复与发展，禁矿政策越来越显得与时势极不适应。平定"三藩之乱"后，康熙开始调整相关政策。

康熙十八年（1679）三月二十日，康熙在太和殿前殿试天下贡士，提出了三个问题，其中第三个便是征询如何解决铜不足用的问题。他问道："以铜不足用，铸造未敷，有以开采议者，有以禁民耗铜议者，果行之可永利乎？或二者之外别有良策欤？尔多士留心经济，其详切敷陈，勿泛勿隐，朕将亲览。"由此可见，铜源不敷铸造已成为困扰统治阶层的难题。当时有两种主张，一是广开矿源，二是禁民耗铜。康熙希望天下士子可以就此献计献策。然而，这些贡生根本提不出什么有效的办法。

与此同时，康熙还命户部等有关部门想办法。十月，户部等衙门经过讨论，提出了《钱法十二条》，其中第八条即为"开采铜铅"，就是"凡一切有铜及黑白铅处所，有民具呈愿采，该地方督抚就选委能员监管采取"。同年，清廷又修改征科办法，规定：各省采得铜、铅，以十分内二分纳官，八分听民发卖，监管官准按斤数议叙。这样，民间开矿虽有诸多限制，但征科减少，开采人仍有利可图。这是康熙对民间开矿的一种鼓励，也表明禁矿政策已经松动。

"三藩之乱"后，云贵总督蔡毓荣针对云南长期被吴三桂盘踞，残酷搜刮，又连遭战争破坏的情况，考虑了战后治理问题，遂上《筹滇十疏》。其中，第四疏专门论述矿业政策。蔡毓荣认为，云南矿产资源丰富，而且有着悠久的开矿历史，如果顺势开矿，利国利民，因此他主张在云南开矿，"矿夫既采，矿税自盈"，以便在经济上改变云南"兵饷不继""赋税无多""兵食仰给他省"的困境，而且也能使社会生活得到稳定，是发展经济、平息盗贼的一个好方法。他还提出了具体的办法，即放弃禁矿政策，让民间自由开采矿物，既可解决官营矿场资金不足、经营管理不善等问题，又可使国家、百姓都得益，一举多得。由于这一建议有利于从根本上解决"铜不足用"的问题，所以康熙立即批准实行。

康熙二十三年（1684）九月，康熙又批准管理钱法侍郎陈廷敬①等人的奏请，下令"听民自便，地方官仍不时稽查，毋致争斗抢夺，借端生事，致兹扰害"。这一"听民自便"、与民同利的矿业政策，调动了商民投资矿业的积极性，有力地推动了矿冶业的发展。

开矿之后，云南省的矿业开采首先由凋敝迅速转入发展，当地许多无业之民纷纷具呈申请，外地的富商大贾也慕名投资入伙，迅速开矿。官府也不甘落后，派亲信之人携资前往有矿之地，召集人员着手开采，全省呈现出繁忙的开矿景象。矿开鼎盛时，云南一年可上缴税银 8 万多两。接着，广东、广西、四川、湖南、贵州等省因为开矿政策的施行，矿业也相继发展起来。从此，矿物产量急剧增加，清廷所收矿税不断上涨，矿厂的规模也在发展中迅速扩大。据统计，康熙二

---

① 陈廷敬：字子端，号说岩，晚号午亭。进士出身，历任经筵讲官、《康熙字典》总裁官、工部尚书、户部尚书、文渊阁大学士、刑部尚书、吏部尚书等职。

十三年（1684）全国只有 9 座大型矿厂，第二年就增到 29 座，康熙四十六年（1707）达到 55 座，康熙五十一年（1712）竟达到 66 座。矿业的发展增加了国家的财政收入，对整个社会经济的恢复和发展也起到了推动作用。

不过，矿业生产并没有就此走上正常发展的道路。客观上，当时对矿产的需求还没有达到后来那种大量、广泛和迫切的程度。铜一向属于急需；铁是农具经常性的、不可缺少的原料。与之相关的矿业被带动起来。因此，对矿业全面、大规模、快速地开采就缺少足够的客观推动力量。在康熙的观念中，工矿仍然是末，而不是本，因此，他没有用长远的战略眼光去认识矿业，只是把开矿视为权宜之计，对开矿缺乏足够的热情。而封建统治阶级中的保守派，则用开矿"有伤风水龙脉""弃本逐末""扰民""易聚难散"等奇谈怪论来制造思想桎梏，干扰开矿政策，康熙对其中的一些说法如"易聚难散"论等还是很动心的，这就使他难免对开矿提心吊胆。

在这种情况下，从康熙后期开始，康熙又把禁矿政策提上了议事日程。康熙四十三年（1704），他发布一道上谕，说："开矿之事对各地没有什么好处，以后再有申请开采的，都不批准了。"康熙五十年（1711），他又以湖南产铅地方"山深谷邃，境通黔粤，苗、瑶杂处，开采不便"为由，决定"永为封禁"。

在封闭矿厂的同时，康熙还控制矿物销售，以限制矿业的发展。康熙四十四年（1705），云贵总督贝和诺①废止余铜"听民自售"的旧制，改行"放本收铜"的政策。除二分缴税之外，其他八分余铜禁止私卖，均由官设铜店以低价收购，称"官买余铜"。

康熙后期的禁矿政策是对中期开矿政策的倒退，虽然在一定程度上起到了稳定封建统治的作用，但从历史发展来看是消极保守的。

---

① 贝和诺：富察氏，满洲正黄旗人。历任工部笔帖式、户部主事、大理寺卿、左副都御史、户部侍郎、陕西巡抚、兵部侍郎、云贵总督、工部侍郎、礼部尚书等职。

第十章 兴文教尊重科学

一、尊孔倡儒

康熙亲政后，在军事、政治、经济各个方面都取得了重要成就，同时，他也极其重视思想文化建设，并做出了重要贡献。

自西汉中期起，历代封建统治者都将儒家思想尊奉为正统思想。清朝以少数民族政权从中国东北边疆崛起，为了建设和巩固政权，清朝统治者必须学习汉族传统文化及治国理论。因此，从皇太极开始，清廷就推行崇儒重道的政策。清朝入关后，汉族人民成为主要的统治对象，为此，大清统治者又将崇儒重道的政策进一步推广普及。顺治二年（1645），清廷封孔子为"大成至圣文宣先师"；顺治九年（1652）九月，朝廷隆重举行"临雍释奠"大典，顺治勉励太学师生信守圣人之道，讲究服膺，用资治理。顺治十四年（1657）九月、十月，顺治又开启经筵日讲制，谕令儒臣进讲儒家经典。可惜顺治英年早逝，四大辅臣执政时期一度改变政策，使清初以来奉行的崇儒重道政策出现了反复。康熙即位后，勇敢地担起了全面贯彻崇儒重道政策的重任。

康熙八年（1669）四月，康熙采纳汉官的建议，率领诸王、大臣亲临太学释奠孔子，在孔子位前行三跪六叩之礼；礼拜结束后，又到彝伦堂听满汉祭酒、司业按序讲《易经》《尚书》。不久，康熙成功铲除鳌拜，排除了推行崇儒重道政策的一大障碍，使政策得以全面贯彻。他先是大力举行经筵日讲，积极学习儒家经典。通过学习，他深感儒家学说的深妙，极其佩服儒家学说的创始人孔子、孟子等人。康熙初年，他多次举行祭孔的活动，并于康熙二十三年（1684）十一月首次南巡后又驾幸曲阜，到孔子庙，入大成门，行九叩之礼；又到诗礼堂讲《易经》；上大成殿观瞻孔子像及礼器；到圣迹殿阅览图书；到杏坛孔子讲学的地方观孔子种植的桧树；入承圣门，汲取孔井里的水喝；询问发掘《古文尚书》的鲁壁遗迹，到孔林墓前酹酒，并亲自为大成殿书写"万世师表"匾额。

与此同时，康熙又一次诏令天下学宫崇祀先儒，并亲自写文章赞颂孔孟，进一步抬高儒家学说的地位。康熙二十六年（1687），康熙亲手制作《至圣先师孔子庙碑》《孟子庙碑》文，御书勒石。康熙二十八年（1687）四月，康熙又亲作《至圣先师孔子赞》并序、《曾子赞》《子思子赞》《孟子赞》。康熙宣扬孔孟之书把"道统"与"治统"统一，流传后世，作为治理国家的思想，其作用非常大，产生了深远的影响。可以说，康熙对儒家学说的尊崇及对孔孟等人的赞美，已经达到了无以复加的地步，大大超过了之前的所有封建帝王。

自古以来，孔子、孟子就是汉族人民尤其是士人心中的圣人，康熙作为一个少数民族帝王，如此尊崇孔孟，无疑对缓和满汉民族矛盾起着极为重要的作用。不过，孔孟时代毕竟距离康熙时代很遥远了，而且自从汉武帝"罢黜百家，独尊儒术"后，特别是宋明以来，儒家内部也产生了很大的分化，形成了不同的思想流派，笼统地提出尊儒重道和现实政治生活的关系并不是很密切，对清廷加强思想统治的作用也不直接。为此，康熙苦思冥想，仔细斟酌，经过一段时间的探索，他又将崇儒重道发展为尊奉程朱理学，以达到加强对广大人民思想统治的目的。

程朱理学亦称程朱道学，是宋明理学的主要派别之一，也是理学各派中对后世影响最大的学派之一。理学的天理是道德神学，同时成为儒家神权和王权的合法性依据。程朱理学由北宋周敦颐、邵雍、张载、程颢①、程颐②等人创立，其间经过弟子杨时、再传罗从彦、三传李侗的传承，到南宋朱熹③集为大成。该学说是一套比较完备的客观唯心主义体系，认定"理"先天地而存在，把抽象的"理"提升到永恒、至高无上的地位。这里的"理"其实指的是封建伦理准则。同一时期儒家学说还存在另一个派别，即陆九渊④一派的主观唯心主义，宣扬"心"是宇宙万物的本原，与程朱学说对立。两派对比，显然程朱理学更合乎统治者的需要，所以从南宋后期起，历代统治者都将程朱理学尊为官方哲学。明代中期以后，王守仁⑤推崇陆九渊学说，宣扬"致良知"，把"心学"推向巅峰。王学产生后迅速席卷全国，几乎取代程朱理学的地位。明末清初，程朱理学和陆王心学并行。清朝入关后，清朝统治者一直忙于全国的统一，只是笼统地推崇儒学，根本没有工夫分辨朱王两派的作用。直到康熙即位，随着崇儒重道政策的广泛推行，康熙越发认识到程朱理学对巩固封建统治的重要性，开始提倡程朱理学。

康熙之所以推崇程朱理学，在很大程度是受了熊赐履的影响。熊赐履是顺治十五年（1658）进士，选为庶吉士，任职检讨，迁任国子监司业，进弘文院侍读，以直言论事著称于时。康熙七年（1668），熊赐履任秘书院侍读学士，上书论政，两次均为权臣鳌拜所忌，后升为国史院学士，改任翰林院学士，经筵讲官。熊赐履信奉朱学，以朱熹注《论语·学而》的讲解，开始了康熙一朝的日讲。此后，熊赐履开始每隔一

---

① 程颢：字伯淳，世称明道先生，理学的奠基者之一，"洛学"代表人物。倡导"传心"说。承认"天地万物之理，无独必有对"。
② 程颐：字正叔，程颢之弟，世称伊川先生。与程颢同学于周敦颐，共创"洛学"，为理学奠定了基础，世称"二程"。其学说以"穷理"为主，主张"涵养须用敬，进学在致知"的修养方法，目的在于"去人欲，存天理"，认为"饿死事极小，失节事极大"，宣扬"气禀"说。
③ 朱熹：字元晦，号晦庵，晚称晦翁，世称朱文公。儒学集大成者，世尊称为朱子。
④ 陆九渊：字子静，号象山翁，陆王心学的代表人物。主"心（我）即理"说，言"宇宙便是吾心，吾心即是宇宙"等。
⑤ 王守仁：幼名云，字伯安，别号阳明。倡言"知行合一"，反对程朱的"格物致知"说。

天进讲，后来每天都入宫向康熙讲"读书切要之法""天理人欲之分""俯仰上下只是一理"，讲"辟异端，崇正学"，讲朱熹的知行观，斥王守仁的"知行合一"说。慢慢地，康熙接受了程朱理学，并开始将其奉为官方哲学。

康熙认为，程朱之前，虽然汉代的董仲舒、唐代的韩愈也重视天人之理，却没有得到儒家学说的精髓；到了北宋时期，邵雍探求河洛之理、性命精微，推衍先天后天的定数，断定先甲后甲的考量，虽然没有将书全部流传下来，但其理是很明显的；周敦颐阐释无极而太极，复著《通书》，他所传授的学说都有来源，如星辰来自于天而各有其位，不能掩盖，"光风霁月之量，又不知其何似"；朱熹"集大成而绪千百年绝传之学，开愚蒙而立亿万世一定之规，穷理以致其知，反躬以践其实"，这才得到孔孟正传，因此，只有程朱理学才是治国的学术。为了宣扬程朱理学，康熙亲作《理学论》，提倡学者应当于致知格物中循序渐进，走程朱之路，并下令将朱熹从孔庙东庑先贤之列升为大成殿十哲之一，以示表彰，还给程朱的祠堂及讲学的书院赐匾、赐物。

在大力宣扬程朱理学的同时，康熙还排挤陆王心学，为此他与崔蔚林①进行了一场辩论。崔蔚林笃信王守仁的心学，曾写过一篇《大学格物诚意辨》的讲章呈递给康熙。康熙十八年（1679）十月，康熙召见崔蔚林，就朱王之学进行了辩论。崔蔚林根据王守仁的学说，阐释了"格物"的范畴，认为"格物是格物之本，乃穷吾心之理也"。他还对朱熹学说提出了质疑，认为朱子对天下事物的解释过于宽泛，与圣学不切合。康熙转而论"诚意"，指出朱子解"意"也不错，这时，崔蔚林再次进行了质疑，说朱子对"意"的解释是"为心之所发"，有善有恶。他认为以意为心是大神明、大主宰，至善无恶。当时康熙准备得不是很充分，无法再进行反驳，就暂停了辩论。十天后，康熙经过周密的

---

① 崔蔚林：字夏章，号定斋，又号玉阶。顺治十五年进士，历任翰林院庶吉士、侍读学士、侍讲学士，詹事府詹事。

准备，批驳了崔蔚林的主张，他用程朱理学的理论反驳说："天命谓性，性即是理。人性本善，但意是心之所发，有善有恶，若不用存诚功夫，岂能一蹴而至？行远自迩，登高自卑，学问原无躐等，蔚林所言太易。"

为了提倡程朱理学，康熙还大力刊印程朱之书。他命儒臣重新修订了明朝永乐年间纂修的《性理大全》，并亲自为其作序，刊行全国。这是一部官书，其中收录了程朱等人的理学著作及有关性理的语录。为了宣扬朱熹之学，康熙让熊赐履、李光地等人录章摘句，收集朱熹的一句一字，编成《朱子全书》，并亲自为之作序，刊行全国。康熙六十年（1721），康熙又以《性理大全》等书繁杂矛盾为由，下令节编性理诸书，成《性理精义》。他仍亲自为之作序，其中叙述了自己对程朱理学的崇奉之意，他说："朕自冲龄以来，六十多年间，未尝一日放下经书。……朕敦好典籍，对于理、道等有关论述尤为留意，而且在位日久，玩味愈深，体之身心，验之政事，越发认识到其确然不可易。"

像康熙这样如此热衷刊刻程朱之书，在中国历代帝王中是比较罕见的。

正因为非常尊奉程朱理学，所以康熙对那些讲程朱理学的所谓理学名臣极其看重。熊赐履是较早受到康熙重用的理学大臣。康熙开始举行经筵日讲时，熊赐履被提升为讲官，康熙十四年（1675）又升其为内阁学士，并被破格升为武英殿大学士兼刑部尚书。第二年，熊赐履以诿咎同僚而被夺官。康熙二十三年（1684），康熙南巡，熊赐履迎谒，召入对，其回答深得康熙之心，于是赐予御书"经义斋"。康熙二十七年（1688），熊赐履被重新起用为礼部尚书，后授东阁大学士兼吏部尚书，预修《圣训》《实录》《方略》《明史》等书，并充总裁官，五次主持会试。

另一个受康熙重用的理学名臣是李光地。李光地，字晋卿，号厚庵，别号榕村，福建泉州人，康熙九年（1670）进士，选庶吉士，授编修。"三藩"作乱时，李光地蜡丸上书，立下功劳，被授为内阁学士；康熙二十五年（1686）授翰林院掌院学士，值经筵，兼充日讲起居注官，教习庶吉士；康熙四十四年（1705）拜文渊阁大学士。李光地自幼受家庭影响，研习性理之学，非程朱不敢言，其理学"宗朱子而能别白其是非"。当时康熙正潜心理学，御纂《朱子全书》《周易折中》《性理精义》等书，全都让李光地校理，每天召入便殿研究探讨。

另外，受到康熙重用的理学名臣还有汤斌、陆陇其①、张伯行、魏象枢、张廷玉②、蔡世远③等。

为了使程朱理学切实发挥社会作用，达到修身、齐家、治国、平天下的目的，康熙还提倡真理学，反对假理学。康熙二十二年（1683），康熙对日讲官张玉书④等人说："日用常行，无非此理。自有理学名目，彼此辩论，朕见言行不相副者特别多，终日讲理学，而所行之事全与其言悖谬，岂可谓之理学？如果口虽然不讲，而行事皆与道理相吻合的，便是真理学。"他在此明确提出了真理学与假理学的区别，即那些行事合乎封建伦理道德的理学家是真理学，而那些打着理学家名号、行为却不守封建伦理道德的人是假理学。康熙三十二年（1693）四月，康熙对大学士等人说："翰林官以文章为职业。今人好讲理学者，辄谓文章非关急务。宋之周、程、朱何尝无文章？其言如是，其行亦如是。今人如果真的能如宋儒言行相顾，朕肯定嘉奖他。传谕翰林官知道。"康熙四十三年（1704），康熙谕示起居注官揆叙⑤等人："君子先行后言，果如周、程、朱勉行道学之实者，自当见诸议论。如果以空言而讲道学，

---

① 陆陇其：字稼书，康熙年间进士，历任江南嘉定知县、直隶灵寿知县、四川道监察御史等。学术专宗朱熹，排斥陆王，被清廷誉为"本朝理学儒臣第一"，与陆世仪并称"二陆"。

② 张廷玉：字衡臣，号砚斋，康熙年间进士。大学士张英次子。康熙时任刑部左侍郎，雍正时历任礼部尚书、户部尚书、吏部尚书、保和殿大学士（内阁首辅）、首席军机大臣等职。死后配享太庙，是清朝唯一一个配享太庙的汉臣。

③ 蔡世远：字闻之，康熙年间进士，历任内阁学士、礼部侍郎。学识渊博，尤精于性理之学。他继承"二程"和朱子之学，又深研周敦颐、张载的学说，是清代闽学派的主干。

④ 张玉书：字素存，号润甫。顺治年间进士，历任翰林院编修、国子监司业、侍讲学士，累官至文华殿大学士兼户部尚书。

⑤ 揆叙：字恺功，号惟实居士，纳喇氏，满洲正黄旗人。初为佐领、侍卫，后历任翰林院侍读、掌院学士、礼部侍郎、工部侍郎、都察院左都御史，为康熙所赏识重用。

断乎不可!"康熙六十年（1721），康熙与大学士等人谈论刚进行过的会试，认为其中可能有弊，因为一些具有真才实学的人没有被录取，"如举人王兰生学问，南人中或有胜彼者……在编修《周易折中》《性理精义》等书时，魏廷珍①、王兰生等在朕前昼夜校对五年，不遗一字。读书人少全读性理者，王兰生甚为精熟，学问亦优，屡试未中，或文章不佳，抑别有故耶?"所以，康熙赐王兰生进士，着一体殿试。

对于言行不一的所谓理学名臣，康熙总是给予鞭挞羞辱，比如康熙三十三年（1694）闰五月，他对大学士等人发表谈话，集中揭露和抨击了那些所谓的理学名臣，把他们"挟仇怀恨"、倾危同僚及"务虚名而事干渎"的丑行暴露于光天化日之下，从而揭开了这些人的伪装。

总的来说，康熙崇儒重道，提倡真理学，争取了广大汉族士大夫和百姓的支持，促进了清初统一局面的形成。

二、兴办学校

常言道：百年大计，教育为本；千秋大业，教育为先。在封建社会，教育事业对于巩固封建统治有着重要作用，不仅为各级封建官僚机构输送大批统治人才，而且也能消泯广大人民群众的反抗思想。康熙自然不会忽视教育的力量，他对教育事业一直非常关注，使得康熙时期教育事业呈现出蓬勃发展的景象。

康熙即位之初，清朝统治已大体巩固下来，但是明末清初时因长年战乱，教育事业一片凋敝，不仅校舍普遍遭到破坏，而且教师缺乏，这一现象引发了一连串的严重后果：各级官府缺乏官吏，只得沿用明代的降官和捐纳官员，这样做的结果是官吏素质低下；教育缺失，就无法对广大百姓进行教化。广大百姓就像一座座活动频繁的火山，不及时向他

---

① 魏廷珍：字君璧，康熙年间进士，历任偏沅巡抚，漕运总督兼署两江总督，工部尚书。学问丰富。历康熙、雍正、乾隆三朝，为官清正和平，纤毫不染，名扬朝廷内外。

们灌输封建伦理道德观念，一旦火山爆发，后果不堪设想。鉴于此，康熙即位后非常注重文教。

抓教育首先要从学校入手，所以康熙亲政后便广设学校，倡建学院。清承明制，在中央设立了国子监和各级儒学。这些机构与明后期一样，已经不具备教学职能，只是科考时办理诸生举优出贡等活动的管理教育的官僚机构，不过这些机构在地方教育中起着领导、监督的作用，还是具有很大影响的。所以，康熙在普遍恢复各地儒学的基础上，又在一些边远地区及新设州、县继续增设儒学。康熙四年（1665），康熙宣布设奉天各府、州、县等儒学，奉天府为京府大学；辽阳、宁远、海城为中学；盖平（今辽宁盖州）、铁岭、广宁（今辽宁北镇）为小学。康熙二十六年（1687）又下令直隶怀来（今河北怀来）、永宁、保安三卫仍各自设学，由保安州学、延庆州学兼摄。康熙二十八年（1689），又令贵州贵筑县照例设学，由新贵县学官兼摄。

鉴于各地府、州、县学普遍不具备教学职能，从康熙二十年（1681）起，康熙积极提倡各地兴办义学，以普及初级教育。康熙四十一年（1702），他特命在京城崇文门外设立义学，颁赐御书"广育群才"匾额；五城各设一小学，延请塾师教育，挑选优秀者进入义学，官府向义学、小学提供物资计300两，由府、县按月支给。后来，清廷又在边疆省份及内地各省的穷困乡村普及义学，比如康熙四十四年（1705）康熙下令贵州各府、州、县设立义学，将土司承袭子弟送进学校，毕业后等着继承祖业；其族属人等并苗民子弟愿意入学的也送入学校，该府、州、县复设训导，躬亲教谕。第二年，他又商议批准贵州所属府、州、县、卫皆设义学，并颁发御书"文教遐宣"匾额，悬挂于各个学校。康熙五十二年（1713），他将义学推广到全国，普及教育。此后康熙仍关心各地的义学，不时督促。康熙五十四年（1715），康熙下令畿辅地区的穷乡僻壤均设立义学，并要求直隶巡抚遍视庄村，使百姓都知道皇帝崇文好学的深意。

康熙不仅注重平民教育，还极其重视八旗子弟的教育。康熙年间，增设了很多八旗官学，比如景山官学。康熙发现内府佐领人员善射及读书善文的人很少，便于康熙二十四年（1685）四月下令专设学舍，选可教之人学书习射，优秀者录用，差生罢黜。经过有关部门商议，清廷在北上门两旁官房设立景山官学，包括满书三房、汉书三房，满书每房设教习3人，汉书每房设教习4人，挑选内务府佐领、内管领下闲散幼童366名入学。毕业人员中有愿意成为教习的，选择移送令教习三旗子弟；将内廷执事人员、闲散人员中老成的、能够成为师长的，不分满、蒙、汉，挑选9名教习满书；满教习享受执事俸禄，汉教习给予银粮、衣物等，六年期满，分别勤惰，议叙授官。

盛京是清朝的发祥地，清朝入关后，盛京仍保留了一套与京城基本对应的政权机构，顺治时在各地设立学校，盛京所属府、州、县也都设立学校。康熙三十年（1691），康熙下令在盛京左、右两翼各设两处官学，满学教读满书，习马步箭（指骑射和步射）；汉学教读满、汉书，习马步箭。学舍由盛京工部拨给。

康熙三十四年（1695）二月，黑龙江将军萨布素等人上奏请求在墨尔根地方两翼各立学校，康熙表示同意，下令满族诸佐领下，每年各选幼童1名，教习书义。

学校设立后，康熙没有放任不管，而是对各级教官、广大师生严加管理。他深知学政是各级教官中掌管一省教育的最高官员，其优劣关乎本省的教育，因此亲自选拔任命各省学政。他特谕，新补学政一经领敕，第二天必须赴任；各省旧任学政考试完毕后，必须于十一月内报满到部，如违定限，即题参处；学政考试迟延、限内不能完结者，降一级调用；各省学政要对所有士子负责，处事公平公正，不得徇私，否则严加治罪。

为了培养合乎封建统治需要的人才，康熙对广大就学士子更为重视，要求他们先品后学。康熙九年（1670）康熙颁发谕旨十六条，作为士子的立身标准：一敦孝悌以重人伦；二笃宗族以昭雍睦；三和乡党以息争讼；四重农桑以足衣食；五尚节俭以惜财用；六隆学校以端士习；七黜异端以崇正学；八讲法律以儆顽愚；九明礼让以厚风俗；十务本业以定民志；十一训子弟以禁非为；十二息诬告以全良善；十三诫窝逃以免株连；十四完钱粮以省催科；十五联保甲以弭盗贼；十六解仇忿以重身命。康熙四十一年（1702）正月，康熙又专门发布了一道《训饬士子文》，文中对在学诸生提出了要求，如"先立品行，后再到文学、学术、事功，源委有叙""穷经考义，勿杂荒诞之谈""文章归于醇雅，毋事浮华"……

在饬文的最后，他极为严厉地说："从此以后，从中央的国子监到各地方的乡间学校，学臣师长都要传集诸生，多方督导劝勉，以副朕怀，否则，职业弗修，咎亦难逃，到时不要说朕没有事先说明。你们这些士子都要听好！"

康熙还多次驾幸太学，下令修建校舍，敕谕优恤诸生，关心教育事业的发展。如康熙八年（1669）四月，他到太学行礼、听讲，然后指示国子监师生"讲究服膺""圣人之道"。第二天，他又指示国子监官员"当严督诸生，潜心肄业。诸生亦宜身体力行，朝夕勤励，若学业成立，可裨实用，则教育有功……尚其勉之，毋怠！"康熙在位期间，多次下令修葺破旧的校舍，极为关心士人的学习环境，如康熙四十一年（1702）下令修葺国子监；康熙四十四年（1705）十一月国子监落成，他又赐书"彝伦堂"匾额。

除了在全国普及士子教育外，康熙还极其热心于书院建设。

中国书院于唐朝后期兴起，南宋时迅速发展，元明两朝得到进一步发展，对教育事业和学术文化的发展都发挥了重要作用。最早的书院属于私办，与官府设立的学校并行。南宋以后，官学腐败，封建统治者开始关注书院，书院也逐渐与科举挂钩。明朝后期，官学只是一种形式，不再具备教育职能，这使书院成为为科举考试输送高级人才的主要教育机构。

明末清初，全国的书院因社会长期动乱而遭到严重破坏，有的毁于兵乱，有的并于庙宇，所剩寥寥无几。为了笼络汉族知识分子，从顺治二年（1645）起，清廷在占领区内连年开科取士，在这股力量的推动下，一些地区的书院开始恢复，并新建了一批书院。到顺治九年（1652），全国修复、重建前代书院14所，新建11所。不过，当时满、汉两族矛盾极其尖锐，为了防止汉族士人利用书院讲学进行反清活动，又鉴于明末士大夫借书院讲学相互结党、攻击时政、削弱朝廷统治的历史教训，顺治时期的书院政策具有极大的不稳定性。比如，顺治九年（1652），清廷向天下学宫颁行新卧碑①，严加约束士子行为，并下令不准别创书院，群聚徒党。在清廷的强压政策下，有相当一批旧书院被改为社学，没有几人敢创办学院。直到顺治十四年（1657），全国书院才逐渐恢复。但因为当时经济凋敝，统治集团内部斗争激烈，政策时有变动，所以全国书院并不景气，顺治一朝，全国只有61所重修书院，45所新建书院。

随着战争的结束，康熙时教育事业得到了初步发展，一些有识之士开始自发兴办书院。由于清初官府倡办的社学既不能实现统治者宣传儒学的愿望，又不能满足广大士人的文化需求，所以在书院复苏后，社学便慢慢走上了绝路。康熙二十五年（1686），康熙下令提学②查革各地社学，同时开始关注书院的发展。在平定"三藩之乱"期间，康熙为吉林宁安满族学房赐名"龙城书院"，并为其书匾"龙飞胜地"。平叛后，康熙对各地书院的建设更为上心，特命各省并建书院。为了推动各地书院的建设，他先后向各地著名书院赐匾、赐书，前后不下十处，如康熙二十五年（1686），他为江西白鹿洞书院、长沙岳麓书院御书"学达性天"匾额，并颁赐《十三经》《廿一史》及日讲各经解义十六种；康熙三十三年（1694）为河南开封游梁书院御书"昌明仁义"匾额；康熙四十一年（1702）为京城金台书院御书"乐育英才"匾额；康熙五十八年（1719）又为河南开封大梁书院御

---

① 卧碑：指明清时期镌刻约束在学生员条规的碑石，通常立于明伦堂左边。
② 提学：官名。宋朝以后，管理府、州、县等地方学校及教育行政的官员。元设儒学提举司，明设提督学校官，清雍正四年改设提督学院，长官称提督某省学政，简称学政。

书"两河文明"匾额；康熙六十一年（1722）为江苏苏州紫阳书院御书"学道还淳"匾额。

在康熙的倡导与支持下，各省督抚纷纷行动起来，或亲自在省城建立书院，或发金置田，檄令属下州、县建立书院。如康熙十年（1671），安徽巡抚靳辅应安庆士绅的请求，下令修复当地培原书院，改名修永；康熙二十一年（1682），两江总督于成龙建立江宁虹桥书院；康熙二十四年（1685），云贵总督蔡毓荣、浙江巡抚赵士麟分别建立昆明育才书院和杭州敬一书院……一时间，全国出现了兴办书院的热潮，书院数量进一步增长，甚至偏远的沿海如台湾和少数民族聚集的地方也先后建立了许多书院。从康熙二十二年（1683）到康熙末年的几十年间，从来没有过书院的台湾先后兴建了西定坊书院、镇北坊书院、弥陀室书院、竹溪书院、崇文书院、东安坊书院、高雄屏山书院、海东书院8所书院。康熙四十七年（1708），著名学者李来章在广东连山创办了连山书院。

康熙一朝，全国新建书院537所，修复或重建前代书院248所，这是中国书院自明嘉靖朝以来百年中少见的一个高速发展时期。

三、整顿科场

科举考试与教育事业密切相关，因此，康熙在振兴教育的同时，也极其重视对科举考试的改革。

科举考试是选拔人才的主要手段，是教育目标的实现途径。清代科举始于顺治时期。当时科举处于初创期，难免会有诸多不尽合理之处，当时科场作弊现象极其严重。这样一来就背离了教育的目的，既不利于鼓励士子们认真读书学习，也不利于封建统治集团选拔优秀人才。为此，康熙决定整顿科场，具体方法如下：

一是改革考试制度。由于经济、文化发展的不平衡，清代在进行科举考试时，对各地士人的要求也不尽相同。会试时为了照顾贫穷落后地区及边远省份的考生，特将全国分为南卷、中卷、北卷三个区域，各摊一定名额，择优录取。康熙即位后，下令浙江、江西、福建、湖广、广东五省及江宁、苏、松、常、镇、徽、宁、池、太、淮、扬十一府及广德一州为南卷，直隶及山东、山西、河南、陕西四省及奉天等处为北卷，四川、广西、云南、贵州四省和庐、凤、安庆三府及徐、滁、和三州为中卷。"三藩"叛乱时期，由于云、贵、川等省道路阻塞，无人进京赴试，康熙便下令将中卷分到南、北卷中。平定"三藩"后，为了恢复云、贵等地的教育，录取那里的人才，他于康熙二十四年（1685）下令恢复中卷。后来在执行过程中，南、北、中卷又分出左、右，极其烦琐、杂乱。而且庐、滁等文化发达地区隶属中卷，划分不太合理，于是清廷又进行了一定的改革。康熙三十八年（1699）十二月，左副都御史梅𨯼上奏说，会试定例，分南、北、中卷，后又于南、北、中卷中各分左右，导致阅卷者不能尽阅各卷，只能算卷数来定中额，所以请求仍照旧例，不再分南、北、中卷，去除左、右之分。九卿经过商议，认为应准其请，并提出将江南庐州等府、滁州等州过去隶属中卷的全部划归南卷；云南、贵州、四川、广西四省，去其中卷，每科云南定为"云"字号，额中二名，四川定为"川"字号，额中二名，广西定为"广"字号，额中一名，贵州定为"贵"字号，额中一名；康熙三十九年（1700）会试，四省请求加额，应将云南、四川各加中二名，广西、贵州各加中一名。康熙允准。

另外，康熙还突发奇想，设立官卷。这是因为过去在考试中，大臣们常常利用职务之便来营私舞弊，录取自家子弟，堵塞了贫寒士子的入仕之路，影响其读书积极性。康熙三十九年（1700）六月，康熙对大学士、九卿等说："考试是为了得到人才，如果靠行贿、走关系而得之，怎么能得到忠臣良吏呢？现在朕准备将大臣子弟另编字号，令其于此中校阅，必定能分出文章优劣。这样大臣子弟既能得选，又不妨碍贫寒士子，对考试来说是非常有好处的。你们觉得怎么样？"在康熙的多次督促下，大臣们于当年十一月提出了具体办法：以后直隶各省乡试，在京三品以上，及大小京堂、翰林、科道、吏礼二部司官，在外督、抚、提、镇及藩、臬等官员子弟，都编入"官"字号，另入号房考试，各照定额，每十卷，民卷取中九卷，官卷取中一卷，不必分经，副榜也这样录取。

随后，康熙改革了试卷的内容，下令科场出题不拘忌讳。清代仍是八股取士，题目都出自"四书"。封建时代有很多忌讳，考官们为了保住自己的官位、俸禄，出题时都小心翼翼，总是选择冠冕吉祥语。士子们为了登上金榜，通常也抓住了考官的这种心理，不刻苦钻研学问，反而将心思花在揣摩上，以求侥幸，这就造成了高分庸才的现象。康熙五十二年（1713）十月，康熙下令嗣后闱中题目应不拘忌讳，庶难预作揣摩，实学自出。

为了保证尽阅试卷，康熙还下令延长科举出榜时限。尤其在康熙后期，参加科举考试的士人越来越多，考官因为出榜时间紧迫，通常是草草阅卷，敷衍了事，粗粗定等，这就难免造成优秀人才的错失，不利于教育的发展。康熙五十年（1711）十月，九卿上疏说，直隶各省生员、举人额数逐渐增加，赴考士子甚众，因揭晓期限紧迫，考官无法细心遍阅其卷，草率录取，以致遗失佳卷，鉴于此，恳请今后会试揭晓时限宽于三月十五日内；乡试揭晓，大省宽于九月十五日内，中省宽于九月初十内，小省宽于九月初五内。直隶、江南、浙江乡试人数远多于其他省，照会试例，加入房官①2人。这样一来，主考官、同考官除了推荐的试卷外，还能遍阅余下试卷，不至于遗失佳卷。康熙批准了这一奏疏。

二是严明考试纪律，对科场作弊者予以严惩。清朝入关后，顺治对科举考试曾有过详细规定，康熙即位后又对现存规定不断加以补充、完善。如康熙二年（1663），经皇帝批准，直省各学臣三年只能

---

① 房官：又称同考官、房考官，明清乡试、会试中协同主考或总裁阅卷之官。因在闱中各居一房，故称房官。

考试童生一次，乡试后报满；凡是前任学臣已经考过一次的，不能再考；如有前任学臣考试未完、为某事离任的，允许新学臣将未考州、县生童接考，以应乡试；如有违例重考的，听该督抚题参。康熙十年（1671），康熙复核批准，今后学政案临各府，于考试招覆那天，提调官对照座号、姓名，将州、县、府原取本卷解送学政，与所取之卷逐一磨对，若文气、笔迹稍有可疑，马上按例追查。康熙十二年（1673）复核允准。康熙四十一年（1702）又下令乡试之年，遇新任学政于本年到任的，即将岁考一、二等生员册送科举，以应本年乡试，仍于乡试后补行科考。嗣后各省学政，因乡试期近，科考未遍，题请以岁作科的，都按照此例。

对于违犯规条、科场作弊者，康熙都予以严厉惩治。比如，康熙三十八年（1699）八月，顺天正、副考官李蟠[①]、姜宸英[②]主持顺天乡试时，考试不公，而且防范疏漏，考场中混进了代考之人，事后被人参劾。康熙马上命九卿调查中试（录取）举人的试卷，并对参劾的奏疏提出处理意见。九卿经过调查讨论，提议将李蟠、姜宸英等人革职，康熙对这一处理意见极为不满，指出：这样了结此案，不足以警示众人，应该将所取举人全部聚集起来，在内廷进行复试。对找借口不到的，即行黜革。关于考官的处分，等复试后再行商议。康熙五十年（1711）江南乡试后，江南正考官、副都御史左必蕃上奏说，中试举人吴泌等不通文义，外议沸腾，请将吴泌等人解到京城复试，或交督抚严审。同时，江苏巡抚张伯行也上奏说，有几百人抬着财神到学宫，言称科场不公。康熙马上命张鹏翮会同两江总督、江苏、安徽巡抚到扬州彻底查办此案，严加审问，并将左必蕃及副考官赵晋解任，进行审查，最后挖出了一个以赵晋为首的作弊团伙。康熙五十二年（1713）正月，康熙对

[①] 李蟠：字根大，号仙李。康熙三十六年文状元。授官翰林院修撰。主持顺天乡试时因主考官舞弊，被连累而充军，三年后赐归故里，从此闭门著书，直至善终。

[②] 姜宸英：字西溟，号湛园。康熙初年与朱彝尊、严绳孙并称"江南三布衣"。以布衣荐入明史馆任纂修官。因顺天乡试案被牵连，自杀于狱中。

一干人犯做出严厉处置：副考官赵晋行贿疏通关系，严重违反法纪，原拟斩监候，现遵照顺治时期的科场例，改斩立决；呈荐吴泌的同考官、句容县知县王曰俞原拟流放3000里外，查其通同作弊，改为斩立决；巴结吴泌、说事通贿的俞继祖等人，照原拟绞监候；呈荐程光奎的同考官、山阳县知县方名原拟绞监候，因其明知程光奎作弊而不举报，考试后还向程光奎勒索钱财，改为斩立决；考试之前在贡院里埋藏文字、入场抄写而中举的程光奎，照原拟绞监候；请人代笔而中举的徐宗轼、夹带文字入场而不举的席玗，照原拟枷责；左必蕃作为专任科场之官，负有失察之责，革职。

康熙严惩科场舞弊的案件还有很多，每次科场中出现问题，他都非常重视，并及时进行处理。此外，对八旗子弟参加科考，康熙还做出了特殊规定。康熙初年曾规定八旗子弟不许参加科举考试，康熙六年（1667）九月，康熙改变这一做法，复命满族、蒙古族与汉族同场一例考试，"其生童于乡试前一年八月内考试"。但八旗子弟是清军的主要后备力量，让他们学习参加考试，必然会影响训练，不利于封建统治，特别是在战争期间，这一矛盾表现得极为明显。所以康熙十五年（1676）镇压"三藩之乱"时，康熙下令八旗子弟考试生员、举人、进士暂停考试。但是康熙知道，只有让八旗子弟习文，鼓励他们参加科举，才能提高他们的素质，从而更好地为封建统治服务。所以，叛乱基本平定后，他很快下令取消八旗子弟习文与试的禁令。康熙三十六年（1697）十月，他还下令八旗宗室子弟可与满族诸生一起参加考试。另外，为了照顾八旗驻防兵子弟的教育，他还允许其在所驻省份入籍考试。

康熙在振兴教育上所采取的种种措施，对当时社会产生了积极的影响，不仅提高了全民族的文化素质，而且对巩固国家统一、发展社会经济起到了重要作用。此外，康熙重视八旗教育，兴办八旗官学，对八旗子弟学习汉文化产生了积极的推动作用，为民族文化的繁荣做出了重要贡献。

当然，作为封建统治者，康熙的思想观念必然也有一定的局限性，这一点反映在发展教育事业上，就是他将教育与科举联系起来，目的是选拔官吏，所以康熙后期，原来空前活跃的思想逐渐沉寂下来，封建士人整日死啃"四书五经"、创作死板的八股文，严重束缚了思想文化的发展。

四、注重修史

康熙是中国历史上少有的嗜好学习的帝王。他从5岁入上书房起，一生手不释卷，寒暑无间。他阅读的范围很广，无论是经史典籍、诸子百家、历数、律吕、佛经道书，还是自然科学的书籍，无所不读。但他认为经书和史乘是最有用的，这些书与治理国家密切相关。读书之余，他还时常与人深入探讨。他在论述吕后称制时说："后人都说陈平、周勃谄媚吕后，如果能与王陵持同样的理论，说不定就能使吕后回心转意。由此可见，事后论人是比较容易的，吕后以悍鸷之威，当称制之日，欲王诸吕，气凌群臣，这岂是陈平、周勃等人口舌所能争论的？所以君子论事，应当站在当时的时势背景之下。"这一论述反映了他联系历史条件考察事件发展趋势的不凡见识。

康熙深知历史的重要性，执政期间敕撰了许多史籍，为了保证撰史的质量和进度，他对重要史籍不惜花费人力、物力，设馆修纂。比如，大约从康熙二十六年（1687）年底或次年年初开始，康熙决定在内廷设局，翻译《通鉴纲目》，并亲自校阅、注疏翻译文稿，三年如一日，极为勤奋认真；康熙五十一年（1712），又钦定《历代纪事年表》一百卷，上起唐尧，下迄元末，仿《史记·年表》《资治通鉴·目录》的体例，编年系月，记载大事，经纬交贯，始末完整，完全可以作为读史的纲目。

在康熙修撰的诸多史籍中，最值得一提的当数《明史》的撰修。

新兴王朝为前朝修史，是自唐代以来形成的史学传统。清朝在顺治二年（1645）即宣布开始纂修《明史》，负责修撰的包括内三院大学士冯铨①、洪承畴、李建泰②、范文程③、刚林和祁充格组成的总裁组，学士詹图赖、宁完我等7人组成的副总裁组，郎廷佐等9人组成的纂修官组。但任命了负责人后，撰史工作却没有真正展开，因为当时大局未定，战事频仍，清廷根本顾不上这件事，而且委派的人大多是贰臣④，他们无心编纂旧朝史事，加上资料散失，遗献无法求证等，都影响着明史的修纂。清廷之所以宣称设馆修史，只是为了宣示明朝已经倾覆，清朝则应天命确立了正统之位。所以，顺治时期，众修史人员只完成了几帙史稿，实质工作基本处于搁置状态。康熙四年（1665），康熙下令重开明史馆，山东道御史顾如华曾奏请博集私家记载，广征弘通之士，由满、汉总裁共同负责这件事，但不知何故，史馆只以满文誊抄《实录》，并没有取得什么成就。康熙十八年（1679），康熙允准给事中张鹏所请，命内阁学士徐元文为监修，翰林院掌院学士叶方蔼、右庶子张玉书为总裁，再次开馆撰修《明史》。这次开馆的规模很大，所录用的博学鸿儒一、二等共50人，全部担任《明史》撰修官，另外又补充了右庶子卢君琦等16人。

修史人员在内东华门外的史馆里投入撰史工作，为了使工作顺利进行，并保证体例的完善和纪事的确当，他们分工合作，不断研讨，互相观摩。经过三年的努力，修史人员分拟的稿件大部分完成，陆续交给总裁审阅。《明史》最初的稿子多在这个时候修订，其后数十年间，又在此基础上进行了增删改易。康熙四十年（1701）以后，旧时史馆的许多人相继去世，修史工作又陷入停滞状态。康熙四十八年（1709），王

---

① 冯铨：字振鹭，万历年间官居礼部尚书、文渊阁大学士，降清后历任武英殿大学士、弘文院大学士、礼部尚书，加少师兼太子太师。
② 李建泰：字复余，号括苍，明天启进士，崇祯时官至吏部右侍郎兼东阁大学士。清朝入关后，应召为清内院大学士，充《明安》总裁官。
③ 范文程：字宪斗，号辉岳，明代生员，曾参努尔哈赤、皇太极、顺治、康熙四代帝王，清朝开国时的规制大多出自其手，更被视为文臣之首。
④ 贰臣：指在前一个朝代做官，投降后一个朝代又做官的人。

鸿绪因附和阿灵阿①等人奏议改立皇太子之事而被免官,回家时竟将史馆草稿全部带走,也没有人过问。王鸿绪在家将万斯同删定的史稿和以前馆臣所拟史稿重新作了增损改易,于康熙五十三年(1714)进呈《明史》列传部分205卷,康熙六十一年(1722)又进呈本纪、志、表计105卷。这310卷便是后世的《横云山人明史稿》。至此,《明史》基本完成。

康熙把撰修《明史》视为清朝不可推卸的责任,而且必须修好,令后人心服。他说,"明史关系极大",修得好坏,"后有公论者","不畏当时而畏后人,不重文章而重良心"。他觉得自己的责任尤其重大,"明史之中,稍有不当,后人将归责于朕,不可轻忽也"。因此,他对《明史》的修撰定下了很高的标准,专门写文章提出要求:"《明史》不可不成,公论不可不采,是非不可不明,人心不可不服。"他多次过问修史中遇到的具体史实的细节问题,比如,康熙四十二年(1703)四月,他指出:"此书所载杨涟②、左光斗③死于北镇抚司狱中。闻此二人是在午门前受御杖死,太监等以布裹尸出之。"康熙五十二年(1713)四月,他又对李自成兵临京城时,是城内迎献还是城外攻取,以及张献忠三个养子的情况作了指示。

康熙对《明史》修撰过程的严密控制,一方面对史官认真撰史起到了一定的督促作用,为《明史》的撰成提供了人员、资料等方面的有利条件;另一方面也制约了《明史》的思想内容,使其完全合于封建正统思想的规范。在中国史书中,《明史》算是一部水平较高的史书,编纂得体、材料翔实、叙事稳妥、行文简洁,为史家所称道。

在史籍修撰方面,康熙注重编修前史,除在编修《明史》上取得重

---

① 阿灵阿:钮祜禄氏,满洲镶黄旗人,遏必隆第七子。康熙二十五年(1686)袭爵,充散秩大臣,40岁晋领侍卫内大臣。四十七年倡举允禩为太子,获咎。
② 杨涟:字文孺,号大洪,万历三十年进士,明末著名谏臣,东林党人,万历"六君子"之一。终生致力于争"红丸案""移宫案"以正宫闱,反阉党以遏制魏忠贤。因弹劾魏忠贤二十四条大罪,被诬陷受贿2万两,历经拷打,惨死狱中。
③ 左光斗:字共之,号浮丘,人称苍屿先生。东林党人、万历"六君子"之一,累官至左金都御史,为官清正、磊落刚直,被誉为"铁面御史"。因对抗魏忠贤而含冤下狱,在狱中被折磨致死。

大成就外，他还比较重视记注和编纂当代史。

自古以来，中国就有记注当代史的传统，顾炎武曾说："古之人君，左史记事，右史记言，所以防过失而示后王。记注之职，其来尚矣。"到了宋代，记注制度已经发展得十分完备了，据《宋史》记载："书榻前议论之词，则有时政记；录柱下见闻之实，则有起居注；类而次之，谓之日历；修而成之，谓之实录。"清代继承这一制度，并在康熙时期得到了进一步发展，设立了一系列记注当代史的机构，主要有起居注馆、实录馆和方略馆。

所谓起居注，即专门记载皇帝言行的一种载籍，最早的起居注是汉朝汉武帝时的《禁中起居注》。清朝入关后，大臣多次奏请设起居注馆，但都没有得到批准。康熙亲政后，于康熙九年（1670）在太和门西廊设起居注馆。起居注官常伴皇帝左右，皇帝的任何举动都要记录下来，先载起居，次载谕旨，其次载题奏事件，再次记载官员引见。凡内外各衙门所奉谕旨及题奏本章，抄送起居注馆，以便记注。起居注属于内廷秘籍，每年按例由翰林院会同内阁诸臣将前一年起居注册封储库，连皇帝本人也不得阅看。康熙对此多有不满，便于康熙五十七年（1718）三月宣布撤销起居注馆，所以现存《康熙起居注册》记事只记录了康熙十年（1671）九月初一康熙第一次东巡，到康熙五十七年（1718）三月的事情。直到雍正即位后，起居注制度才得以恢复。

实录专记某个皇帝统治期间发生的朝廷大事，主要根据官方档案以及起居注等资料编成。一般是后继皇帝为前任皇帝设馆敕纂实录。康熙六年（1667）九月，康熙设馆为顺治纂修了《世祖章皇帝实录》，到康熙十一年（1672）五月完成，缮写成满、蒙古、汉文各146卷。另外，康熙还命令重修清代实录，于康熙十二年（1673）七月设馆重修顺治年间修成的《太宗文皇帝实录》，至康熙二十一年（1682）九月完成。同年十月又设馆重修崇德年间撰成的《太祖高皇帝实录》，至康熙二十五年（1686）二月完成。两次重修前朝所修实录，都宣称是为了使之文极雅训，其实是要粉饰清朝开国的历史。

在编纂当代史方面，康熙还有一个创举，那就是每次军事行动结束后就设方略馆，将这一战争的始末编修成书。方略馆设总裁、提调、收掌等官，馆内设文稿、誊录、纂修、校对等四处以及书、纸二库，以分办各项事务。比如康熙二十年（1681）平定"三藩之乱"后，于第二年设方略馆纂修《平定三逆方略》，以大学士德勒浑①等为总裁官、内阁学士阿兰泰②等为副总裁官、纂修官。至康熙二十五年（1686）十一月，纂修完毕。该馆还先后编定了《平定察哈尔方略》上下卷，记康熙十四年（1675）平定察哈尔布尔尼的叛乱始末；《平定海寇纪略》4卷，记康熙二十三年（1684）接受郑克塽投诚并收复台湾的经过。康熙二十四年（1685）雅克萨之战打败了沙俄侵略者，又历经四年修成《平定罗刹方略》4卷；康熙三十六年（1697）平定噶尔丹叛乱后，又纂修了《亲征平定朔漠方略》48卷。

除修撰以上当代史外，康熙时设馆修撰、没有彻底完成的当代史还有：康熙二十九年（1690）四月设国史馆，以大学士王熙为监修总裁，大学士伊桑阿、阿兰泰、梁清标、徐元文为总裁，另委副总裁、纂修官以及誊录、翻译等多名。只是不知道出于什么原因，这次大规模的撰修当代史的活动，只撰成一些功臣传记就没动作了。另外还有康熙二十三年（1684）五月开《会典》馆，康熙二十四年（1685）开《一统志》馆，都有成书修成，但这些书因记事止于当时，后来又多次被续修改撰，因此，现世所见的《大清会典》《大清一统志》已经不是当初的模样了。

总的来说，基于对历史的爱好，康熙的修史活动是成功的，对后世产生了很大影响，对振兴文化教育事业也起着极其重要的作用。

---

① 德勒浑：爱新觉罗氏，一作勒德洪，清代王公大臣，历任光禄大夫、议政大臣、武英殿大学士兼礼部尚书、户部尚书。

② 阿兰泰：富察氏，满洲镶蓝旗人。初授兵部笔帖式，官至武英殿大学士、工部尚书。平定"三藩之乱"时，专司军机文件。后又随御驾征讨噶尔丹，经理军务。

五、编修典籍

康熙极其热爱中华民族传统文化,对古书典籍非常关注,执政期间先后组织编修了数十部典籍,不仅有《实录》《圣训》《会典》《一统志》及赋役、漕运、盐法等书,还组织文人学者编纂经、史、文学等方面的书籍,还设置了专门翻译满文、蒙古文等少数民族文字的清文经馆,在武英殿设有修书处和修书翰林,其机构设施相当完备,凡编辑、翻译及出版机构均由武英殿总管统领。

据《清史稿·艺文志》统计,康熙朝组织编撰了60多种书籍,共1万多卷,对我国古代文化做出了巨大贡献。这里选取几部影响较大的典籍作简单介绍,以了解康熙年间修书的大致情况。

康熙十二年(1673),康熙对侍臣说:"朕不担心满人不懂满语,只是担心后代子孙慢慢学习汉语后会将满语忘掉。现在懂得满汉文翻译的人很多,翻译者还懂得词意,可以互用,后代就不一定懂得了,不仅差失大意,而且言语失当,关系不小。"因此,他提出编修一部满文字书,即《清文鉴》。翰林院学士傅达礼受命将满语照汉文《字汇》注明满语的含义、用法,集成一书,便于后代学习。康熙下达这一任务时还特别交代,不必急于求成,要注意质量。在编修过程中,儒臣分类排纂,日以缮稿进呈。康熙亲自秉笔,逐一审订。到康熙四十七年(1708)六月,这部历时三十多年的《清文鉴》宣告完成,全书共21卷。自清朝入关后,满汉广泛接触,使得满语语音中混杂了各地乡音,失去了满语的韵味。《清文鉴》的出版不仅便利于当时满语的流通与应用,而且造福后世。两年后,康熙又命教习唐古特①书之官员阿尔必特祜、乾清门侍卫拉锡,会同蒙古侍读学士、中书等,编修《满洲蒙古合璧清文鉴》。

---

① 唐古特:清初文献中对青藏地区及当地藏族的称谓。今蒙古语仍称青藏地区及当地藏族为唐古特。

但《清文鉴》只是保持了官方通行的书面满语的规范与纯正，并没有将各地的满语言语全部厘定与统一。

康熙不仅主持编修了满文字书，还主持编修了汉文字书，这就是著名的《康熙字典》。康熙四十九年（1710）三月，康熙对大学士陈廷敬等人提出了编修汉文字书的设想："朕留意典籍，编写群书，这些年来，如《朱子全书》《佩文韵府》《渊鉴类函》《广群芳谱》等书都已修纂，先后完成。至于文字之学，也很重要，应该编修一部书。"当时他还没有想出具体要编一部什么样的字书，于是参阅诸家，用心考证，历数了过去字书的不足之处，特别是针对明代所编《字汇》《正字通》两书，说："朕打算编修一部汉文字书，使其详略得当，归于至当，增《字汇》之阙遗，删《正字通》之烦冗，以垂示永久。"

不久，康熙下令成立编书机构，以张玉书、陈廷敬为总阅官，凌绍雯①、史夔②、周起渭③等27人为纂修官，"悉取旧籍，次第排纂，切音解义"，以《说文解字》《玉篇》为主要依据，并参考《广韵》《集韵》等书，其余字书有一音一义可以采用的也尽入其中。该书历时5年，至康熙五十五年（1716）修成，康熙为之作序，并钦定书名为《字典》，意在使臣民"奉为典常""以昭同文之治"，使之为巩固统一、促进文化的交流与发展服务。由于这本字典是康熙亲自主持编纂的，所以后人通称《康熙字典》。

《康熙字典》吸收历代字书的有益成分，融会贯通，并加以补充发展，达到了封建时代字书发展的顶峰。其突出特点是收字最多，达47 043字。此外，在辨形、注音、释义、引例等方面，都比以前的字书完备、细密、适用。编排体例采用《字汇》《正字通》两书中行之有效的

---

① 凌绍雯：字子文，号北堂，康熙年间进士，选庶吉士，散馆授编修。官至翰林院侍读学士、詹事府少詹事。曾任《圣祖仁皇帝亲征平定朔漠方略》副总裁。

② 史夔：字胄司，号耕岩，康熙年间进士，官詹事。参与编修《康熙字典》，任纂修官，名列第二。

③ 周起渭：字渔璜，号桐野，康熙年间进士，由检讨累升至詹事府詹事。参与编修《康熙字典》，任纂修官，名列第三。

部首检字法，并将部首及部内字均按笔画为序，查阅较为便捷。

康熙四十年（1701），康熙命张英①、王士祯②等翰林院官员依《唐类函》体例，纂修一部侧重于检查文章辞藻的类书。清代以前，已经有了不少供人搜求辞藻的类书，但是有些书因为是某一代所修，有诸多内容重复，有些书又因为是不同时代所修，内容互不衔接。明代时，俞安期对古代一些类书删除其重复部分，将唐人编成的《艺文类聚》《初学记》《北堂书钞》《白氏六帖》四部类书合编，并酌情增加了杜佑的《通典》、韩鄂的《岁华纪丽》中的内容，编成200卷的《唐类函》。《唐类函》解决了唐代类书中内容重复的问题，但没有解决与此后成书的各种同种类书的重复与衔接问题，因此，康熙才命人再编一部类书。康熙四十九年（1710），张英等人编成《渊鉴类函》，为《唐类函》的续集，全书共45卷，对前面的同种类书的成果做了一次清理和总结，因而具有较高的价值，康熙亲自为该书作序。

但是，《渊鉴类函》开编以后，康熙又觉得过去的类书都不理想，加上当时国家经济状况大有好转，又发现了诸多人才，于是决定再编一部新的大型类书——初名《汇编》，后来赐名《古今图书集成》。

《古今图书集成》共计1万卷，署名为"雍正三年蒋廷锡等奉敕撰"，其实真正的主撰者是康熙时期的著名学者陈梦雷。

陈梦雷，字则震，晚号松鹤老人，别号天一道人，福建侯官（今福州）人。陈梦雷自幼聪慧好学，12岁中秀才，19岁中举人，康熙九年（1670）中进士，选庶吉士，任翰林院编修。耿精忠叛乱时，他正居乡省亲。耿精忠以武力胁迫他为官，但他并未从命，叛乱平息后，他被诬

---

① 张英：字敦复，又字梦敦，号乐圃，又号倦圃翁，张廷玉之父。康熙年间进士，累官至文华殿大学士兼礼部尚书。先后充任纂修《国史》《一统志》《渊鉴类函》《政治典训》《圣祖仁皇帝亲征平定朔漠方略》总裁官。

② 王士祯：原名王士禛，字子真，号阮亭，又号渔洋山人，世称王渔洋。顺治年间进士，官至刑部尚书。

为逆党拟斩,因奉康熙特旨,从宽免死,发往盛京给披甲人①为奴,从此沉沦异乡。

康熙三十七年(1698),康熙东巡,陈梦雷御前献诗,面谨陈述,蒙恩召还,命侍皇三子诚郡王胤祉②读书,赐宅城北,安置家属。陈梦雷到诚郡王府之后,因为准备给王爷进讲,开始将古代书籍按类加以归纳整理。恰逢此时,康熙有意要编修大型类书。康熙认为,《三通》《衍文》等书,详于政典,却没有虫鱼草木等内容;《类函》《御览》等类书但资辞藻,又没有集天德王道等大道理,所以他想编修一部包罗万象、通贯古今、条理分明的大类书,以宣扬圣朝文治。这时,胤祉把陈梦雷作为修书人选推荐给了康熙,康熙当即答应下来。

随后,胤祉在城西北的水村买了一所庭院,作为修书之地。康熙爱惜陈梦雷的文才,给予特别鼓励,除"指示训诲,钦定条例"外,还亲至陈梦雷斋中,书"松高枝叶茂,鹤老羽毛新"联句相赐。陈梦雷得到皇帝的重视和关怀,大受鼓舞,工作极为勤奋,进展也非常迅速。为表示这部新修类书囊括了古今书籍的全部知识,陈梦雷为之取名《古今图书汇编》。

从康熙四十年(1701)十月起,陈梦雷正式编修《古今图书汇编》,他独自承接编选任务,从胤祉处领银雇人缮写,经过数年不分昼夜、废寝忘食的工作,到康熙四十五年(1706)四月,初步编成全书,计3600多卷。

初稿完成后,陈梦雷将它进呈胤祉,希望由康熙决定其去存分合,并要求利用内府藏书、江南别本等对其中所收内容加以校订、增补。但是康熙末年,诸皇子为争夺皇位继承权而拉党结派,斗争极其激烈,康熙根本没有精力顾及修书之事。而且《古今图书汇编》初稿规模宏伟,虽说是3600多卷,但如果以古人卷帙论,就有1万多卷。对这样一部

---

① 披甲人:通常指受降后披甲上阵统领部族征战讨伐的人,地位低于一般军人,高于奴隶;清朝时,多有朝廷大员犯重罪,发配边疆,给披甲人为奴。

② 胤祉:康熙第三子,雍正异母兄。雍正即位后,将其改名为允祉,以他与废太子向来亲睦为由,将他发配到遵化马兰峪为康熙守陵,后又被夺爵,幽禁于景山永安亭。

大类书进行校订，显然需要很长时间。康熙五十一年（1712）九月，太子胤礽再度被废，与其关系密切的胤祉和陈梦雷，都受到了一定的牵连，因而该书的校订、出版也被推迟了。

康熙六十一年（1722）十一月，康熙去世，皇四子胤禛即位，改年号雍正。胤祉被贬守护康熙墓——景陵，陈梦雷则被再次流放到黑龙江。雍正下令由经筵讲官、户部尚书蒋廷锡①等人重新编校已经定稿的《古今图书集成》。蒋廷锡等人对其中的类目名称和卷数做了一些改动，而内容大都因袭陈氏之旧，然后宣布定稿。雍正四年（1726），雍正为该书制序，然后付印。印本上记的是蒋廷锡等奉敕撰述，陈梦雷的功劳被完全抹杀。

《古今图书集成》共有1万卷，另有目录40卷，内容分6汇编、32典、6109部。部下复分汇考、总论、图表、列传、艺文、选句、纪事、杂录、外编等项。如此分门别类，为读者翻检提供了很大便利。全书分订5000册，装为522函，每函8~10册，另有目录20册，总字数达1亿，仅次于明初的《永乐大典》，是一部名副其实的集古今图书之大成的中国古代百科全书。

康熙还编修了许多文学书，其中最著名的是《全唐诗》。康熙十分欣赏唐诗，喜读唐太宗、欧阳修的作品。康熙四十五年（1706）五月，康熙命江宁织造曹寅在扬州天宁寺设立刊刻《全唐诗》书局，派庶吉士俞梅到扬州进行筹备，旋派侍讲彭定求②、编修沈三曾、杨中讷、潘从律、徐树本③、车鼎晋、汪绎④、查嗣瑮等负责校订编辑《全唐诗》。彭

---

① 蒋廷锡：字杨孙，康熙年间进士，历任内阁学士、户部尚书兼兵部尚书、文华殿大学士加太子太傅。
② 彭定求：字勤止，一字南畇，道号守纲道人，康熙年间进士，授翰林院修撰，历官侍讲。
③ 徐树本：字道积，号南洲、忍斋，昆山人，徐元文第二子。康熙年间进士。选庶吉士、授编修。曾参修《大清一统志》《全唐诗》。
④ 汪绎：字玉轮，号东山，康熙三十九年（1700）进士，状元，授翰林院修撰，做官仅三年便退隐告归。著有《秋影楼诗》。

定求等根据明人胡震亨①所编《唐音统签》及清初季振宜②据钱谦益③旧稿补订编撰的《唐诗》,"益以内府所藏全唐诗集,又旁采残碑断碣、稗史、杂书之所载,补苴所遗,凡得诗四万八千九百余首,作者二千二百余人"。全书共900卷,收诗比较全面,并做了一些校补和订正,对研究唐代历史和文学有很大的参考价值。

曹寅奉命组织人力精工写刻。他给康熙上奏折说:"臣细计书写之人,一样笔迹者,甚是难得;仅择其相近者,令其习成一家,再为缮写。"康熙四十五年(1706)十月,全书编写刊刻告成,果然书写一笔不苟,镌刻字迹秀丽匀称、精美绝伦、别具风格,成为康熙时期所刻书籍的代表作,被后世称为"康版"。当然,由于时间紧迫,编辑人员有限,书中也存在错收、漏收、重复以及作者小传谬误等问题。

除编纂《全唐诗》外,康熙朝还编有《历代题画诗》《历代诗宗》《四朝诗》《全金诗》《御选唐诗》等书。康熙所著诗、文,由臣下整理成《圣祖仁皇帝御制文集》共176卷,分4集陆续出版。

此外,凡在经筵日讲时听过的经书,康熙均下令刊刻颁行,并为之作序,如《日讲书经解义》《日讲易经解义》《日讲诗经解义》《日讲春秋解义》《日讲四书解义》《经筵讲章》《日讲通鉴解义》等。满文译本也几乎同时翻译出版,并先期颁赐。满文译本的及时出版,不仅有利于满人学习这些古典汉文书籍,也有利于西方传教士学习中国传统文化。因为传教士学习满语比学习汉语要容易得多,只需不太长的时间,就可以依靠满文译本使用汉语书籍。由此可见,翻译出版经书在客观上促进了满汉及中外之间的文化交流。

---

① 胡震亨:原字君鬯,后改字孝辕,自号赤城山人,晚号遯叟。明万历年间举人,官至兵部员外郎。他以毕生精力编撰而成的巨卷《唐音统签》,奠定了他在明代研究唐诗诸学者中的巨擘地位。
② 季振宜:字诜兮,号沧苇。顺治年间进士,历任刑部主事、户部员外郎、郎中、浙江道御史。
③ 钱谦益:字受之,号牧斋,晚号蒙叟、东涧老人。明万历年间进士,授编修,官至礼部侍郎,因与温体仁争权失败而被革职。明亡后,曾任南明弘光政权的礼部尚书。后降清,任礼部侍郎。

康熙虽然热衷于著书,但对于编写治河书却持审慎态度。康熙四十三年(1704)三月,河道总督张鹏翮请将上游治河事宜,敕下史馆汇集成书,永远遵守。礼部议复:"应如所请。"但康熙并没有同意,他认为:一是"河性无定,岂可执一法以定之?唯委任得人,相其机宜而变通之,方有益耳",如不计后果,硬性规定,"不但后人难以仿行,撰之己心,亦难自信";二是"河工尚未告竣,遽纂成书可乎?"因而决定"纂书之务,着不必交翰林院",但私人著述不限。

此外,康熙严禁有伤风化的"小说艳辞"和荒诞不经的街头文字,违者治罪。其后代遵此戒律,为维护封建礼法,曾将《红楼梦》等名著误当淫书,长期予以严禁。

总体而言,康熙朝在史书、字书、类书、文学书、经书的编著、整理与出版方面取得了巨大的成就,为繁荣发展民族文化做出了重要贡献,也为他的个人形象增添了一层夺目的光彩。

六、重视科学

作为历代帝王中少有的好学帝王,康熙自小养成了读书的习惯,一生都手不释卷。他不但喜欢中国传统文化,还对自然科学倾注了大量精力,在中国自然科学发展方面有着重要的地位。

明朝以来,由于长期袭用元代科学家郭守敬①制定的《大统历》,误差积累日益严重,时常发生交食不验的情况,节气推算也经常发生错误。崇祯年间,崇祯帝采纳大学士徐光启②的建议,聘请德国传教士汤

---

① 郭守敬:字若思,元朝著名天文学家、数学家、水利工程专家。官至太史令、昭文馆大学士、知太史院事,世称"郭太史"。受命与王恂等制订《授时历》。著有《推步》《立成》等14种天文历法著作。

② 徐光启:字子先,号玄扈,明代著名科学家、政治家。万历年间进士,由庶吉士历赞善。从利玛窦学天文、历算、火器之术。官至崇祯朝礼部尚书兼文渊阁大学士、内阁次辅。毕生致力于数学、天文、历法、水利等方面的研究,勤奋著述,尤精晓农学,译有《几何原本》《泰西水法》《农政全书》等。

若望主持改进历法并修成《崇祯历书》，可惜此书还没来得及推行，明朝就画上了句号。清朝入关后，顺治二年（1645），摄政王多尔衮将之改名为《时宪历》，颁行天下，同时任用汤若望掌钦天监监印。

康熙即位之初，四大辅臣掌权，对顺治时期的各项政策进行了很大的改动。康熙三年（1664），大臣杨光先上奏批判了汤若望所编的新历法，于是四大辅臣逮捕了汤若望，改任杨光先为钦天监监正，废除《时宪历》，改行新历。但杨光先学问不精，历法推算连年出错，甚至闹出一年出现两个春分、两个秋分的笑话，惹得传教士南怀仁①对其大加嘲讽。康熙亲政后，于康熙七年（1668）十二月任命大学士图海会同监正马祜，监测立春、雨水、太阳、火星和木星，以弄清是非。监测结果显示杨光先错了，康熙便下令革了杨光先、吴明烜的职，任命南怀仁为钦天监监副，恢复使用《时宪历》。

经过这次历法之争，康熙深切感受到，身为最高统治者，必须精通科学技术才不会受人蒙骗，才能更好地统治国家。鉴于此，他在亲政后不久便开始学习自然科学。他首先将目光投向了数学，因为数学是一切自然科学的基础和工具。中国古代的数学一直居于世界先进行列，然而宋元之后，统治者不再重视数学，导致了数学科学发展极其缓慢，不少原已发明的计算方法也消失、失传了。此时西方各国的数学知识则随着资产阶级的兴起而飞速发展，很快超过了中国。因此，康熙拜南怀仁、安多为师，努力学习数学。在"三藩之乱"前两年左右的时间里，他以极大的热情刻苦钻研，了解主要的天文仪器、数学仪器的用法，学习了几何学、静力学、天文学的一些基础知识。后来他因为"三藩之乱"中止了学习，但是只要有空，他就复习已经学过的知识，始终没有降低对自然科学的浓厚兴趣。

康熙并不是一个故步自封的人，鉴于当时西方科学技术的飞速发

---

① 南怀仁：字敦伯，又字勋卿，比利时人，是清初最有影响的来华传教士之一、康熙的科学启蒙老师，精通天文历法，擅长铸炮，官至工部侍郎，正二品。

展,他以博大的胸怀饱览群书,从数学、天文、地理,到光学、静力学、农学,无所不学;他还是中国历史上最早学习外语的帝王,堪称当时中国学问最渊博的学者。平定"三藩之乱"后,中国进入和平发展时期,康熙更加热衷于学习西方科学。

当然,康熙的学习多是出于治国需要,他对有关国计民生的各种自然科学知识有着浓厚的兴趣,如兵器制造、地图测验、医学、农学等。每次出巡,他都会利用刚学会使用的天文仪器在朝臣们面前进行测量学和天文学方面的观测。

农学与百姓的生活、国家的强弱息息相关,所以康熙极为关注农业,并做过深入的研究。他亲自培育过御稻米和白粟米两种优良品种,其中,御稻米不仅气味香醇,而且生长期短,北方也能种植,南方则可连收两季。他还做过南北作物的移植试验,京城丰泽园、热河避暑山庄种有南方的修竹、关外的人参,山庄的千林岛上则种满了东北的果树,每到夏天,枝头上都挂满了果实。

康熙不仅钻研天文、农学,还研究医学,为此他在宫中专门建立了化验室。只要发现有先进的医疗技术,他便积极进行推广。比如他发现点种牛痘对防治天花特别有效,便在边外四十九旗及喀尔喀蒙古加以推广,效果十分显著。他还下令将《人体解剖学》一书以满汉两种文字进行翻译、刊印。

由于兴修水利、兵器制造、地图测绘等知识与巩固统治密切相关,所以康熙对之甚为关心。比如在治河方面,他不仅遍阅前代有关河务的书籍,还利用南巡之机进行实地考察,经过多方努力,终于摸索出一套治理黄河的有效办法,改变了黄河连年为祸的现状,出现了40年的安定局面。

另外,康熙还积极学习地理测量知识,每次出巡或出征,他都会带上仪器,进行实地测量。有了这些知识,自康熙四十六年(1707)至五十六年(1717),他又组织一批学者对全国进行实测,编制了《康熙皇舆全览图》。这部地图前有一幅总图,后为各省分图,关内十五省及关外之地，都经过准确的测定。这部地图集以当时的世界水平而言，也称得上是地理学方面的最高成就，康熙自称为此付出了三十多年的艰辛努力。他自幼便留心地理，博览图籍，每逢边疆官员回京复命，他都要对照舆图，详细询问形势。他对全国的山川道路，尤其是西南、东北的地形、气候、特产和民族情况都非常熟悉。部署战争时，他经常亲定行军路线；边防驻军筑城，他经常根据战略需要具体指定位置。自古以来，中国论列山川，都是根据禹贡四脉之说，北不越塞垣（指北方边境地带），南不逾岭徼（指五岭以南地区），连泰山的脉络也不清楚。所以，康熙派图理琛①出使土尔扈特部的同时，还赋予其地理考察的使命。经过勘察，康熙第一次揭示了泰山与长白山的地脉关系。在绘制这部地理图集时，康熙还大胆使用外国科技人员和外国设备，准确地确定地理位置，科学地进行测量。康熙二十年（1681），康熙巡视辽东时，指定南怀仁随行，还专门派一个官员负责仪器的安全运输，最终顺利完成了这次地理大测量和全图绘制。

对于军事科技的发展，康熙也极为重视。"三藩"叛乱时，他曾命人研制火炮，并亲自到卢沟桥巡视新炮的实弹演习。叛乱平定后，他仍十分重视并下令继续铸造，在全国的战略要地配备。

康熙还注意培养和发现国内的科技人才，融合中西学说，比如宣城的梅氏祖孙、泰州的陈厚耀②、大兴的何国宗和蒙古族的明安图③等，都是康熙极为看重的优秀人才。

梅文鼎，字定九，号勿庵，宣州（今安徽宣城宣州区）人，清初著名天文学家、数学家，是清代"历算第一名家"和"开山之祖"。他学识渊博，研究深邃，一生著述80多种，被世界科技史界誉为与英国

---

① 图理琛：阿颜觉罗氏，正黄旗人，字瑶圃，号睡心主人。历任掌印中书舍人、内阁侍读、兵部员外郎、职方司郎中、广东布政使、陕西巡抚、吏部侍郎、内阁学士、工部侍郎等职。

② 陈厚耀：字泗源，号曙峰。康熙年间进士，历任苏州府学教授、内阁中书、翰林院编修、国子监司业、翰林院修撰等职。早年师从梅文鼎研究天文历算，对《春秋》也深有研究。

③ 明安图：字静庵，蒙古正白旗人。在钦天监任职整整五十一年，通过长期科学实践，成为我国杰出的天文学家、数学家和地理测绘学家。

牛顿、日本关孝和①齐名的"三大世界科学巨擘"。康熙四十一年（1702），康熙南巡到德州，大学士李光地给他看了梅文鼎的《历学疑问》一书。第二年，康熙再次南巡，将《历学疑问》发还李光地，声称自己已经仔细读过，并在书中作了许多圈点涂改及批语。他还说此书并无疵谬，只是算法还不算完备。事实也正是如此，这本书是梅文鼎尚未完成的一部作品。两年后，康熙在南巡中特意召见了梅文鼎，君臣相谈甚欢。临别时，康熙还特意写了"积学参微"四字相赠。他很想重用梅文鼎，只可惜当时梅文鼎已是70多岁高龄，精力大不如前，康熙对此深表遗憾，并深切意识到必须培养一批中青年科技人才。

康熙五十一年（1712），为了编纂大型的数学、天文、乐律百科全书《律历渊源》，康熙特地下诏江西巡抚，让梅文鼎的孙子梅钰成②到京城入侍。次年恰逢康熙60大寿，康熙下令在畅春园的蒙养斋成立算学馆，这里除了精选部分八旗世家子弟，由钦天监洋人教授外，实际上是康熙与学者研究科学、编纂书籍的地方。在这个环境中，梅钰成实现了中西方数学知识的融合，他后来回忆说："蒙圣祖仁皇帝授以借根之法，敬受而读之，其法神妙，诚算法之指南，而窃疑天元一之术颇为相似。"所谓借根法，是指当时传入中国的西方代数学。康熙认为西人称此为东来法，应是中国本来就有的东西。中国古代的天元术也是建立高次方程的方法，宋元以后失传。梅钰成从康熙那里学习借根法后，认为借根法很可能就是天元术。从此，中国数学史上失传了的天元术又因康熙的借根法而被梅钰成复活了。

后来，李光地又向康熙推荐了泰州的陈厚耀，康熙授他为内阁中书。除了梅、陈二人在蒙养斋参与《律历渊源》等书的编纂工作外，康熙还将大兴数学家何国宗召了进来。

---

① 关孝和：字子豹，日本数学家，代表作《发微算法》。他是日本古典数学（和算）的奠基人，也是关氏学派的创始人，在日本被尊称为"算圣"。

② 梅珏成：字玉汝，号循斋，别号柳下居士。梅文鼎之孙，梅以燕之子。康熙年间进士，改编修。对历算、数学颇有研究。整理和编纂了《数理精蕴》《梅氏丛书辑要》，增删校订了《算法统宗》。

在康熙的亲自主持下，梅钰成、陈厚耀、何国宗等人经过近十年的努力，编纂出了集当时的乐律、天文、数学之大成的巨著《律历渊源》，为传播科技做出了积极的贡献。

可以说，康熙一生都保持着对自然科学的学习兴趣，这一爱好使他成为自然科学领域内的行家，从而在决策时能够分清是非，避免或少走了不少弯路。在他的倡导下，人们扭转了长期轻视自然科学的错误倾向。康熙曾说："己不知，怎么能判断他人是非呢。"这成了他重视、学习科学的动力。通过不懈的学习，特别是学习西方先进科学技术，他能够以更长远的眼光来引领国家的走向，极大地促进了中国科学文化的发展。但他既不盲目排外，也不盲目崇外，在学习西方先进科学文化的同时，对西方的哲学和宗教理论弃而不取，一方面与西方人士进行文化友好往来，一方面保持自己的国家政治独立，不受他国干扰，对西方早期殖民主义进行了卓有成效的抵制与斗争。

第十一章 仁皇帝晚年留憾

一、宽仁重孝

如果要用一个字来概括康熙的一生，最贴切的莫过于"仁"字，他奉行"仁政"，宽以待民，主张君臣一体；他崇尚节俭，不事苛刻，减轻农民负担，极大地促进了社会经济的发展。在他统治的六十一年间，民间极少发生起义、暴动事件，这在清朝二百多年的历史中极为罕见。

晚清大臣曾国藩曾将康熙列入"自古英哲非常之君"，认为康熙承前启后，继往开来，一生极为重视修行自身，以身作则，他要求臣子们做到的，自己必当更严格地去做；凡事不尚空谈，讲求身体力行；尤其在节俭方面，他真正做到了言行一致，为天下人做出了表率。他曾说："节俭固然是美德，人们都能挂在嘴上，但真正能够做到的却不多。现在天下太平，国家富裕，朕躬行节俭，宫中费用非常节约。计明朝一日之用，足供朕一月之需。"康熙提倡节俭的目的非常明确，他说："一切费用都是劳动人民的血汗积累而成的，朕作为皇上，只有做到约束自己，才能要求臣民做到。如果奢侈无度，则贵者就不会显得可贵了。祖宗的传统即是如此，朕要时刻警醒自己。"

康熙并非把节俭停留在嘴上，而是注重实践，他对以皇帝个人享受为中心、劳民伤财的大兴土木等举动向来不感兴趣。比如康熙八年

（1669），孝庄见乾清宫交泰殿的栋梁朽坏了，提议拆掉重建，作为康熙听政的场所。康熙非常孝顺，不敢违背祖母的意思，但他给工部下令说不求华丽、高贵，只求朴实、坚固、耐用。康熙二十四年（1685），康熙对御膳房的官员说："天下的物力有限，当为天下人惜之。现在的酥油、乳酒等物品，供给有余，收取足用就行了，不可过多。蒙古地区很贫穷，收取者减少，则平民百姓日用所需，就可以满足。"康熙三十四年（1695）十二月，吉林乌喇地区捕打貂鼠不足额，供应不上，管理此事的官员应该议罪。康熙说："捕打了这么多年，貂肯定会减少，能维持原数就不错了。因为不够数就处分有关人员，这等于给无辜者加罪，是不公平的。如果得不到上等的貂皮，朕宁愿少穿一件貂皮大衣，那有什么关系呢？再说貂价极其昂贵，又不是必需品，朕没有必要非享用不可。"于是下令有关人员转告乌喇将军酌情办理。

俭可养廉，廉必清政，康熙一生崇尚节俭，既注重开源，也注重节流。他废除太子的原因之一就是太子穷奢极欲，衣食住行远超过皇帝仍不满足。

古人云："正人先正己。"康熙深刻认识到"其身不正，其令不从"，所以他一向以身作则，从自己做起，率领朝臣们戒奢尚俭。身为一国之君能做到这一点是非常难能可贵的，堪称臣民的楷模。

康熙的"仁"还表现在对臣下极其宽和。他深知得人心者得天下的道理，因而追求的是让人们从心里服从他，甘心为他效力，而不是威压下的屈从。他曾说："朕自小读书，见大臣多不能保其初终，故立志待大臣如手足，不论满汉蒙古，非大奸大恶，法不可容的，都务必保全。"他非常反感历史上大杀功臣的做法，在读《史记》时，看到汉武帝发生灾变便拿宰相开刀，他不以为然："宰相是辅佐君主的人，即使有些过失，君臣共勉之即可，为君者不可将错误全归咎于宰相。"康熙从来不透过于臣下，即使臣下有错，他也尽量从宽处理。

比如鳌拜篡权专横，目无君长，这在封建社会可是罪不容诛的大罪。议政王大臣会议已对其判处死刑，康熙特地召鳌拜前来亲自审问，鳌拜承认了所有罪行。康熙看到他身上征战时留下的疤痕，不由得产生怜悯之情，批示道："鳌拜理应依议处死，但念其效力年久，虽结党作恶，朕不忍加诛，着革职，籍没拘禁。"鳌拜由此保住了性命，最后病死狱中，他的儿子也没有被处死，亲戚没有重大罪行的都给予宽大处理。连鳌拜这样的人都能免死，其他人可想而知。很多大臣曾被判处死刑，最后都由康熙亲自批改，或改为拘禁，或改为流放，有的甚至予以释放。

康熙之所以宽以待臣，一是因为他本身就是一位心地仁慈的帝王，二是出于稳定江山的考虑。他认为，尽管皇帝在政治上掌握着绝对权威，对臣下有生杀予夺的大权，但仅靠权威，并不能从根本上得到人们的拥护。如果官员畏惧君主的威严而不蒙受其恩，害怕君主的权势而不感念其德，那么这种统治只能维持表面上的安定，无法保证长治久安。所以，他经常强调天下当以仁感，不可徒以威服，明确表示自己尚德不尚威。他认为君臣应当一体，减少猜疑，减少矛盾，才能让臣工们甘心服务，恪尽职守。他总结历史经验教训，提出了君臣一体的主张，还特地写了一篇《君臣一体论》，其中说："朕嗣守丕基，临御以来，无一日不与群臣接见，恒恐席崇高之势，不克尽群下之情。"

为了体现自己的宽容，康熙特地破除了一些禁忌。比如康熙二十一年（1682）正月，他传谕："乾清宫向来只宴请满人诸臣，并未宴及汉官，考虑到满汉皆属一体，朕打算将汉官也在乾清宫内特行筵宴。"十四日，他在乾清宫设宴招待满汉群臣，席间他还亲自赐饮，并让太监把喝醉的官员搀扶回家，后人称"君臣相悦，千古仅有"。康熙二十六年（1687）六月，为了让大臣们休假，康熙特地在荷花盛开之际，在瀛台赐宴，让群臣泛舟游览中南海的景色。

臣下一旦有病，康熙总是细心慰问，赐医赐药，关怀备至。比如他对李光地，可以说是名为君臣，实为师友。李光地生病期间，康熙多次派人送药，令人感动。康熙五十年（1711），康熙到木兰围场行围，李光地留京，当时李光地已经70多岁，身有残疾，坐卧不便，康熙特地赐给他西洋铁带，帮助行走。后来李光地身上生疮，痛苦难当。八月，他给康熙上折请求致仕，康熙回复说："览卿奏折，朕感到很意外。想当时旧臣，近来全无，即如卿等者不过一二人。现在朕也老了，实不忍言也。早晚回宫当面再说。"为了缓解李光地的病情，康熙派太监到李家看望，并赐予两罐海水，告诉他泡洗之法。李光地如法使用，果然有所好转。康熙还一再叮嘱他："坐汤之后饮食自然加些，还得肉食培养，羊牛鸡鹅鱼虾之外均无忌讳，饮食愈多愈好，千万不可减少吃食。"过了几天，李光地又请求坐汤，即泡温泉，康熙叮嘱道："坐汤好，须日子多些才是。"此后他多次告诫"饮食中留心，生冷之物不可食"，其言情感质朴，仿佛朋友之间的叮嘱。这样的君主如何不让人感动呢？

不仅李光地，康熙对很多老臣都非常关心。比如康熙二十一年（1682）正月上元节，康熙赐宴大臣，大学士杜立德因病未能参加，康熙于是派人赐酒赐食，并传谕："卿弼亮老臣，久任机密，兹海宇荡平，时当令序，内殿赐宴群臣。今卿卧病，不克同此欢宴，特遣使慰问，赐以醴馔。"杜立德致仕时，康熙又赐诗赐物，以显示优礼有加。晚年康熙更加珍视君臣之情，每当接到大臣请求退休的奏疏，他就伤心落泪；大臣们去世，他也一直念念不忘，对他们的子孙尽量加以照顾。

此外，康熙本人不信佛道，但他并没有毁佛灭道，他认为，自汉唐以来，信仰宗教已成民俗，不可毁寺禁教。要使民生得所，必须息事宁人、因势利导，为政以安静为本，最便捷的方法就是顺人之性，因民之俗。康熙的做法表明了他对儒家之仁道的纯熟运用，比起历史上那几位毁寺禁佛、政崩教坏的皇帝，他确实高明多了。

康熙的执政理念是"以仁治天下"，这里的"仁"也包括孝。他对孝道有着深刻的理解和体会，他说："凡人尽孝道欲得父母之欢心，不在衣食之奉养，唯持善心，行合道理，以慰父母而得其欢心，这才是真孝。"他认为孝的精神是由每个人孝敬父母扩充到爱天下人，而要使天下人尽孝，皇帝自己就应该是遵守孝道的楷模。他对孝庄的孝足以做天下人的榜样。

前文说过，孝庄在康熙的继位过程中起着重要的作用。作为祖母，她对玄烨的生活、学习都十分关心，甚至经常亲自教导孙子。皇帝最基本的举止修养是"俨然端坐"，为了让玄烨养成这种习惯，孝庄经常告诫他："凡人行住坐卧，不可回顾斜视。"她还指派自己的心腹苏麻喇姑亲自教导玄烨。

在祖母的宠爱眷顾下，康熙健康地成长起来，同时他也把自己的爱回报给这位宽厚、慈爱的老祖母。当时，大臣们这样说："皇上至德纯孝，侍奉太皇太后三十多年，极四海九州之养，尽一日三朝之礼，无一时不尽敬，无一事不竭诚。居则视膳于寝门，出则亲扶于雕辇。……此皇上事太皇太后于平日，诚自古帝王之未有也。"康熙对孝庄的孝体现在平日的一言一行之中。不论政务多么繁忙，每隔两三天，他都会到慈宁宫向孝庄问安，向她汇报朝中的情况。如果时间允许，或祖母身体有恙，便会一连多日，每天前去探视，每天问候一两次、三四次不等。

康熙十一年（1672）二月初六，宫中上奏：皇后赫舍里氏所生的皇长子、年方4岁的承祜，于昨日上午病逝。皇长子天性聪颖，深得康熙喜爱。康熙闻此不幸，悲痛异常，但是当晚仍到祖母行宫问安，隐瞒爱子的死讯，对祖母"谈笑如常"。此后他按捺心中的悲痛，每天照常到祖母行宫问安，对此，扈从官员都称赞道："皇上天性纯孝，古帝王未之有也。"

最能体现康熙孝心的，是他陪祖母出巡五台山。孝庄信奉佛教，而五台山是北方最著名的佛教名山，她多年来一直梦想到那里去拜佛，但始终未能实现。为了帮助祖母实现这一愿望，康熙二十二年（1683）二月，康熙亲率皇太子到五台山菩萨顶喇嘛寺拜佛，为祖母祈福及出巡打前站。孝庄太后毕竟是 70 多岁高龄的老人了，为了确保万无一失，康熙下令重修从京城到五台山的道路和桥梁，一切准备妥当后，康熙便和哥哥和硕裕亲王福全、弟弟恭亲王常宁一起陪同祖母去五台山，他自己率人先行探路，让福全和常宁随祖母在后面慢行。

攀登五台山时，由于山路坎坷，乘车不便，康熙请祖母改乘暖轿，并亲自指挥校尉扶掖祖母上轿。孝庄见校尉们在山路上抬轿行走很辛苦，便坚持乘车。康熙劝说无效，只得瞒着祖母，让校尉们抬着轿子跟在车子后面，他自己则跟在祖母车旁照应。走了一会儿，车子颠簸得实在厉害，康熙于心不忍，便请改乘暖轿，孝庄顾虑道："我已经改乘车子了，不知轿在哪里，能说到就到吗？"康熙说："轿子就在后面。"不一会儿，轿子就抬到了跟前。孝庄非常感动，抚摸着孙子的后背说："连车轿这样的小事，你都想到了，真是大孝啊！"后面的路更加难走了，孝庄不忍给大家再添麻烦，决定就此而止，让康熙代她到佛前膜拜，完成自己的心愿。尽管这次没能登上菩萨顶，但她已经很满足了。

康熙二十六年（1687）十二月二十五日，孝庄病逝，享年 75 岁。康熙悲痛欲绝，好几天都没有进膳。此后一直到晚年，康熙都没有忘却祖母的养育之恩，每想起来都会忍不住痛哭流涕。

康熙用自己的行为，亲自实践了儒家的"忠孝"精神。他是孝子，也最喜欢孝子，最痛恨的便是不孝之人。他对臣下很宽容，但对不孝之人从不手软，如前文所说的噶礼，虽然贪污巨大，也没有重处，但后来噶礼的母亲告发他欲加害自己，这让康熙十分愤怒，以其不忠不孝，令其自尽。

康熙曾说："人君以孝治天下，则臣下观感以作忠，兆民亲睦而成俗，真所谓至德、要道也。"纵观其一生，他确实谨守儒家倡导的"仁孝"，从而使得当时的社会敦睦、安宁、和谐、稳定。

二、闭关锁国

俗话说："人非圣贤，孰能无过。"康熙虽然英明、聪慧、宽仁、睿智，但他终究是一介凡人，自然会有思虑不周的地方，尤其到了晚年，他不再像年轻时那么大胆、有魄力，思想也趋于保守，导致了禁海政策。

自康熙二十三年（1684）康熙决定开海之后，我国与日本及南洋各国的贸易迅猛增加，中国东南沿海各省之间的贸易也呈现繁荣景象。商品交换互通有无，促进了生产的发展和人民生活的改善。然而，仅仅30年后，康熙来了个一百八十度的大转弯，再度实行禁海政策。

这主要有两个方面的原因：一是沿海一带"海寇"猖獗。早在开海政策实行不久，便在沿海发现了海寇的踪迹。其中有"奸徒"杂入商贩，出海劫掠；或者本身就是商贩，因资本亏折而结伙肆行抢劫；有的则是走投无路的百姓，为了生计而到海上谋生。但是最初的海寇数量较少，力量也比较弱，一旦发现就被立即扑灭，并没有构成大的威胁。到康熙四十二年（1703），形势有所变化。由于内地阶级矛盾激化，大批无业游民逃入海岛，海寇的势力进一步增强，分布地区也更加广泛，南起广东，北至山东，遍布东南五省沿海地方。面对日益严重的"海寇"骚扰，康熙曾经"欲严洋禁"，一度想到是否禁海的问题。但他从镇压镇水（今湖南凤凰县南）红苗事件中得到鼓舞，打消了禁海的念头，决定派内阁学士常授前去招抚。经过调查，他发现山东海寇都来自南方，于是让常授以擒获的海寇为向导，以广东新会县沿海一带为重点，由福建、浙江依次向北招抚，很快取得了成效。康熙四十三年（1704）九月，常授奏报仅在广东沿海就招抚了237名海寇。

然而，招抚只能暂时缓解矛盾，并不能彻底消除海寇产生的社会原因。招抚旧海寇，又产生新海寇。康熙五十年（1711）前后，海寇的势力又进一步扩大，活动地区越过山东，达到锦州等地。由于擒获审拟正法的海寇多达50余人，康熙不得不将其中一部分未与官兵直接对阵者，免死发往盛京、乌喇等处充当水手；另将投诚海寇陈尚义等百余人，归并盛京金州（今辽宁金县），设立水师营，调拨船只，负责"看守地方，巡防海洋"。在长期剿抚海寇的过程中，康熙逐步掌握了海寇的活动规律：海寇来自大陆，抢掠之后仍需回大陆过冬；海寇靠大陆及商船、渔船补充粮食、火药及其他物资。而沿海一带的清兵经常欺侮百姓，剿捕海寇则很不得力，根本无法保证沿海地区的安全。在这种情况下，康熙再次想到了禁海，以断绝海寇的人员和物资补充，消除海寇之患。

促使康熙实行禁海政策的另一个原因是来自西方殖民主义的威胁。开放海禁后，海外贸易迅速得到发展，但也引发了两个明显的后果：一是海外华人急剧增加，二是外国传教士的活动日益猖獗。康熙深知西方近代科学的先进性，并虚心学习，实践运用。受此影响，他开始时对传教士的态度非常友好，但他不可能预知传教士带来的近代科学的背后蕴藏着何等政治目的，更不了解西方传教士与西方殖民主义者之间的密切关系，一心希望西方科学能为清朝统治长久地服务。然而，西方科学与中国文化毕竟渊源不同，在日益接近和交流中必然会产生摩擦与冲突，当这种矛盾威胁到清朝的统治利益时，康熙立即采取了一系列的限制和防范措施。康熙四十三年（1704）、五十四年（1715），罗马教廷两次派人到中国颁布禁约，要求所有教徒不许敬孔祭祖，不许用"天"字，并摘除康熙为教堂题写的"敬天"匾额。这些行为引起了康熙的极大不满，他多次申斥传教士，甚至拘禁其中的一些人，将另外一些人驱逐回国，宣布禁止天主教的传播。与此同时，康熙还宣布紧缩对西洋的贸易，加大对西洋来船的限制。熟读历史的康熙，对明代西方殖民者与传教士勾结起来侵犯中国的事情极为熟悉，而当时东南沿海频频传来警报，更加深了他对西方殖民者的怀疑和警惕。康熙五十五年（1716）十月，他忧心忡忡地说,"千百年以后,西洋诸国恐怕要成为中国之患",国家承平日久,务必要"安不忘危"。他认为,开海贸易、宽容传教士,客观上助长了西方殖民者的势力,所以必须改变开海政策。

除了海寇和西方殖民势力以外,使康熙放心不下的是汉人与海外的联系。他注意到"海外有吕宋(今菲律宾的吕宋岛,主要指马尼拉及附近一带)、噶喇巴(雅加达,今属印度尼西亚)等处,常留汉人,自明代以来有之,此即海贼之薮也",还有"台湾之人,时与吕宋地方人,互相往来",因而提出"须预为措置"。尽管他早已采取团结汉族官员和地主阶级的政策,但内心对汉人仍怀有戒心,说汉人不如满人、蒙古人心齐,"朕临御多年,每以汉人为难治,以其不能一心之故"。其实他最担心的是汉人与清廷不能一条心,害怕由于开海而使海内外汉人借机联合起来推翻大清王朝。后期国内阶级矛盾尖锐时,康熙对此更加警惕。这也是他实行禁海政策的原因之一。

康熙五十五年(1716)十月,康熙提出禁海问题,阐明禁海理由及原则。第二年正月,兵部等衙门遵旨,会同陛见来京的广东将军管源忠、福建浙江总督觉罗满保①、西广总督杨琳,根据康熙谕旨,议定禁海的规定,经康熙批准,下达执行。

这次禁海与之前禁海不同,不是一切禁绝、寸板不许下海,而是区别对待、内外有别。总的原则是:中国商船与东洋贸易照旧,与南洋吕宋、噶喇巴贸易禁止;外国商船前来贸易照旧,地方文武官员严加防范;禁止向国外卖船、运米出境及人员留住国外。从中可以看出,康熙禁海的目的,不是断绝对外贸易,而是为了割断内部敌对势力与外部殖民势力的联系,防止国内与侨居国外的反清势力结合,确保大清江山永固。

根据这些总的原则,康熙还提出了一系列禁海措施,由有关部门讨论落实。

---

① 觉罗满保:字凫山,满洲正黄旗人。康熙年间进士,累官至福建巡抚、闽浙总督加兵部尚书。康熙晚年,屡上疏筹划闽浙沿海防务、建台、寨、炮位,多被采纳。

第一，加强对商船、渔船及有关人员的管理。早在宣布禁海前两年，康熙就已下令，商、海、巡哨之船均要明刻类别、标号等字样，商、渔船上之人发给刻有身份的腰牌，以便稽查管理；渔船出洋时不许装载米酒，进口时也不许装载货物。违者严加治罪。禁海之后，对船只和有关人员的管理进一步加强。康熙五十六年（1717）正月初十，康熙对内阁学士们说："你们曾出江南海差，海船一年造了多少，应登记入册，出洋时，官府将在册的造船人名与船只字号逐一查对，才不至于隐匿。"不久，康熙又批准兵部会同福建、广东、广西地方官拟定一个更为详细的规定："嗣后洋船初造时，即报明海关监督，地方官亲验印烙，取船户甘结①。并发给船户船单，填入船只尺寸、客商姓名、货物、贸易地点等。令沿海口岸文武官照单严查，按月册报督抚存案。出洋人员每日每人准带食米一升，并余米一升，以防风阻。如有越额之米，查出入官，船户、商人一并治罪。如将船卖给外国，造船人与卖船之人皆立斩。出洋人留在外国，将知情同去之人枷号三个月；该督行文外国，将留下之人解回立斩。沿海文武官若对私卖船只、多带粮米、偷越禁地等事隐匿不报，从严治罪。"

第二，在海坛（今福建平潭岛）、南澳（今广东南澳岛）设官阻截私往南洋贸易的船只，并于东南沿海冲要地方设立炮台，增加驻军，充实水师，经常巡查，严拿违禁者。至康熙五十八年（1719）五月，据两广总督杨琳报告："广东沿海险要地方，修筑炮台、城垣、汛地共一百二十六处，盖造营房共一千三百八十间，拨守官兵共三千九百九十一人，安炮八百零七位。"其余各省也照此办理。康熙年间，属于松江府的上海，地位日益重要，原有守备1员、千总1员、把总2员、兵275名，不足用。经两江总督奏请，康熙五十七年（1718）六月将提督右营官兵移驻上海，原驻黄浦营改为水师营，添设船只，专门负责在海上巡查。沿海

---

① 甘结：旧时交给官府的一种字据，表示愿意承担某种义务或责任，如果不能履行诺言，甘愿接受处罚。

其他各处口岸，也各派官兵防守，并拨文官"盘验船只，严拿奸匪"。

第三，对沿海各省之间往来的商船、渔船实行盘验与护送。规定："凡往台湾之船，必须到厦门盘验，一体护送，由澎而台；从台湾回者，也应盘验护送，由澎到厦。"凡往来台湾之人，必须由地方官给照，才可以渡载，否则不准，"如有犯者，官兵民人分别严加治罪"。

第四，慎选沿海各省督、抚。广东巡抚员缺，廷议推举汉人担当。康熙认为"地方遇有仓促军务之事，即可领兵而行。满洲（人），裹粮随处可以行走。若汉人，一日不再食，便不堪矣"，所以规定："此滨海要地，汉人不可，应用满洲（人）。"最后选中已故国舅佟国纲次子佟法海担任这一要职。佟法海自幼养尊处优，入仕后又一直担任内廷文职，根本不懂领兵，但他十分可靠，并善于团结汉人。从这一点看来，康熙对汉人并不放心。

康熙晚年所采取的禁海政策，对暂时防止海寇泛滥、中外反清力量的集结以及西方殖民势力的侵略、巩固清廷的统治有着一定的意义，但对沿海地区的经济发展却十分不利，客观上激化了当时的社会矛盾。禁海对我国东南地区商品经济的发展及沿海人民的生活都产生了消极影响，据记载，禁海之后，福建地方"土货滞积，而滨海之民半失作业"。后来台湾爆发朱一贵①起义，也与禁海之后百姓不能任意往返以致生活无着有关。同时，康熙的海禁也影响了此后清廷的对外政策，闭关自守，把自己禁锢在小天地里，孤立于新兴的资本主义世界之外，从而拉大了与西方世界的距离，错过了发展资本主义的大好时机，造成了后来被动挨打的局面。

当然，近代中国的落后并不是康熙一人造成的，实际上，近代中国的悲剧是整个封建制度衍生的结果。满族统治者从白山黑水之间崛起，在积极吸取儒家传统文化的同时，不可能游离于封建社会闭关自守的治

---

① 朱一贵：福建长泰人，小名祖，移居台湾罗汉门，以养鸭为业。康熙六十年，因知府王珍贪酷，聚众起义，托言明皇室后裔，称中兴王。后失败，被俘送京师被杀。

边思想之外,加上西方殖民主义者强势的威胁,清廷前期主要将精力用于北部和西部边防,东南保守防御型的海疆政策是难以逆转的。所以,康熙的禁海政策是历史使然,应当予以理解。

三、因言治罪

康熙晚年由于皇储之争、太子立废以及诸子争储夺嫡等诸多烦心之事,他在考虑和处理一些问题时也失去了以往的理智、冷静和灵活,从而采取了错误的处理方式,其中最为典型的便是康熙五十年(1711)至五十二年(1713)对戴名世《南山集》一案的处理。

康熙朝主要发生过两次文字狱,第一次是前文所说的《明史案》。当时清朝的统治已经大致确立,但是明朝残余势力仍在各地活动,为了建立和巩固统治,四大辅臣对有关历史著作中涉及满族先世的记载严加禁毁,涉及人员也残酷镇压。这一举措在短时期内起到了明显的威慑作用,却无法消除满汉民族矛盾,而且很不利于清廷的统治。因此,康熙亲政后大刀阔斧地改变四大辅臣采取的文化政策及民族政策,笼络遗民,调和满汉矛盾,并很快收到了明显效果。尽管如此,面对民族压迫的客观现实,汉族人民的反抗仍然时不时地发生,康熙四十七年(1708)先后发生了浙江大岚山张念一、朱三等起兵反清事件,虽然很快被镇压下去,朱三太子也被抓获,但这些事件还是深深地震撼了康熙,所以当戴名世《南山集》案发生时,他一反平时的宽容态度,进行了极其严酷的处理。

戴名世,宇田有,号忧庵,安徽桐城人。他幼年时家境贫寒,又处于明末乱世,所幸天资聪慧,学有所成,20岁时成了教书先生,28岁应试补县学生。顺治初年,他因为文行兼优被送入国子监读书。康熙年间进士,授编修。利用教书的闲暇时间,他搜集史料,写成有关明末桐城地方史事的《孑遗录》一书,对当时一些士人的"习剽窃之文,工侧媚之貌，奔走形势之途，周旋仆隶之际，以低首柔声乞哀于公卿之门"的行为极为不齿，经常"极饮大醉，嘲谑骂讥"，被称为"狂士"。后来因为得到浙江学政姜棣的资助，他在原籍南山冈买了一所住房、50亩田安定下来，世人称他为南山先生。

戴名世很想撰写一部明史著作，于是多方搜集材料。在这个过程中，他曾仔细看过同乡人方孝标的《滇黔纪闻》一书。方孝标原名方玄成，因避讳康熙御名改名，顺治六年（1649）进士，历官内弘文院侍读学士，两次充任会试同考官。在顺治十四年（1657）的江南乡试科场案中，方孝标与父亲方拱乾都受到牵连，被流放宁古塔，后获释。顺治时，方拱乾曾在皇帝面前为吴三桂美言，事后，吴三桂不忘旧情，特意邀请方孝标到云贵游玩。方孝标一路游山玩水，刚到贵州，恰逢吴三桂叛乱，被拘留。为了逃脱，他假装疯癫，披上袈裟返回安徽原籍。后来他将这段经历写入《滇黔纪闻》中。

戴名世看过《滇黔纪闻》后六七年，他的学生余湛先遇到了一位名叫犁支的和尚。这个和尚过去是桂王的宦官，桂王被害后，他削发为僧，改名犁支。戴名世听说此事后，马上赶到余家，但是犁支已经走了。戴名世便请余湛先将与犁支的谈话内容详细地整理出来。经过与方孝标的《滇黔纪闻》对照，戴名世发现《滇黔纪闻》的有些记载不太准确。

康熙二十二年（1683），戴名世专门给余湛先写了一封信，即《与余生书》，信中对犁支所讲的南明史给予了高度重视。他说："从前南宋灭亡之际，只据有区区几个海岛，存在时间又十分短暂，而元修《宋史》仍然予以详细记载。明朝灭亡后，弘光帝[①]占有南京，隆武帝[②]占有

[①] 弘光帝：即朱由崧，明神宗朱翊钧之孙，明光宗朱常洛之侄，福王朱常洵庶长子。崇祯自缢殉国后，即位于南京，建立南明，年号弘光。

[②] 隆武帝：即朱聿键，字长寿，唐王朱硕熿之子，崇祯五年袭封唐王，后获罪被囚于凤阳。弘光帝即位后被赦出。清军攻破南京后逃往福建，称监国。弘光帝死后，郑芝龙、黄道周等人扶持他在福州登基称帝，改元隆武。

闽越，永历帝①占有两广、云贵，地盘不下数千里，前后达十七八年之久，势力和影响都不下于汉昭烈帝刘备占据四川和南宋赵昺盘踞海岛，而他们的事迹至今没有记载，几乎湮没不闻，实在令人痛心。我本人虽立志撰成此段历史，但一没有书籍，二要为衣食而奔波，材料无法搜集，而有身份的士大夫们却一门心思往上爬，当大官，有谁会关心这些事情呢？你知道犁支在什么地方，我十分希望你将他找来，与我共同探讨此事。"在论及修史体例时，戴名世说："本朝当以康熙壬寅（康熙元）为定鼎之始，世祖虽然入关十八年，但当时'三藩'未平，明祀未绝，如果按照蜀汉之例，则顺治不得为正统。"他的这些言论以及方孝标的著作《钝斋文集》《滇黔纪闻》等书，都被他的学生一起刻印在为他祝寿的《南山集偶抄》中。

康熙四十四年（1705），长期处于极度贫困中的戴名世迎来了好时运，以53岁之老秀才中顺天乡试第59名举人。57岁时更是鸿运当头，连中会试第一名进士，殿试第一甲第二名榜眼，授翰林院编修，到京供职。然而物极必反，就在他踌躇满志、准备大展手脚之时，一场祸事悄悄地降临了。

康熙五十年（1711），都察院左都御史赵申乔②据《南山集》向康熙上奏道："翰林院编修戴名世，妄窃文名，恃才放荡。前为诸生时，私刻文集，肆口游谈，倒置是非，语多狂悖……请敕部严加议处，以为狂悖不谨之戒。"康熙闻奏大为吃惊。浙江、山东等处的朱三太子等反清复明案件三年前才平息，康熙仍记忆犹新，没想到现在还有人在自己身边为南明政权唱挽歌，争正统，诋毁本朝，这种事情确为悖逆之道。康熙立即下旨：所参事情，该部严察审明是非。就这样，刚刚时来运转的

---

① 永历帝：即朱由榔，明神宗朱翊钧之孙，明光宗朱常洛之侄，桂端王朱常瀛之子。崇祯九年封永明王，隆武时袭封桂王，隆武帝死后，两广总督丁魁楚、广西巡抚瞿式耜推桂王为监国，驻肇庆，不久即帝位，以次年为永历元年。

② 赵申乔：字松伍，又字慎旃，江南武进人。康熙九年进士，历任河南商丘知县、刑部主事、浙江布政使、湖南偏沅巡抚、左都御史。

戴名世又逢厄运，很快被投进了监狱。

随着案情审查的深入，牵连的人越来越多，戴名世本人的"罪行"也越来越严重。首先是将戴案与吴三桂叛乱扯上了关系。戴名世在《与余生书》中提到《滇黔纪闻》作者方孝标时，因为他是同乡先辈，而且做过内弘文院侍读学士，所以文中没有直呼其名，而是称之为方学士。而在吴三桂政权中担任重职的方光琛恰好也是安徽人，更巧的是，吴三桂叛乱平定后，方光琛及其八个子孙都被清廷处死了，只有一个儿子没有抓获，而这个儿子名叫方学诗。"方学士"和"方学诗"在满文中是一个词，所以康熙将《滇黔纪闻》的作者方孝标误认为是一直没有拿获的方光琛之子方学诗。戴名世竟然使用叛乱分子著作中的材料，还发表了同样的论点，当然罪不可赦。其实，当时朝中的不少汉族官员都知道，方孝标祖籍安徽桐城，与原籍歙县的方光琛虽然同姓但并不同宗，而且方学士和方学诗更是沾不上边，但是面对涉及范围如此广泛的滔天大案，人人都避之不及，哪里还有人敢冒丢命之险向震怒不已的皇帝说明真实情况呢？众人的胆怯使得戴案的性质大大升级。此外，方学士既然是长期逃亡在外的方学诗，清廷当然不会容许他的亲属逍遥法外，于是，方孝标的儿子方登峰、方云旅、方世樵及其族党全被捉拿进京。而在如此悖逆大案中，那些为涉案书籍作序的人也难脱其罪，被牵涉进此案的达100多人，包括与戴名世通书信的余湛先，为戴名世作序、刊印的汪灏、方苞①、方正玉②等人。

经过六部九卿的审查，认为："方孝标丧心狂逆，倡作《滇黔纪闻》，以致戴名世撼饰其间，送书流布，多属悖乱之语，罔识君亲之大义，国法之所不宥，天理之所不容。"康熙五十一年（1712），刑部再奏：戴名世所著《南山集偶抄》《孑遗录》中有大逆之语，应即行凌迟。

---

① 方苞：字灵皋，亦字凤九，晚年号望溪，因为《南山集》作序下狱，两年后免罪入旗。因李光第推荐，入直南书房，充英武殿修书总裁。雍正、乾隆朝历任内阁学士、礼部侍郎。

② 方正玉：字霍州，号龙眠，安徽桐城人。著有《读画辑略》《鹤侣斋文稿》。

已故方孝标所著《滇黔纪闻》中也有大逆之言，应戮其尸骸；戴名世和方孝标的祖、父、子、孙、兄弟、伯叔兄弟之子，年满16岁以上的，都查出拘留，即行立斩；其母女妻妾、姐妹、15岁以下子孙、叔伯兄弟之子，也都查了出来，给功臣家为奴。方孝标归顺吴三桂，身受伪官，待其投诚，又蒙恩免罪，但他不改悖逆之心，仍写出大逆之言，方孝标同族人，无论服罪与否，都严加查明，有职衔的革职，除了已出嫁的女子外，子女一并解押到部，流放到乌喇、宁古塔、白都讷（今吉林松原境内）等处。为戴名世逆书作序的汪灏、方苞都应立即斩首；已经自首的方正玉等人应将妻子一并流放宁古塔；编修刘岩虽然没有作序，但没有将书呈上，也应革职，和妻子一起流放3000里。

康熙看了刑部的议决，提出了修改意见，说：汪灏长期在内廷参与修书，而且已经被革职，从宽免死，但应令他的家人入旗。方登峄的父亲方孝标曾为吴逆学士，吴三桂的叛乱是他从中怂恿，而且还涉及了伪朱三太子一案，现在又犯法妄行，方氏族人不可留于原籍，而应将其投入旗下为奴，或即行正法。刑部根据康熙的意见又反复审拟，康熙五十二年（1713）二月，经康熙批准，将戴名世从宽免其凌迟，即行处斩；方孝标的儿子方登峄、方云旅、方世樵等从宽免死，并其妻子充发黑龙江；其他人犯全都从宽免治罪，没入旗下为奴。方孝标、戴名世所著的书籍全被禁毁。这场轰动朝野的文字狱大案至此才宣告结束。

雍正即位前曾阅读过《滇黔纪闻》和《南山集》两书，他认为："虽皆非臣子之所宜言，实无悖逆之语，当时刑部复旨，亦未谓此外更有违碍之词，故亦以为冤。"雍正即位后，于雍正元年（1723）特诏："凡此案牵连隶旗籍者，尽得释归。"至此，戴名世得以平反昭雪。

毋庸置疑，这场文字狱是康熙一生中的一大失误。康熙之所以发动这么一场文字狱，主要想从思想上强化君主专制和满族贵族统治的绝对权威。从根源上讲，它是封建专制主义空前强化的产物。这场文字狱给社会造成了极其严重的后果，严重影响了中国社会的进步和发展。当时，西方各国相继从封建主义走上了资本主义道路，政治、经济、科学、技术等都在迅猛发展。中国却妄自尊大，固执地坚守闭关锁国的政策，并蛮横地推行文化专制主义政策，不惜发动文字狱来消除异端，禁锢思想，禁绝言论自由，一心维护封建专制。这是一种人为的落后，直接导致了中国与西方的差距不断拉大，严重阻碍了中国社会的进步和发展。

当然，在康熙实际执政期间，仅发生过这一次规模较大的文字狱，与后来雍正、乾隆两帝大兴文字狱相比不值一提。

戴名世的著作虽然被清廷严厉禁毁，但仍然流传至今，涉案的《南山集偶抄》现藏于安徽博物院。

四、一废太子

历史似乎有个规律，但凡雄才大略的帝王，晚年往往会受到继承人问题的困扰，甚至引发政治动荡。比如隋文帝杨坚晚年废长立幼，选择了阴谋家杨广，不但自己死于儿子之手，连一手创建的隋王朝也二世而亡；唐太宗晚年也为立太子的事情费尽心思。英明的康熙晚年选择继承人时同样苦恼不已，难下决断。

清王室是少数民族出身，且以八旗立国，所以入关之前在选择储君时并不遵循汉族封建社会形成的立嫡立长的建储原则，而是皇帝生前不预立皇太子，皇帝去世后由八旗旗主公推新君。康熙的曾祖父努尔哈赤生前两次试图立储，均遭失败。努尔哈赤死后，四贝勒皇太极因独掌两白旗（后改两黄旗），成功夺得汗位，又于1636年称帝。皇太极死后，他的弟弟多尔衮有条件继立，但两黄旗大臣坚持新帝必须从皇太极诸子中选择，最后双方达成了妥协，拥立皇太极的幼子福临为帝，皇叔多尔衮摄政。顺治亲政后，天子自将上三旗，居重驭轻，从而改变了八旗旗主拥立新君的旧体制，使康熙得以顺利即位。但是，上三旗势力的增长，在皇权更替之际也构成了对皇权的威胁。原来为皇帝所控制的上三旗却以拥立之功反过来控制了皇帝，出现了授柄于人、反受其害的局面。康熙数年来经筵日讲,深受儒家经典的影响,他在学习儒家经典中关于建储的著述、回顾本朝开国以来最高权力更替的历史之后,受到启发,认为前朝旗主各自为政是皇权削弱的原因,而在最高权力更替之际,制度不健全也给旗主专政、大臣擅政创造了机会。为了保证今后最高权力更替之际皇权的连续性和稳定性,他决定按照儒家经典论述,在自己在位期间预立储君。康熙十四年(1675),"三藩之乱"刚刚平定,康熙决定册立赫舍里氏皇后所生的刚满周岁的儿子胤礽为皇太子。十二月十二日,康熙派遣官员告祭天地、太庙、社稷,第二天亲御太和殿,举行册立典礼。十四日,在诸王、贝勒、文武大臣进表祝贺之后,正式颁诏天下。

为了把太子胤礽培养成孝子贤君,康熙倾注了大量的心血。自从册立之日起,他便当起了胤礽的启蒙老师,亲自为其讲授"四书五经"。随着胤礽一天天长大,康熙讲授的内容也逐步加深,依然是煦妪爱惜,亲加训谕,不仅讲授努尔哈赤、皇太极、顺治等先辈创业的艰难,还讲守成之不易,偶尔还会以自己为例进行讲授。此外,康熙还讲战场上两军对垒、排兵布阵之法。太子年龄稍长,康熙又为其聘请当时的名儒、曾为自己经筵讲官的张英、李光地、熊赐履、汤斌等人来辅导太子。几位大臣受命后尽心启沃,从而使年幼的太子能够系统地接受儒家传统思想教育。在父皇、老师的严格要求下,天资聪慧的胤礽进步很快,据历史记载,他8岁即"通满、汉文字,娴骑射,从上行幸",并能流利地背诵"四书",几年后又能左右开弓,而且身体健壮,眉清目秀,一表人才,深得康熙喜爱。太子成人后,康熙开始让他帮忙处理朝中政务。由于太子做事认真,恪尽职守,不仅康熙颔首称赞,而且满朝文武大臣也夸赞不已。

康熙明立皇太子,使太子成人后内则助上从政,外则巡幸扈从,极大地加强了皇权,限制了权臣擅政。平定"三藩"后,康熙在内政外交方面一帆风顺,取得了很大的成就;内政治理上也出现了入关以后从未有过的全盛局面,这些都与明立太子之后统治集团核心的稳定有着直接关系。因此，自康熙二十年（1681）起，康熙一直致力于巩固太子的地位，维护太子的权威，对于藐视皇太子、固守满族旧俗的臣子，不论是谁都会严加打击，毫不手软。为了培养太子及为他以后铺路，康熙可谓煞费苦心。

然而，随着太子年龄的增长和开始从政，皇帝与太子之间、太子与其他皇子之间、皇帝与皇子之间的矛盾也一天天尖锐起来。

皇储的矛盾并不是某一个朝代的特例，而是封建社会中封建统治者之间不断进行的权力斗争的必然产物。尽管统治者经过长期探索，总结出了公开立储及嫡长子继承皇位的传统制度，并将之载入儒家经典之中，以约束最高统治集团中不同身份的人，但是受利益驱使，子弑父、弟弑兄的事例数不胜数，以嫡长子身份继承皇位的并不多。清朝也不例外。不立储也就算了，只要立储，必然会发生皇帝与太子之争。初立太子之后的十几年，皇帝与储君之间相安无事，但这只是因为太子年龄尚幼。一旦皇太子长大成人并开始从政，必然会在争夺最高权力的问题上发生矛盾。加上康熙立储在满族历史上是一个创举，上层统治集团中仍然存在着八和硕贝勒共治国政的习惯势力和心理观念。所以，康熙颁诏册立胤礽为太子后，各级满族贵族，尤其是分到下五旗的其他皇子从心理上都无法接受这一事实，这就将胤礽推到了风口浪尖之上。

康熙二十九年（1690）七月，康熙亲率大军北征噶尔丹，为了部署乌兰布通战役，康熙废寝忘食，不久就累病了，忙召留居京城的太子胤礽和皇三子胤祉前来侍疾。听说父皇生病，胤礽本应心急如焚，忧戚甚重，但他见到康熙时，居然没有忧色，谈笑如常。康熙见状甚为不满，当即让他先回京城，从此开始对太子礼仪制度加以裁抑。康熙三十三年（1694），康熙率诸皇子祭奉先殿，先命礼部拟定礼仪。按照惯例，皇帝与储君的礼仪有着明显的不同，表现在皇帝的拜褥在门槛之内，储君的拜褥在门槛之外。这次礼部为了讨好胤礽，竟然将皇太子的拜褥也放在门槛内。康熙知道后，马上谕令礼部尚书沙穆哈将胤礽的拜褥挪到槛外。沙穆哈十分为难，如果奉旨照办，就会得罪太子，将来太子即位后，自己的日子肯定不好过；如果抗旨不遵，自己也难逃罪责。为了逃脱罪责，沙穆哈请康熙将此旨载入档册，他的目的很明显，那就是如果将来有人追问此事，可以以此表明这件事与他无关，他只是遵旨执行罢了。精明的康熙当然明白他的意思，不禁勃然大怒，立刻下诏免了他的职。

后来，康熙发现太子暴戾不仁，更是难以容忍。康熙一生主张宽和仁慈，太子则任意殴打诸王、贝勒、大臣、官员。康熙一生注意节俭、不扰民，而太子及其属下任意勒索地方官员。这些行为都是康熙所反对的，于是皇帝与储君之间的矛盾愈发激化。另外，皇子之间的党争也进一步加深了这一矛盾。册立太子之后，朝中很快就出现了拥护太子与反太子的势力。大学士、领侍卫内大臣索额图是太子的生母——诚孝仁皇后的叔父、太子的外祖父。胤礽出生当天，诚孝仁皇后去世，索额图作为外祖父对胤礽格外疼爱和关怀。胤礽被立为太子，索额图当然非常支持，成为太子党的首脑人物。而其他皇子长大成人后，在政治上也不甘寂寞，为争权夺利，各结私党。大学士明珠是惠妃的哥哥、皇长子的舅父，为支持皇长子，他联合大学士余国柱等人与太子党对立。康熙三十七年（1698）三月，康熙分别册封成年皇子为郡王、贝勒，参与国家政务，各有属下之人。这样一来，皇帝与储君、储君与诸皇子之间的矛盾便以不可阻挡之势爆发出来。

康熙裁抑太子礼仪，只是想教育太子，使他明白自己的身份，知道什么该做什么不该做，分封诸子也并没有易储的意思，但是他的做法却使他和太子之间的心理距离越来越远。康熙失望之余，决定惩治一下太子的亲信索额图，以挽救太子。

康熙四十二年（1703）五月，康熙下令逮捕索额图，并揭露其议论国事、结党妄行的罪行，指责他为本朝第一罪人，严加囚禁。索额图入狱不久便去世了。同时，康熙还诏令拘禁索额图的儿子及案件牵连人物，又决定将党附皇太子的诸臣同族子孙在部院的都革职夺官。这次清洗使经营多年的太子党一下子土崩瓦解。胤礽为此痛心不已，但又无可奈何，脸上经常显出怨怼之色，在处事时更显得冷酷无情。

　　康熙四十七年（1708）五月十一日，康熙巡幸塞外，命皇太子、皇长子、皇十三子、皇十四子、皇十五子、皇十六子、皇十七子、皇十八子随驾。巡幸期间发生了几件事，使康熙与太子的矛盾白热化。其中一件是康熙听说皇子们经常打骂侮辱大臣、侍卫，其中也包括太子，这让康熙极为气愤。另一件事是康熙最喜爱的皇十八子生了病，虽经百般治疗但始终不见好转，康熙心中十分焦急，太子可能将皇十八子看成潜在的皇位竞争者，所以不仅无动于衷，甚至喜形于色。康熙以"伊系亲兄，毫无友爱之意"加以责备，胤礽听了反而"忿然发怒"，态度极为恶劣。康熙由此看到了太子的冷漠无情，十分伤心和担心。还有一件事是，康熙发现太子每到夜晚便逼近自己的帐篷，从缝隙向里面窥视，于是怀疑太子可能有什么动作。这件事深深地刺激了康熙。另外，在外巡视期间，一心争夺储位的皇长子胤禔跟在康熙身边，时不时地说点太子的坏话，对废太子起了推波助澜的作用。

　　太子胤礽的诸多不良表现，使康熙心头郁积多年的失望、不满再也压制不住了。康熙四十七年（1708）九月初四，康熙在北巡返京途中颁诏，将太子胤礽拘禁并当众宣布其罪状，同日下令搜捕索额图的儿子格尔芬、阿尔吉善及其他太子党成员，情节严重的立即正法，枭首示众；其他大臣如杜默臣、阿进泰、苏赫陈等罪行稍轻的也被流放到盛京。而后，康熙率众急行返京，九月十六日进京当天便召集诸王、贝勒、九卿、詹事、科道官员齐聚午门内，宣布拘执胤礽；九月十八日又派官员告祭天地、太庙、社稷；二十四日正式颁诏告知天下，废黜胤礽的太子之位，并将废太子幽禁于咸安宫。

五、再废太子

　　太子被废令康熙痛苦不已，心力交瘁，事后，他近乎哀求地对皇子们说："在同一天发生皇十八子去世和废太子两件事，朕心伤不已，你们仰体朕心,不要再生是非。"然而,诸皇子并没有遂他的意,因为太子之位的空缺,意味着他们都有了争夺储位的机会,这不亚于一个天赐良机。为此,诸皇子个个摩拳擦掌,或赤膊上阵,或玩弄阴谋,哪里还顾得上康熙的悲痛?在此期间,表现最为活跃的便是皇长子胤禔和皇八子胤禩。

皇长子胤禔生于康熙十一年(1672),因为是庶出,所以没有被立为皇太子。也正因为如此,他从懂事起就将胤礽视为眼中钉,但他势单力薄,无力相争,只能静等时机。而今太子被废,他认为自己的机会来了,便积极行动起来。为了诋毁太子,他曾让一个名叫巴汉格隆的蒙古喇嘛,用歪门邪道之术镇魇皇太子。太子被拘禁后,康熙让胤禔到自己身边负责宿卫,这让胤禔产生了错觉,认为康熙有立他为储之意。然而,康熙早就看透了他的心思,在宣布废黜胤礽太子之位的同一天就宣谕:"朕命直郡王胤禔善护朕躬,并没有想立他为皇太子的意思。胤禔秉性急躁愚顽,怎么能立为皇太子呢?"

康熙虽有明谕,但胤禔并不死心,不时搞点阴谋、耍点手段,企图让康熙回心转意,重新考虑此事。他一面向康熙表示他们兄弟日后定会同心同德,在父皇膝下安然度日,以蒙骗康熙;一面继续诋毁胤礽,在废黜太子时向康熙提出:胤礽行为卑劣,大失人心,"今要诛胤礽,不必出自皇父之手"。当时皇八子胤禩在诸皇子及满汉大臣中很有声望,是他争储的一个强敌,于是他向康熙揭发"相面人张明德曾相胤禩后必大贵",以破坏胤禩在康熙心目中的形象。康熙派人调查此事,发现张明德为胤禩看相一事属实,于是下令处死张明德。同时康熙也看出了胤禔的险恶居心,当着诸皇子的面对他进行了斥责。后来,胤禔用巫术镇魇胤礽的事情也被查出,康熙不由大怒。这时惠妃又向康熙奏称胤禔不孝,请置正法,康熙不忍杀亲生儿子,下令革其王爵,终身严加幽禁。

皇长子失势,皇八子胤禩势力大增,反皇太子势力纷纷聚集在胤禩门下。胤禩生于康熙二十年(1681),生母是良妃卫氏。康熙三十五年(1696),胤禩刚满16岁就跟随康熙西征噶尔丹,18岁即受封贝勒,成为当时受封皇子中年龄最小的一个。他为人聪明，善于联络，不仅深受康熙喜爱，在朝中也很有威望，党羽多，声势大。胤礽被废后，康熙任命胤禩为内务府总管，负责管理皇室事务。按照清朝惯例，每当皇室内部发生诸如皇帝、皇太后去世等重大事情时，皇子或皇帝的兄弟才会受命主持内务府工作，所以这一任命让胤禩产生了错觉，认为胤礽被废、胤禔被斥，而自己却在此时被委以重任，这不是预示着自己很有希望当太子吗？于是，他加快了争储的步伐。由于他党羽众多，太子初废时，形势对他确实很有利，他的身边聚集了一大批王公大臣，其中，领侍卫内大臣、一等公阿灵阿认为，胤禩的生辰八字与前代帝王相同，于是便衷心拥护胤禩；明珠之子揆叙因父亲支持皇长子、攻击废太子而遭到打击，于是也改换门庭，拥护胤禩；另外还有康熙的哥哥裕亲王福全、散秩大臣鄂伦岱①、满族大学士马齐等。这些骨干大臣组成的皇八子集团影响颇大，气焰极为嚣张。

  为了实现自己的争储野心，胤禩特别会收买人心。他接任内务府总管后，负责审理前任内务府总管凌普贪赃枉法一案。凌普原为胤礽乳母的丈夫，他在担任内务府总管期间，凭借太子的权势广收贿赂，做过许多不法之事，招致众人的怨恨。所以，胤礽被废后，凌普也跟着进了大牢。胤禩接手此案后，觉得可以利用这件事收买人心，于是有意重罪轻处，想以此博得凌普对自己的感激，并让胤礽的手下看到自己的宽仁。他的做法令康熙大感不解，直到皇长子胤禔向他揭发相面人张明德为胤禩看相，说他日后必定大贵时，康熙才恍然大悟，进而联想到胤禩在清查凌普家财一案的反常举动，极为气愤地说："凌普贪婪至极，获取暴利，这是人人都知道的，但直到现在，此案仍没有了结，你们就想这样蒙蔽朕吗？朕一定要砍掉你们的头。八阿哥胤禩四处活动，博取虚名，将朕所赐恩泽归功于自己，这岂不是又出了一个皇太子？如果有人敢说

---

  ① 鄂伦岱：佟佳氏，满洲镶黄旗人，一等公佟国纲长子，康熙表兄弟。康熙二十九年（1690）任镶黄旗汉军都统，袭爵。三十六年晋领侍卫内大臣。四十七年与马齐等倡举允禩为太子。雍正四年（1726），以结党祸国罪被处死。

八阿哥的好话，朕马上杀了他，朕的皇权岂能让他人染指践踏！"

至此，康熙算是看清了胤禩的丑恶嘴脸，认为胤禩的做法比胤禔的计谋更加阴险，手段也更为狠毒。这也让康熙意识到这些皇子过去就串通一气，联手对付胤礽，这让他感到不寒而栗，于是再次斥责皇子们，并以胤禩"柔奸性成、妄蓄大志……其党羽……谋害胤礽"等罪名，下令将胤禩交给议政处审理，不久革去其贝勒爵。就这样，胤禩的争储活动夭折了。

康熙无论如何也没有想到册立太子会引发这么多事情，为了平息皇子们争储的冲突，他决定再立皇太子。但就在这时，诸子争储的局面不但没有结束，反而使一大批朝臣也卷入其中。康熙四十七年（1708）十一月十四日，康熙召文武大臣聚集于畅春园，当面下达谕旨："近来朕的身体越来越虚弱，人生难料，不知哪一天就会离开人世，但大清江山关系重大，思来想去，朕都找不到合适的代理人。皇太子关系到大清江山，你们都是朕最信赖的大臣，现在朕令你们共同商议，从诸皇子中举荐一人。大阿哥所行甚为乖谬，你们切不可举荐他，除此之外，你们推举哪个都可以。但是在讨论中不得相互瞻顾，私下探听。"

遵照康熙的指示，文武大臣分班列坐，开始正式讨论。由于此事关系重大，而且事出突然，不少满汉大臣都认为这种事情关系甚大，并不是做臣子的能议论的，怎么可以推举呢？而此时保举皇八子胤禩的大臣们却活跃起来，个个跃跃欲试。领侍卫大臣阿灵阿首先说道："刚才面奉谕旨，一定要推荐一个皇子。"接着，鄂伦岱、揆叙、王鸿绪等人也随声附和，私相计议，与大臣们暗通消息，在纸上写上"八阿哥"三字，交与内侍。不一会儿，内侍传出康熙谕旨："立皇太子关系重大，你们应该认真讨论，八阿哥没有管理过政事，近来又获罪拘禁，而且他的母亲出身卑微，不宜立为皇太子，你们对此应认真考虑。"各位大臣见状，赶紧对内侍说："此事重大，本不是臣子们所能定的。诸皇子都很聪明，臣等在外廷哪能知道呢？臣等所仰赖的只有皇上一人。皇上如何决定，臣等一定遵行。"就这样，康熙要求大臣们推举皇太子一事不了了之。

不过，这件事再次向康熙显示了皇八子集团的阵容之庞大。康熙认为，如果让这样的人做皇太子，岂不是又为自己树立了一个威胁皇权的强劲对手？所以，他决定暂时放下其他事情，心无旁骛地追查举荐皇八子的幕后主持人。经过一番调查，康熙认定举荐皇八子的策划者是国舅佟国维和大学士马齐，是他们二人暗示众人，众人畏惧他们的权势才随声附和的。了解情况后，康熙严厉斥责了他们，说："胤禩还在拘禁之中，其母又出身卑贱，现在你们竟串通一气，阴谋拥立这样的人为储，你们想干什么？难道是因为胤禩不学无术、平庸无能，便于你们日后控制吗？如果这样，立太子之事就应完全根据你们的意志来决定，而不是由朕来决定了。"而后，康熙严肃处理了佟国维、马齐等人。

为了结束诸子争储，康熙决定重新立胤礽为太子。因为在诸皇子争储的过程中，康熙逐渐发现废太子胤礽的罪名多有不实。反之，倒是胤禔等人想要陷害胤礽。相比之下，胤禔最狠毒，胤禩最危险，胤礽无大罪。最重要的是，他认为嫡长子继承大统的原则已经深入人心，长期以来嫡长子本身就是正统的象征，仅此一条就能够得到臣民的拥护和认可，所以他决定复立胤礽为太子。

然而康熙想法很好，做起来却没有那么容易。再次册立胤礽，势必让人感觉他出尔反尔，经过反复思考，他决定先将自己的意思含蓄地透露给个别有威望的大臣，由臣下奏请复立胤礽，自己再俯顺舆情，给予批准，这样做对谁似乎都显得光彩体面。

康熙四十七年（1708），康熙特召大学士李光地进宫，询问太子胤礽的情况。李光地回答道："徐徐调治，天下之福。"这一回答让康熙很满意，便于十一月十四日令诸臣推举新太子人选。出乎他意料的是，皇八子集团在这次会议上私相计议，胁迫其他大臣共同推举胤禩。而李光地为了少惹是非，竟然没将康熙的意思透露出去，以至众大臣不知所归，缄口不语。情急之下，康熙命内侍当众传谕李光地，将两人的对话说了出来，至此大臣们才恍然大悟，原来康熙已经有了决定。

康熙四十八年（1709）三月，康熙复立太子胤礽，遣官告祭天地、宗庙、社稷；次日分别将皇三子、皇四子、皇五子晋封亲王，皇七子、皇十一子晋封郡王，皇九子、皇十二子、皇十四子封为贝子，希望以此促进太子与诸皇子之间的团结，然而现实却不尽如人意。

胤礽复立太子后，使最高统治集团各方的矛盾暂时得以缓解，康熙的心理压力减轻了许多，病情也迅速好转。之后，为了让复出的胤礽不再和自己在根本利益上发生冲突，康熙先后采取了一系列防范措施，比如坚决打击揣测上意、条陈保奏之人，以体现立废皇太子的权力掌握在皇上手中，而不是大臣手中；对胤礽的复出附带了条件，警告他务必改正过失，如若再犯以前犯过的罪行，无异于自暴自弃，自寻死路，这也说明胤礽的太子之位并不稳固；复立太子的同时大封诸皇子，以抬高诸皇子的地位，限制储君权力。

然而，康熙采取的这些措施并没有取得多大的效果。胤礽复位后，皇权与储权的斗争重新开始，过去的太子党重新集结到胤礽身边，侵吞康熙的皇权。而且储君与诸皇子之间的矛盾也重新激化，更为关键的是，复位后的胤礽并没有痛改前非，仍摆出太子的派头，不仅常派家奴到各省富饶之区勒索钱财、美女，而且在饮食、服饰、陈设方面比康熙还要奢侈，稍不满足就向康熙诬告当事人。为了让胤礽改恶从善，康熙总是答应他的要求，"凡其欲责之人，朕无不责；欲处之人，朕无不处；欲逐之人，朕无不逐"，只是康熙一直施行仁政，对胤礽所奏欲诛之人，从不曾诛。如此一来，朝中大臣大都犹豫不决，无所适从：如果屈从于太子、逢迎结党，康熙查知后，必定会从重惩处；如果一心向主，不屈从太子，储君即位后，也会遭到惩罚。当时朝中流行着一句话："两处总是一死。"由此可见，胤礽的胡作非为不仅严重影响了康熙的权威，而且导致政出多门，使政局出现混乱。

胤礽的表现令康熙失望至极，他说："自释放皇太子以来，数年之间，朕之心思用尽，容颜清减。"因此，他决定再废太子。康熙五十一年（1712）九月三十日，康熙巡视塞外回京当天就向诸皇子宣布："皇太子胤礽自复立以来，狂疾未除，大失人心，祖宗弘业断不可托付此人。朕已奏闻皇太后，着将胤礽拘执看守。"十月初一，康熙以御笔书向诸王、贝勒、大臣等宣谕重新废黜胤礽的理由；十一月十六日，将废太子之事遣官告祭天地、太庙、社稷。就这样，胤礽再次沦为阶下囚。

六、风波再起

再废太子令康熙十分难过，身体愈加虚弱，但这一次他不再像上次那样悲痛和愤懑，开始痛定思痛，冷静地思考问题的症结出在哪里。经过一番艰难的探索和思考，为了防止自己的威信进一步下降，并制止诸皇子之间的争储斗争，他一反之前的立场，对立储一事表示了相当消极的态度：禁言立储，并且不立太子。

尽管如此，眼见老皇帝年逾花甲，身体一天不如一天，臣下建议立储的仍大有人在，而且诸皇子争储的斗争并未停息，特别是皇八子胤禩，虽然遭到了父皇的斥责，但他并不死心，得知太子再次被废，他甚为得意，简直有点忘形，又开始结聚党羽，加紧争储活动，似乎储君之位非他莫属了。康熙闻报，对他深恶痛绝，批评也最为严厉。

康熙五十二年（1713）二月，大臣们再次奏请册立皇太子，康熙深有感触地说："朕自幼读书，凡事留意，纤悉无遗，况建储大事，朕岂忘怀，但关系甚重，不可轻易册立。"他追述了太子胤礽结党谋权及其骄纵的经历后，向大臣们解释了不预立太子的用意："宋仁宗三十年未立太子，我太祖皇帝也未预立太子，还有太宗皇帝。汉唐以来，太子幼冲，尚保无事，如果太子年长，其左右群小结党营私，极少有相安无事的……众皇子学问见识不后于人，但年龄都比较大了，而且已经分封，其所属人员没有不庇护其主者，即使立了太子，谁又能保证将来无事呢？"这番言论是康熙在总结历史经验及与诸皇子的交锋中逐步得出的结论。

康熙虽然明令不预立太子，但他并没有停止选择合乎自己心意的皇位继承人的步伐。他说："朕深知太子是一国之本，立下一个合适的人，关系重大。""现在要立太子，必须立以朕心为心之人，万万不可轻易决定。"他的意思是说，太子作为皇位继承人，直接关系到大清的命运与前途，必须是"以朕心为心"的人，才合乎他的心意，也就是要按照他的意旨做事，而且要像他那样具有为大清的延续竭尽心力、不懈努力的人。初废太子胤礽后，他就特别注重从德、才两个方面去考察诸皇子，以便从中选择合适的继任者。自康熙四十七年（1708）开始，康熙将自己经历的事情及想法一一记录下来，封固保存，尤其在继位大事上，他从来不掉以轻心。康熙五十六年（1717）十一月，康熙向诸皇子及大臣们表述了自己为巩固大清统治拼搏一生的赤诚和苦衷，他说："十年以来，朕将自己所行之事、所存之心一一记载封存，至今仍未结束，像立储这样的大事，朕哪能忘记呢？"就这样，康熙按"以朕心为心"的标准，长期默默地甄别着符合自己心意的继位者。

就在康熙暗中甄选继承人的时候，诸皇子也在加紧行动，积极地进行着争储活动。康熙五十二年（1713）太子再度被废后，原先大力支持皇八子胤禩的皇九子胤禟①、皇十四子胤禵见胤禩再三遭到康熙的斥责与打击，已与皇位无缘，加上他们都已长大成人，野心也随之膨胀，于是开始了各自争取储位的活动。胤禟在太子再度被废之初，竟然像汉武帝的母亲王娡那样为自己营造神秘的出生传奇，他对自己的亲信何图说："我出生时发生过一些奇怪的事情，妃娘娘曾梦日入怀，又梦见北斗神降。即使这样，我也看得很平淡。"康熙五十六年（1717）十二月，仁宪皇太后病重，康熙心急如焚，忙得团团转，但胤禟却装病不参与护理，继续做着他的皇帝梦，并对自己的亲信、西洋人穆经远说："外面的人都说我和八爷、十四爷三人中有一个会被立为太子，依我看，我的可能性比较大。我不愿坐天下，所以我装了病。"与此同时，他还收买康熙身边的太监、侍卫暗中伺察康熙的动静，并让穆经远代表自己给四川巡抚年羹尧送礼物，说："胤禵的相貌很有福气，将来必定要做

---

① 胤禟：康熙第九子，雍正异母弟。康熙四十八年封固山贝子。雍正即位后，被发遣西宁，而后革爵、革去黄带子，削除宗籍，定罪状二十八条，诏改名为"塞思黑"送往保定监禁，在狱中因腹疾而死。乾隆年间恢复原名、宗籍。

皇太子，皇上也很看重他。"尽管他频频出招、四处活动，但因为他年纪轻，在争储斗争中起步也较晚，势力较弱，影响自然不会太大，所以很多时候，他是附和胤禩、胤禵，企图在他们当上太子或继承皇位后，自己能分得一杯羹。

后来，皇十四子胤禵也加入了争储行列。胤禵是皇四子胤禛的同胞兄弟，生于康熙二十七年（1688），太子初废时，他年仅二十，只是胤禩的一个附和者。太子二次被废后，他看到当初挺有希望被立为储君的胤禔、胤禩或被拘，或受斥，心里慢慢燃起了希望之火，并很快展开了争储活动。为了争取朝中官员的支持，他礼贤下士，广泛联络，对于像大学士李光地的门人陈成策等这样有影响的人物更是礼遇有加，称其为先生。当时社会上广泛流传着十四爷礼贤下士的美名。

康熙五十七年（1718），策妄阿拉布坦入侵西藏，给胤禵提供了一个施展拳脚的机会。是年十月，他被任命为抚远大将军，率军西征。为了扩大影响，对敌方形成心理压力，胤禵率军出发前，康熙亲自到堂子①祭拜，然后又在出发之日在太和殿向胤禵授大将军敕印，并命他骑马出天安门，诸王及二品以上文武官员一起到德胜门军营为他送行。同时，康熙还特准他用"正黄旗旗纛，遵照王纛式样"，在军中称"大将军王"。这种殊荣自康熙初年以来仅此一例，胤禩、胤禟一致认为储位非胤禵莫属，全都喜不自胜。为了及时掌握京城动向，以便采取行动，临行前，胤禵还对胤禟说："父皇年事已高，好好歹歹你必须时常给我消息。"到达西北军营后，胤禵继续招纳贤才，多次派人给著名学者李塨②送礼。同时，为了测知自己的前途命运，他还通过陕西临洮知府王景灏的安排，请来算命先生为自己算命，得知自己的命相是"元武当权，贵不可言，将来定有九五之尊运气，到39岁就大贵了"，他欣喜若

---

① 堂子：清代皇帝立竿祭天祭神的场所。原址在今天安门东南。
② 李塨：字刚主，号恕谷，30岁之前，生计困窘，以务农、行医、教塾为生。康熙二十九年（1690）中举人，后南游江浙。清初哲学家，颜元学说的继承者、传播者和发展者，著有《四书传注》《周易传注》等。

狂，特地赏银20两。康熙五十九年（1720），胤禵督率大军入藏，立下了卓越的功劳，但他第二年回京后，康熙并没有册立他为太子，而是命他返回军营，继续经营西疆。这一旨意犹如一盆冷水，浇了胤禵一个透心凉，不仅他自己不高兴，他的党人也甚为失望。由此可见，胤禵虽然参与了争储斗争，但终以失败告终。

在众皇子争储的斗争中，还有一个不太显眼的人物——皇三子诚亲王胤祉。胤祉是荣妃马佳氏所生，生于康熙十六年（1677）。皇太子胤礽第一次被废时，他因为与胤礽关系较好，尚未产生非分之想，或许是出于关心父皇，也或许是想调和父皇和太子之间的关系，他时常邀请康熙到他府上吃饭。皇太子胤礽再度被废时，皇长子胤禔已被拘禁，胤祉在诸皇子中以齿序长，按照传统立储观念，有嫡立嫡，无嫡立长，胤祉认为太子之位非自己莫属。也许正是在这一心理的影响下，他也希望得到储位，并以储君自命。但他一是有点大意，二是一个文化人。康熙五十二年（1713），康熙在畅春园蒙养斋开馆著书，命他负责编修律吕、算法诸书，他便一心扑在了修书上。这一做法虽然赢得了康熙的赞赏，却耽误了不少时光，使他在争储斗争中失去了机会。当他意识到这一问题后，马上派属下孟光祖以他的名义到山西、陕西、四川、湖广、广西等省活动，给各地官员送礼，拉拢人心。他的做法着实笨拙了些，没多久便被发现，康熙因此非常恼火，但念他一向老实本分，也就没有追究，只是将孟光祖处死了事。不过，胤祉的把柄算是落在了政敌手里，胤禛即位后便以此作为罪状，将他囚禁，直到去世。

康熙共生了35个皇子，好几个皇子都参与了争储斗争，然而他们大都或急功近利、志大才疏，或方法不当、手段笨拙，纷纷败北，只有皇四子胤禛手段高明，且善于隐藏，最后赢得了胜利。

诸皇子的争储斗争弄得康熙心力交瘁，身体每况愈下。康熙五十六年（1717）十一月，他大病了70多天，身体一日不如一日。康熙六十一年（1722）十月二十一日，康熙去南苑行围。大学士、九卿等上疏：明年万寿七旬大庆，应详议庆贺典礼。康熙一如既往，不准为自己铺张，没有批准。十一月初七，康熙患病，从南苑回到畅春园，命皇四子胤禛代行十五日南郊的大祀礼。

十一月十日、十一日、十二日一连三天，皇四子胤禛遣护卫、太监等到畅春园请安，均传谕"朕体稍愈"。十三日丑时，康熙病情恶化，下令从斋所召皇四子胤禛速归，接着又召皇三子、皇七子、皇八子、皇九子、皇十子、皇十二子、皇十三子、理藩院尚书隆科多[①]到御榻前。戌时，这位为大清王朝的昌盛和繁荣奋斗六十多年的一代英主，怀着对江山和子民的无限眷恋告别了人世，终年69岁。

为了防止国丧期间可能发生的各种叛乱，负责禁卫护卫的隆科多下令关闭京城九门；十一月十六日，向全国颁布康熙遗诏，命皇四子胤禛继承皇位。胤禛告祭天地、太庙、社稷后，于二十日在太和殿登基，受百官朝贺，改翌年为雍正元年。雍正为康熙上尊谥为"合天弘运文武睿哲恭俭宽裕孝敬诚信功德大成仁皇帝"，庙号"圣祖"。十二月初三，将康熙遗体移送景山寿皇殿。雍正元年（1723）四月，雍正亲送康熙灵柩到遵化山陵，安放享堂；九月移到景陵地宫。

在中国历代帝王中，康熙在统一国家、捍卫主权、发展生产、提倡文化等方面都做出了重要贡献，是中华民族的一位杰出人物。

七、雍正即位

胤禛系德妃乌雅氏所生，生于康熙十七年（1678）十月三十日，是康熙的第十一个儿子。在他出生前后，他的七个兄长都在童年夭折，按照后来的皇子排序，他便成了皇四子。胤禛小时候，因为孝懿仁皇后没有儿子，康熙便将他送给皇后抚养。孝懿仁皇后是一等公佟国维的女儿、康熙的生母慈和皇太后的侄女，理藩院尚书、步兵统领隆科多的姐

---

① 隆科多：字竹筠，满洲镶黄旗人，康熙第三任皇后孝懿仁皇后之弟，一等公佟国维之子。初为一等侍卫，康熙中官至理藩院尚书兼步兵统领，受传位胤禛之遗诏。雍正初，袭一等公爵，任吏部尚书加太保衔。

姐。胤禛的这段经历和关系，与他后来荣登皇位有着一定的因果关系。

少年时的胤禛在康熙的关心下受到了良好的教育，不仅学习了满、汉、蒙古三种文字，还学习了经史、骑射等多种科目。年龄稍大后，他又随康熙巡幸各地。19岁时，康熙亲征噶尔丹，胤禛受命掌管正红旗大营，经受军旅生活的锻炼。为了培养他的行政能力，康熙还先后派给他一些临时性差事，并于康熙三十七年（1698）三月封他为贝勒。这些学习和实践，使胤禛掌握了日后治理天下所必需的文化、历史知识，具备了一定的行政才能，在满族皇室中也有了一定的政治地位，为他后来参加争储斗争以及通向最高权力奠定了基础。

胤禛城府极深，且缜密从事，在争储斗争中一向隐于幕后。他对这场政治斗争非常了解，对康熙的仁慈和宽容也知之甚多，因此，他一方面竭力站在康熙的立场上，一方面暗中积攒力量，结纳人才，笼络人心，获取信息，同时竭力隐藏自己的行为，不让别人把自己与结党营私联系起来。

为了让竞争对手放松警惕，胤禛故意以喜好游山玩水的富贵闲人身份示人，给世人留下了许多充满闲适意味的诗句，比如"千载勋名身外影，百岁荣辱镜中华。闻道五湖烟景好，何缘蓑笠钓汀沙"。为了使自己的与世无争之态更加逼真，胤禛还从诸多佛经中抄录许多名句，编成《悦心集》，用佛道的遁世思想来掩盖自己夺取帝位的图谋。从事情的发展来看，他的这些举动无疑起到了较为显著的效果，不但迷惑了他的兄弟们，就连英明的康熙也被蒙蔽了。

据载，在诸皇子中，胤禛是相当有心机的。他自幼高傲多疑，康熙曾说他"喜怒不定"，因此他的人缘不是很好，在很长时间里也没有显露出独特的才能，康熙自然也没有正式让他担任过重要职务。康熙四十七年（1708）九月，太子初废时，胤禛还受到了牵连，被拘禁过一段时间。可以说，康熙一直没有给予胤禛太多的关注，这也说明他的隐匿术非常成功。康熙四十八年（1709），复立胤礽为太子，封胤禛为雍亲王。

太子胤礽再次被废后,为了防止诸皇子争储,康熙明谕不预立储君,并禁止臣下就此谏言。这时,由于政治地位的提高,胤禛的政治野心进一步膨胀,并直接投入争储斗争中。他的行动极其秘密,仍把自己装扮成"天下第一闲人",在背地里寻找时机。他的属人戴铎在康熙五十二年(1713)曾给他写过一封密信,道出了他的心声。《文献丛编》中收藏了这一信函:

当此君臣利害之关,终身荣辱之际,奴才虽一言而死,亦可少报知遇于万一也。谨据奴才之见,为我主子陈之:

皇上有天纵之资,诚为不世出之主;诸王当未定之日,各有不并立之心……我主子天性仁孝,皇上前毫无所疵,其诸王阿哥之中,俱当以大度包容,使有才者不为忌,无才者以为靠。昔者东宫未事之秋,侧目者有云:"此人为君,皇族无噍类矣!"此虽草野之谚,未必不受此二语之大害也……

至于左右近御之人,俱求主子破格优礼也……素为皇上亲信者不必论,即汉官宦侍之流,主子似应于见面之际,俱加温语数句,奖语数言……贤声日久日盛,日盛日彰,臣民之公论谁得而逾之。

至于各部各处之闲事,似不必多于与闻也。

……

至于本门之人,岂无一二才智之士……恳求主子加意作养……使本门人由微而显,由小而大,俾在外者为督抚、提镇,在内者为阁部九卿,仰籍天颜,愈当奋勉,虽未必人人得效,而或得二三人才,未尝非东南之半臂也。

以上数条,万祈主子采纳……当此紧要之时,诚不容一刻放松也!否则稍为懈怠,使高才捷足者先起,毒念即生,至势难中立之秋,悔无及矣。

胤禛阅读之后,写下了以下批语:

语言虽则金石，与我分中无用。我若有此心，断不如此行履也。况亦大苦之事，避之不能，尚有希图之举乎？至于君臣利害之关，终身荣辱之际，全不在此，无祸无福，至终保任。汝但为我放心，凡此等居心语言，切不可动，慎之，慎之。

戴铎的信函表达了胤禛的心理动向，但胤禛并不承认，更加彰显了他在政治斗争中的城府之深。

胤禛也相信道士有未卜先知的本领，实际上这也是一种政治斗争的手段。康熙五十五年（1716），戴铎到福建担任知府，在寄给胤禛的土特产盒子夹层里藏了一封密信，声称他在武夷山遇到一位道士，于是请道士给胤禛算命，结果得到的是"万字命"。胤禛见信非常感兴趣，随即在批语中追问："所遇道人所说之话，你可细细写来。"戴铎立即回复道："至所遇道人，奴才暗暗默祝，将主子问他，以卜主子，他说乃是一个万字。奴才闻之，不胜欣悦，其余一切，另容回京见主子时再细为禀告。"戴铎担心事情泄露，语言隐晦，并把信小心地装在土特产的夹层中。胤禛收信后夺嫡之心更炽。戴铎也为他四处活动。

康熙五十六年（1717），康熙召在家养病的李光地入京，戴铎认为这次可能涉及册立太子的事情，便在李光地出发前到李府拜访，打探口风。李光地直言相告："眼下诸王，只有八王最贤。"这无疑往胤禛头上泼了盆冷水。

康熙五十七年（1718），胤禵被封为抚远大将军，率军入藏，一时间，朝野上下都传出皇帝要册立胤禵为太子的说法，胤禛备受刺激。他通过比较康熙对皇子们的态度，得出了自己可能与储君无缘的结论。如此一来，他只得另谋其他出路了。这段时间，他主要采取了以下办法：

一是继续收起锋芒、韬光养晦，避免引起其他人的注意。

二是尽一切可能留在京城，以等待时机。康熙几次要派胤禛出京，他都想尽办法予以推脱，力求待在皇帝身边。

三是拉拢皇帝亲信，积攒力量。他拉拢的对象，一个是川陕总督年羹尧。年羹尧原本是胤禛的门人，他的妹妹是胤禛的侧福晋。他手握重兵，可以监视皇十四子胤禵。另一个是理藩院尚书、步兵统领隆科多，他掌握兵权，负责京城和畅春园的宿卫，以及宫禁警卫，是一个相当关键的人物。此外还有武英殿大学士马齐等。经过多年的苦心经营，胤禛周围很快形成了一个能量极大的小集团，使他后来顺利即位为帝，在康熙末年的争储斗争中成了最后的赢家。

不过，康熙的死和雍正即位却是历史上的一桩疑案。关于康熙的死因，社会上流传着多种说法，最普遍的说法是胤禛毒死了康熙。但根据实际情况来看，胤禛不可能下此毒手，因为康熙之死不存在暴亡的现象。康熙早就患有多种病痛。据史料记载，自康熙二十六年（1687），孝庄患病不治而亡后，康熙过于悲痛，大伤元气。初废太子后又得了一场大病。晚年的康熙可以说是疾病缠身，随时都有可能病逝。康熙六十一年（1722）十一月十三日，胤禛蒙召急奔畅春园时，康熙已处于弥留之际。另外，胤禛在康熙身边，已经在行使国家大权，而倒向他的隆科多，是康熙生病时唯一的顾命大臣，时任步兵统领，掌握着京卫兵权，胤禛完全有能力左右朝政大局，没有必要冒天下之大不韪，做出影响自己一世声名的大逆不道之事，他完全可以等康熙自然死去，而后从容地登上帝位。

关于康熙遗诏的真伪，民间流传着多种说法。一种流行的说法是康熙本欲传位皇十四子胤禵，而胤禛串通隆科多，将遗诏中的"十"字改为"于"字，篡位登基。但这种说法完全经不起推敲。第一，康熙遗诏有满、汉、蒙古三种语言，不可能全部篡改；第二，清朝皇子的正式称呼是皇某子，"皇十四子"只可能改成"皇于四子"；第三，"于"字当时写作"於"，根本不能由"十"改写。因此，雍正篡改遗诏的说法并不符合逻辑，也没有足够的证据支撑。据史料记载，康熙的遗诏与康熙五十六年（1717）他在乾清宫东暖阁向诸皇子、大臣发表的两千余言的谕旨相同。当时康熙曾说："此谕已准备十年了，若有遗诏，无非此言。"不同的是,当时康熙没有讲明自己的继承人。《清圣祖实录》中记载了康熙的遗诏,其中说:"雍亲王四子胤禛人品贵重,深肖朕躬,必能克承大统,著继朕登基,即皇帝位……布告天下,咸使闻之。"由此可见,胤禛继位是合法的。

胤禛自幼跟随康熙,对康熙的性格、心理及其旨意都有较深的了解,而且他善于施展手腕,顺着康熙的心意办事,给康熙留下了"孝诚""性量过人"的印象。与此同时,胤禛在处理事务时显示出较强的政治魄力和胆识,获得了康熙的信任。可以说,后期的胤禛正是康熙所寻找的"以朕心为心"的理想继承人。因此,康熙把他留在身边,让他执行一些本该由皇帝处理的事务。从这一点来说,胤禛在争储斗争中已经占据优势,为他取得皇位铺平了道路。

康熙的眼光可谓精准,雍正继位后励精图治,锐意改革,匡正康熙晚年的诸多弊政,继承发扬康熙的遗志,将大清王朝领入了一个新的辉煌时期。雍正之后乾隆继位,康、雍、乾三帝共在位一百三十四年,这期间大清疆域辽阔、国力昌盛、人口剧增,史称"康乾盛世"。

后 记

本书在出版的过程中，得到了李华伟、林中华、李华军、范高峰、林学华、张慧丹、林春姣、丁艳丽、刘艳、李小美、林华亮、陈聪、曹阳、李伟、曹驰、庞欢、刘艳、张丽荣、李本国、林晓桂、李泽民、龚四国、周新发、林红姣、林望姣、李少雄、陈志、向丽、杨城、曹茜、杨卫国、孔志明、叶超华、罗斌、赵志远、汪建明、翟晓斐、林承谟、曹雪、林运兰、曹建强、陈娟、许伟、曹琨、曹霞、金泽灿、林葳、梁晓丹、赵生香、丁彦彬、李雄杰、张培玉、邵鑫、朱成兰、王晓玉、常志强、李友仙、蒋永红、张宏洲、李华军、张红平、李丽芬、林丽娟、李伏安、丁一、刘屹松、林喆远、张恒、周宣、辛大念、孟凡君、陈艳、兰豪、陈胜、吴露、陈艳威、任勒超、张杨玲、陈怡祥、赵艳霞、王甫东、王智利等不少同仁的支持和帮助，在此特表示深切的谢意！